2024 年度浙江省社科联项目
"空间正义视域下浙江省乡村教师流失及其治理研究"
（项目编号：2024N011）阶段性成果并资助出版

走向正义

教师教学价值论

新时代教育思想丛书／丛书主编 严从根

钱晓敏 著

TOWARDS JUSTICE:
The Axiology of Teacher's Teaching

浙江大学出版社
ZHEJIANG UNIVERSITY PRESS
·杭州·

图书在版编目(CIP)数据

走向正义：教师教学价值论/钱晓敏著. -- 杭州：浙江大学出版社，2024.10. ISBN 978-7-308-25508-0

Ⅰ．G420

中国国家版本馆 CIP 数据核字 2024LK6241 号

走向正义：教师教学价值论

钱晓敏　著

责任编辑	杨　茜
责任校对	许艺涛
封面设计	春天书装
出版发行	浙江大学出版社
	（杭州市天目山路 148 号　邮政编码 310007）
	（网址：http://www.zjupress.com）
排　版	杭州星云光电图文制作有限公司
印　刷	广东虎彩云印刷有限公司绍兴分公司
开　本	710mm×1000mm　1/16
印　张	18.75
字　数	276 千
版 印 次	2024 年 10 月第 1 版　2024 年 10 月第 1 次印刷
书　号	ISBN 978-7-308-25508-0
定　价	78.00 元

版权所有　侵权必究　印装差错　负责调换

浙江大学出版社市场运营中心联系方式：0571-88925591；http://zjdxcbs.tmall.com

少年自有凌云志
——"新时代教育思想丛书"序一

2019年,杭州师范大学经亨颐教育学院正处于建设省优势特色学科教育学科的重要时期,恰逢一群干劲十足的青年教育学者加盟学院。从学院学科建设的目的出发,尤其是基于"教育学原理"学科建设的需要,我和学院班子商议,组织一批青年学者,依托学院"教育基本理论研究项目组"平台,依据教育基本理论立场,基于自己的学术积累和兴趣,编写一批具有专著性质的教材,以科研反哺教学,以教学提升科研。在学院的倡议下,一群志同道合的青年博士很快组成了团队。我们非常荣幸地邀请到了华东师范大学教育学部范国睿教授对教材撰写进行指导,并确定了"学术沙龙"的组织交流形式。四年来,范国睿教授克服种种常人难以想象的困难,投入巨大的心血,为教材的推进提供高水平的专业指导。在范国睿教授的引领和指导下,项目组每月开展一次学术沙龙,即使受到新冠疫情的影响,大家也克服了重重困难,将沙龙从线下转到线上,保证沙龙不间断。

项目组最初根据成员已有的学术积累,拟定探讨教育价值、道德教育、教育文化学、教育社会学、教学论、教师发展论、农村教育论、基础教育治理论等论题所涉及的相关理论与实践问题。四年来,由于种种原因,项目组成员几经变动,并不断有新的成员加入,后来还吸引了来自浙江师范大学和内蒙古师范大学的两位青年学者加盟。经过数年的努力,在无数次的思想交锋和思维碰撞中,项目组最终确定将成果汇成"新时代教育思想丛书",并最终打磨沉淀出第一批书目。

丛书的第一批书目涵盖道德教育、教学论、教育政策、教师教育和儿童心理等五个领域,共八部主题著作。这些著作或从坚持启蒙和反思启蒙的双重视角重思现代教育的价值问题;或从精神哲学的视角探讨道德教育的问题;或从价值范式的角度切入探讨正义的教育问题;或立足于智能时代的背景尝试构建深度学习的模式;或重点展开对基础教育学校内部治理方式的研究;或从历史和时代视角探讨"大先生"养成的教师发展理论和实践问题;或尝试寻找多元文化教育和中国特色学前教师教育体系的融合之道;或着力构建以存在主义心理学为基础的儿童心理教育理论体系。

尽管视角不一,但这些著作都是新一代青年学者面对新的时代背景和新的教育议题,基于自己的理论探索,尝试给出的"新时代"教育学的"答卷"。自"西学东渐"以来,我国的教育现代化经历了追求西方模式的长久历程,在长期的探索中,有识之士逐渐认识到实现教育现代化没有可以照抄照搬的捷径和模式。因此,中国教育的现代化,应该是在借鉴西方经验的基础上,立足中国传统、基于中国国情、彰显中国特色的教育现代化,是在理念、体系、制度、内容、方法、治理等方面展现中国魅力的教育现代化。当今世界的发展风云变幻,世界多极化、经济全球化、社会信息化、文化多样化等均已呈现不可逆转之势,新一轮科技革命和产业变革迅猛发展,新冠疫情对世界发展格局产生了深刻影响。与此同时,我国正处在推进中国式现代化的伟大征程和实现中华民族伟大复兴的关键时期。这些背景和变化给教育带来了前所未有的挑战,也给教育提供了前所未有的机遇,如何抓住机遇、应对挑战,推进中国教育现代化的进程,是摆在新一代教育学人面前的重大议题。

序 一

"新时代教育思想丛书",正是由一批有活力、有信仰的青年教育学者,依托杭州师范大学经亨颐教育学院平台,直面教育的时代议题,立足新的教育生态,以中国教育实际为研究起点,借鉴我国教育传统和域外经验,提出具有原创性的理论观点,建构具有中国特色的教育学学科体系、学术体系和话语体系的尝试。

丛书直面"新时代",回望历史传统,思考未来教育,坚持理论探讨高屋建瓴与关注实践脚踏实地相结合,坚持吸收传统与反思传统相结合,坚持借鉴西方与批判西方相结合,对教育基本理论的诸多议题进行了深入的探讨,这对于推进中国教育现代化的进程而言,无疑是非常有益的尝试!

丛书的探索得益于范国睿教授的深入指导,亦是八位青年学者在学术上努力耕耘的硕果,在此深表感谢!四年来,我有幸见证了范国睿教授的严谨与负责,见证了青年学者的努力与成长,见证了杭州师范大学经亨颐教育学院的发展与壮大。"少年自有凌云志,不负黄河万古流",有青年的教育学是有希望的教育学!祝青年学者和杭州师范大学教育学科的发展能够相互成就,更上一层楼!

张斌贤

2023 年 4 月 26 日

于北京师范大学

风华正茂青云上
——"新时代教育思想丛书"序二

四年前的初秋,应张斌贤教授之约,我有幸走进杭州师范大学经亨颐教育学院。在这里,恰遇一群朝气蓬勃的青年教育学人,他们铆足了一股劲儿,渴望在教育学学术上有所建树,为杭州师范大学教育学科的发展做出自己的贡献。这些志同道合的年轻人自发组织了"教育基本理论研究项目组",以每月一次的"学术沙龙"形式,试图从自己的学术兴趣与学术积累出发,基于教育基本理论立场,探讨教育价值、道德教育、教育文化学、教育社会学、教学论、教师发展论、农村教育论、基础教育治理论等论题所涉及的相关理论与实践问题。很荣幸,我能参与其中。2020年1月,受新冠疫情的影响,学术沙龙由线下转为线上,大家的学术热情不减,每月一次的线上交流、争辩,以及为此而做的各种艰苦准备,都成了抗疫过程中的珍贵记忆。这些年来,参加学术沙龙的新面孔不断增加,每一位新人的加入,都会给大家带来新的研究问题、研究视角与研究思路,智慧的碰撞,使这个研究项目组永葆新意。

"教育基本理论研究项目组"最初设定的目标是每位成员最终形成一部具有专著性质的教材(大家亲切地称之为"'学术味'教材"),这既是大家希望的学术上术业专攻的成果,也是青年教师站稳讲台的需要。本来,"科研反哺教学"理应是大学学术生态的常态。尽管参与学术沙龙研讨的诸位同仁对其所治论题的思考深度与研究进展并不尽一致,但多样化的思维创获既是那些陆续发表的教育学专论,更是几经打磨沉淀下来,汇成的"新时代教育思想丛书"的第一批书目。八部著作的作者,有六位是杭州师范大学"教育基本理论研究项目组"的成员,而浙江师范大学的钱晓敏和内蒙古师范大学的杨日飞带着自己的作品加盟,使得这个团队更加开放、更具活力。

八部著作,大致可分为"培养什么样的人""谁来培养人"和"如何培养人"三类。

"培养什么样的人",关乎对儿童的本质、儿童发展与儿童素养的认知。近年来,杭州师范大学在儿童研究方面成果颇丰,已得到国内教育学界的广泛认可与赞誉。其中的三部著作,表明了他们的研究基于儿童,又超越儿童。严从根的《培养公共人:公共空间意识教育》,坚持现代教育的价值在于"培养公共人",从坚持启蒙和反思启蒙等角度论述公共空间意识教育作为培养"公共人"的必要性和实施路径,为读者重思教育的价值提供了新的视角。杨日飞的《培养精神健全的人:存在转向的儿童心理教育》,从存在主义理论立场出发,认为儿童心理教育要以培养精神健全的人为根本目的,为此,着力构建了以存在主义心理学为理论基础的儿童心理教育理论体系。徐洁的《走向自律:道德教育论》,从精神哲学的视角,尝试回答"人应该如何幸福生活""我们应该如何在一起"等问题,所建构的道德教育内容的精神生产方式与基本实践体系,无论在理论上,还是在实践上,都有独到的借鉴价值。

"谁来培养人"的答案无疑是教师。近年来,教育学对教师的研究大多集中在教师专业发展上,这里的三部著作在不同视角上超越了对教师发展的理论探讨。钱晓敏的《走向正义:教师教学价值论》尝试为教师教学走向正义提供理论原则和实践建议,基于教育学立场对公平分配范式、道德应得范式以及价值承认范式的教育适用边界的探讨,以及"一元三维"教师教学正义原则的理论辩护,使本书的"原理"意蕴更加浓厚。这些年,冯慧的主要心思都花在了孩子们身上,那个"余杭塘河边的儿童大王"公众号上的一篇篇推文,无不透露着她对孩子们的爱、对学前教育这片事业的爱。可喜的是,她的政策研究亦见功力,她努力通过《他山之石:学前教师政策的国际经验与借鉴》寻求多元文化教育与中国特色学前教育体系的融合之道。教师政策的比较研究,终归还是为了推动我国学前教师质量,提升儿童的幸福感,在这一点上,冯慧初心不改。相比之下,杨茜的《成为大先生:教师发展论》则侧重于将教师置于社会与教育转型的大背景的宏大叙事中,从历史与当代视角探讨"大先生"养成的理论与实践问题,探究教师发展的未来新路向。

"如何培养人"涉及的范围很广,其中的两部著作分别关注教学变革与学校治理变革两大核心问题。程建坤的《走向优质:深度学习与教学改革》,立足智能社会的时代背景,围绕教学的基本要素,重新思考教与学的辩证关系,尝试构建智能时代的深度学习模式,以适应智能时代的学习生态变革。张舟的《多元共治:基础教育学校治理新论》,立足我国教育治理体系与治理能力现代化建设,着力探讨现代学校制度、学校治理主体、治理维度、治理方式、不同教育主体参与和协作等基础教育学校治理问题,以期为我国基础教育治理体系和治理能力现代化建设提供理论与实践支撑。

"新时代教育思想丛书"具有时代性、开放性和实践性等特点。其中的每一部著作,都坚持"原理"立场,突出对某一专题教育研究成果的梳理并加以结构化,透视教育现象与问题背后的理论逻辑,形成系统化的教育知识体系;坚持古今统一,既吸收教育学经典著作的思想精华,又吸纳当代教育研究的最新成果,做到古为今用;坚持中外融通,既关注中华优秀传统文化教育与近年来的教育学本土理论研究以及教育变革实践成果,又借鉴国外尤其是西方发达国家的教育研究成果与教育改革经验。

习近平总书记在哲学社会科学工作座谈会上指出:"只有以我国实际为研究起点,提出具有主体性、原创性的理论观点,构建具有自身特质的学科体系、学术体系、话语体系,我国哲学社会科学才能形成自己的特色和优势。"[1]进入新时代后,我国的教育实践发生了深刻变化,许多问题亟待从理论上加以阐释,新时代,加快构建中国特色教育学学科体系、学术体系、话语体系,成为时代之需、教育改革实践之需、教育理论创新之需。近年来,杭州师范大学的教育学科发展迅速,积聚了一大批有教育信仰、有学术追求、有胆识、有干劲、有活力的青年学者,他们紧跟时代发展步伐,追寻教育理论前沿,关注教育现实,分析和解决新时代教育变革与发展的新问题、新技术、新方法、新生态,建构新观点、新理论。教育改革的希望在青年,教育理论创新的希望同样在青年。四年前,我为杭州师范大学这群有学术理想的有为青年的情怀与干劲所感动;四年来,他们追求学术的韧性令人敬佩,而他们的持续陪伴,又帮助我度过了许多艰难困苦的时光;四年后,时时浮现在我面前的,是从根与徐洁的理性与思辨,建坤与张冉的实证与严谨,冯慧与杨茜的求新与求活……

呈现在读者面前的这套沉甸甸的著作,是曾经的学术沙龙的"作业",是这群年轻人历四年之功的学术探索,虽不完美,其中的观点、命题或思想也必有进一步探讨甚至商榷的空间,但其中的研究视角、研究方法,那些点点滴滴的闪光思想,已足见他们的努力、他们的智慧、他们每个人为中国特色教育学学科体系、学术体系、话语体系所

序　二

做的独到贡献。每一个时代的教育学，都有每一个时代的问题，有每一个时代的探索和答案。"苟日新，日日新，又日新"，拥有青年，就拥有未来。"风华正茂青云上，恰是乘风破浪时"，祝愿所有青年教育学人学术精进，更上一层楼！祝愿杭州师范大学教育学科发展顺利，再创辉煌！

2023 年 5 月 8 日
于华东师范大学

前　言

　　中国共产党建党百年来,始终坚持不懈促进教育平等和提升教育质量,保障教育正义的实现。一般而言,教育正义涉及教育制度正义、教学正义和个体发展正义三个层次。然而,从已有研究成果来看,学者们多关注宏观层面的教育制度正义研究,相对忽视微观教学领域中的教师正义行为问题,且已有研究对正义原则的阐释多为对政治学中的正义原则的直接推演和应用,相对缺乏对正义和教学内在关系的探讨,以及正义理论在建构教学正义中的边界和适用性的反思。同时,教学实践中不正义的问题也层出不穷。为此,本书从微观教学活动视角切入,关注教师教学活动中的正义问题,基于教育学立场探讨正义理论在教育领域中的适用边界,尝试为教师教学走向正义提供理论原则和实践路径建议。

　　为回答"义务教育阶段教师如何在公共教学资源分配和师生交往过程中实现正义"这一问题,本书运用了论辩法、访谈法和观察法。一方面,基于儿童人性完善和发展的教育价值旨归,选择公平分配正义理论、道德应得理论和承认正义理论作为分析依据,并深入反思各正义理论用于建构教师教学正义的边界和局限,以期在各教学正义研究范式交叉矫正的基础上建构有教育学特色的教学正义原则体系。另一方面,运用访谈法和观察法,探究教师教学行为正义性的实际样态,为教学正义原则体系的建构提供实践依据。

　　公平分配范式关注学习自由和学习机会等教学基本善物的平等分配,进而为学生发展提供外在平等条件。然而,实际教学受教师权威、功利导向和时间困境等因素影响,呈现出不同程度的违背公平分配正义原则的现象,抑制了学生的思想和表达自由,阻滞了部分学生平等参与课堂的机会,处在较弱势地位的儿童无法及时获得教学补偿,高能力学习者也面临反向歧视的风险。同时,如果教师教学仅关注教学基本善物的平等分配,也会导致对学生个性禀赋差异和个体尊严的忽视。

　　道德应得范式强调教师教学根据每个儿童的差异性品质和能力提供相称

的教学善物,进而提升学生作为责任主体的意识和能力。但在实际教学中,教师往往将品质应得的依据从学生自愿道德行为置换为教师要求的纪律规范,使荣誉成了一种支配性善物,从而挫伤了学生的道德积极性,带来了分配不公问题。在保障每位学生依据其能力得其应得的分配过程中,教师也常以分数作为衡量学生能力的唯一标准,将努力异化为鼓励学生参与学习竞争的手段,不正当的分层教学实践也妨碍了学生潜能的发挥和自我实现的可能。同时,倘若将道德应得的分配逻辑奉为圭臬,教学也会因缺乏平等视角而造成对学生评价的等级化,且应得基础的偶然性也削弱了教学善物差异性分配的正当性。

价值承认范式认为师生间应当建立爱、权利赋予和成就赏识三类承认形式,进而为学生人格完整发展提供主体间关系保障。然而在师生交往实践中,学校和教师往往将学生视为客体,进而错误地把学生当作满足其自身情感需求的工具、考试的机器、知识的容器和不具备责任能力的"不成熟者",并依据成绩等级划分学生身份,忽视学生的多样化才能,并以某种无关儿童道德品质的标准作为给予其重视的理由,这阻碍了学生自信、自尊、自重的形成。虽然师生主体间承认关系的建立是化解由不平等身份问题造成的教学羞辱和排斥及其衍生出的分配不公问题的有效途径,但它却无法化解由教育教学评价制度引发的分配问题,且师生主体间承认关系的建立有赖于教师依据普遍规范程序进行公平分配。

回到教师教学如何实现正义的问题,研究基于上述讨论和发现,通过理论创新提出"一元三维"教师教学正义原则。其中,"一元"是教师教学的"终极善",指向儿童的人性完善与发展,集中展示为儿童的个性化发展。"三维"指不羞辱原则、平等原则和差异原则,且三个原则间存在优先序列关系。不羞辱原则是底线原则,平等原则优先于差异原则,三者共同致力于保障儿童的平等道德地位,促进儿童的完整人格的形成,使儿童获得个性化发展。研究在实践层面上提出四条路径建议:第一,教师要通过反思平衡途径,塑造教学正义观和正义德性;第二,教师要发挥专业自主性,降低外在干扰甚至腐蚀所造成的实践困难;第三,教师要增强课堂教学设计的有效性,创造更多的学习自由和学习机会;第四,教师要强化自身差异化教学的能力,在促进学生合作学习的过程中使每个人都获得增值发展。

目 录

导 论 / 1
    第一节　研究缘起 / 3
    第二节　研究意义 / 7
    第三节　研究现状 / 9
    第四节　核心概念的初步界定 / 33
    第五节　研究方法与设计 / 35
    第六节　本书结构 / 43

第一章　理论前提：正义作为教师教学的普遍价值诉求 / 45
    第一节　正义：教师教学的内在价值追求 / 47
    第二节　同一性与差异性：教师教学正义的双重意蕴 / 53
    第三节　教师教学正义的重要性阐释 / 58

第二章　公平、应得与承认：教师教学正义研究的理论基础 / 65
    第一节　教学正义研究的理论依据：儿童的人性完善与发展 / 67
    第二节　基于"公平分配"的正义理论 / 74
    第三节　基于"道德应得"的正义理论 / 77
    第四节　基于"价值承认"的正义理论 / 81
    第五节　本书的概念框架和分析思路 / 86

第三章　基于分配正义理论的教师教学正义分析 / 89
    第一节　教学基本善物公平分配：基于分配正义的教师教学正义主题 / 91
    第二节　知识权威与秩序失灵：基于自由原则的教师教学正义审思 / 97

第三节　制造差异与才能至上:基于平等原则的教师教学正义审思　/ 110

第四节　时间困境与错误补偿:基于差别原则的教师教学正义审思　/ 119

第五节　基于分配正义理论分析教师教学正义的局限　/ 129

第四章　基于道德应得理论的教师教学正义分析　/ 135

第一节　个性潜能的充分释放:基于道德应得的教师教学正义主题　/ 138

第二节　纪律服从与荣誉支配:基于品质应得的教师教学正义审思　/ 144

第三节　成绩至上与分层偏失:基于能力应得的教师教学正义审思　/ 153

第四节　基于道德应得理论分析教师教学正义的局限　/ 164

第五章　基于承认正义理论的教师教学正义分析　/ 171

第一节　在尊重中肯定价值:基于承认正义的教师教学正义主题　/ 173

第二节　心灵失衡与情感冷漠:基于情感慰藉的教师教学正义审思　/ 185

第三节　形象标签与权利僭越:基于权利承认的教师教学正义审思　/ 191

第四节　价值贬低与成就旁落:基于成就赏识的教师教学正义审思　/ 201

第五节　基于承认正义理论分析教师教学正义的局限　/ 209

第六章　教师教学正义化的理论原则和实践路径　/ 217

第一节　"一元三维":教师教学正义的理论原则　/ 219

第二节　"一元三维"教师教学正义原则的证成逻辑　/ 237

第三节　教师教学正义化的实践路径　/ 248

参考文献　/ 265

后　记　/ 283

导　论

导 论

第一节 研究缘起

一、理论反思：以伦理的眼光"看"教学公平

当前，关于教育正义的研究日益丰富，教师教学活动作为教育正义研究的微观领域也受到了诸多关注。但是，学术界关于教师教学活动的研究更多是从"公平"的视角切入，较少从"正义"的视角进行研究和讨论。公平强调衡量主体评价标准的"同一尺度"，防止社会对之持有不同标准，造成不公平的现象，其概念本身并不带有明显的价值取向，而是强调客观性，带有工具性色彩。① 但与公平的工具性相比较，正义则蕴含着更为明显的伦理价值取向，它是一个关涉人的价值、尊严和自然权利的概念范畴。② 教学活动的本质就是培养与发展人，因此教学需要追求对人的关怀，把教育生活中的人的生命尊严、自由发展、选择的能力和权利置于首要位置，而不仅仅满足于一事一物一时的公平。③

由于公平更强调"同一尺度"，因而公平原则在本质上仍然是一种平等原则，④强调个体间的均等关系。在此意义上，公平的概念也不完全契合中小学教师教学的根本性价值追求。首先，中小学教师教学活动需要遵循平等原则。人与人之间存在共性，区别于物，他们有着共同的特性即人性，他们的生存发展都

---

① 吴忠民.关于公正、公平、平等的差异之辨析[J].中共中央党校学报,2003(4):17-22.
② 冯建军.教育公正——政治哲学的视角[M].福州:福建教育出版社,2008:20.
③ 李政涛.教育学的智慧[M].合肥:安徽教育出版社,2008:249.
④ 何菊玲.教育正义:对教育合法性的价值判断[J].教育研究,2020(41):36-45.

依赖于获得社会基本善物(primary goods)①,例如自由、机会、职位、财富和收入等。教师教学在向受教育者分配学习自由、学习权利和学习机会时需要遵循平等原则,而不受受教育者的自然天赋和社会偶然因素的影响。其次,中小学教师教学活动仅仅遵循平等原则是不充分的。教师教学的对象是"人",人与人存在差异,无论这种差异是由先天遗传因素还是后天社会因素造成的,我们都无法否认受教育者之间差异性的客观存在。因而,如果教师教学在任何时候都按照同一尺度来衡量教学质量,反而会造成"教育的平庸",造成教学"有公平、无质量"的尴尬局面。与此同时,这种追求平等的旨趣也会造成不正义的教学结果。诚如李政涛所警示的:"把追求平等的过程变成以平等为起点,以奴役为手段和特征,以丧失自由为代价,以不平等为终点的过程。"②

在此背景下,教学活动呼唤正义理念。只有以正义为价值取向,教学公平才能真正"看到"人,保障自身不至于走向"平均主义",真正实现教学质量的提升。

二、实践审思:正义在教师教学实践中的缺失

聚焦于教学实践活动,不正义的现象和问题发人深省。对此,我们可以在近几年见诸报端的典型案例中窥探一二。

首先,部分中小学教师在教学过程中蔑视学生人格,并随意剥夺其权利,这严重伤害了儿童的身心健康,甚至造成其生命陨落等令人痛心疾首的后果。其中,以2020年江苏省常州市发生的"缪可馨事件"为典型代表案例。五年级学生缪可馨在其创作的"孙悟空三打白骨精"的读后感中这样写道:"这篇故事告

---

① 罗尔斯在其著作《正义论》中提出"primary goods"的概念,指代那些与人类生存、发展和幸福生活息息相关的东西,这些东西不仅本身是好的、善的,而且还能满足个体合理的生存发展需要。其中,使用"goods"这个名词的基本内涵去指称那些我们欲求的各种对象,这些事物对象是善本身(goodness)的各种不同具体表现(参见阿德勒.六大观念[M].陈珠泉,杨建国,译.北京:团结出版社,1989:84)。在翻译过程中,根据对"goods"的不同理解,有些学者直接将其翻译成"善",有些学者将其翻译成"善物""善事物""善品"等(详见罗尔斯.正义论[M].何怀宏,等译.北京:中国社会科学出版社,1988;金生鈜.教育与正义——教育正义的哲学想象[M].福州:福建教育出版社,2012)。本书中将"goods"翻译为"善物"。

② 李政涛.教育学智慧[M].合肥:安徽教育出版社,2008:248.

诉我们,不要被表面的样子,虚情假意伪善的一面所蒙骗,在如今的社会里,有人表面看着善良,可内心却是阴暗的。他们会利用各种各样的卑鄙手段和阴谋诡计,来达到自己不可告人的目的。"学生的解读应该算是有自己的独特思考,但语文老师却将这段划去,并在旁边赫然写下"传递正能量"五个大字。后来,缪可馨同学跳楼自杀。这场血淋淋的悲剧让我们看到了教师教学中对儿童自由表达权利的随意否定和粗暴打击,而这种行为本质上是对学生完整人格的压制。因为"缺乏外在'表达自由'才使得内在的'心灵自由'和'思想自由'显得乏味与无趣——这无异于将一个人原本属于'自我意志'的行动变成了'他人的奴隶'"[1]。与此同时,当教师在教学过程中不允许学生说自己想说的真话,而是强迫他们说自己不相信的假话、套话,学生是不会在求知过程中感受到自身的人格尊严的。因为只有当学生内心认同"知"是真实的和有价值的,他们才会主动求知,并从中感受到求知所带来的人格尊严。

其次,在中小学教师教学过程中,等级划分和区别对待的不公平现象依然大量存在。2021年,山西忻州原平市某小学有教师统计学生背景信息,并依此将学生划分为"女学生""父母离异单亲学生""辍学学生""领导子女""企业老板子女""权势垄断部门子女""家长有犯罪前科的学生""学习不好成绩差的学生""外地来的、各种关系过来的学生""谈恋爱的学生""家长信教的学生"等11类,教师的这种行为一经报道,引起舆论一片哗然。教师将学生划分为"领导子女""权势垄断部门子女""家长有犯罪前科的学生"等行为,本质是将学生身份等级化。在教育教学活动中,适龄儿童进入学校后就会被自动赋予学生身份,这意味着每个学生不论其自然禀赋和社会背景差异,都应当享有《中华人民共和国义务教育法》所规定的权利,教师应当一视同仁,平等对待。然而,教师人为地将学生按其自然禀赋、家庭背景、学业成绩、性别等因素"分门别类",会进一步加速班级"学生身份再身份化"过程。所谓"学生身份再身份化",就是教育教学共同体出现学生群体的分化,进而引发身份的等级化,学生通过不平等的学习

---

[1] 王占魁."爱智"抑或"爱人"——论中国儿童哲学课程的价值与未来[J].教育发展研究,2020,40(22):11-20.

活动参与内化和认同自身的不平等身份的过程。具体而言，那些被教师贴上"家长有犯罪前科""学习成绩差""父母离异"等标签的学生更容易面临被其他同学和教师所歧视、排斥甚至霸凌的风险，而享有"领导子女""权势垄断部门子女"等身份的学生则更有机会获得教师的优待。

可以说，上述两则典型案例揭示了部分中小学教师有违正义原则的不道德行为。事实上，各类不道德和不公平的教学问题或多或少地存在于当下的中小学教育教学活动之中。首先，在教学过程中，教师对学生表现出无视、歧视、贬低、辱骂、讽刺等不道德的态度和行为，且处在弱势地位的学生（如残障儿童、农民工子女和学困生）最容易遭受教师的不道德行为。其次，教师根据学生家庭背景的优劣、学习成绩的高低和生理的差异而区别对待学生。出于一种朴素的道德应得观，教师会认为成绩好、听话的学生应获得更多的教学资源，因而在分配课堂学习的参与机会、座位及荣誉的过程中给这部分学生以优待，使另一部分学生一直处在"边缘"地位。最后，还存在另一种隐蔽的教学不正义——标准化教学所造成的不正义。无论学生间的个性和发展差异有多么巨大，进入学校和班级后，教师都是按照一样的教学进程、教学内容和教学办法对其施教，最终学生获得的评价方式也是一样的，归根到底就是分数，且分数在评价学生发展上获得了绝对性甚至是唯一性的地位。这种标准化的评价方式忽视了儿童的能力起点、背景、学习偏好、努力程度等因素，并且那些不能被分数所反映的品质，要么被荒唐地分数化，要么被忽略不计。[①] 在标准化的课程内容、教学方法和评价方式的"摧残"中，受教育者自我理性能力和道德人格的发展会受到限制，这无疑违背了正义所传达的保障人的自由和尊严的本质。

不正义教学的后果是糟糕的，它以不道德、不公平和标准化的形式摧残了儿童的身心发展，直接传递和塑造不正义的价值观念。"正义"作为一种价值理念，它不仅规范和引领着教学实践，同时教学实践本身也包含和传递正义。正如本纳（Benner）所强调的，"教育实践不只是教育之外的规范观念和正义观念的运用领域。教育实践从来就是检验其他规范观念和正义观念是否可传授、可

---

① 高德胜.论标准化对教育公平的伤害[J].教育科学研究，2019(2)：5-12.

改变、可改善的试金石"①。因而,"正义的教学"必然以正义的表现形式传递正义这一价值,学生在潜移默化中就会理解和习得正义所要求的价值理念。反之亦然,在"不正义的教学"中,学生不仅会质疑教师所教的"平等""自由""尊重"等价值的意义,同时他们还会习得不正义的价值原则。如果课堂教学成了延续和再造"不正义"观念的场所,后果是极其糟糕和可怕的。

第二节 研究意义

本书立足于微观的教学实践情境,聚焦于当下义务教育阶段教师在分配教学善物和师生交往过程中遭遇的问题和困境,借助一系列的理论研究与实践探索,以期为教学正义理论研究提供较为完整的理论视角,并为教师教学正义化提供正义原则和实践策略建议。

一、为教学正义理论研究提供较为完整的理论视角

义务教育阶段的教学活动是一个极其复杂的实践活动,研究者如果想从正义价值维度去把握和理解教学,有必要借助一个合理且全面的理论分析框架。目前典型性研究成果大都聚焦于分配正义和承认正义理论来论述教学正义问题,这些典型的分析维度为我们理解和分析教学正义提供了参考。但问题在于理论分析框架的合理性在某些阐释教学正义的研究中没有得到较为明晰的澄清,而是直接把分配正义和承认正义有关原则照搬照用,无视政治学话语体系下的正义理论与教育教学问题的适切性。虽然正义原则本身具有普适性,但这些原则能否完全适用于教育教学领域,某些正义原则是否在教学活动中存在适用的边界,等等,这些问题需要得到进一步的说明和解释。本书遵循已有研究的分析思路,在讨论教学与正义内在关联基础之上,不仅依循现有可行的正义

---

① 本纳.论教育语境中的正义[J].彭韬,译.全球教育展望,2021,50(1):34-44.

理论分析我国教师教学正义实践现状,还尝试去发现和阐释每一种正义理论分析教学实践活动的限度,最终基于教育层面的反思,为教学正义研究提供一个较为清晰和完善的理论视角。

二、为教师教学正义化提供正义原则及其实践策略

教师教学正义研究是规范性研究,旨在提出应然的教师教学实践的正义原则,从而给学校、教师和其他教学活动利益相关者指示出正义的教学应该是什么样的标准。这种标准不仅能够直接指引教师做出正当的教学行为,实现促进学生发展的教育教学目的,也能够帮助教师提升自身的专业判断能力,避免其在专业决策时陷入"直觉主义"(intuitionism)的泥淖,妨碍其道德判断能力的发展。面对复杂的教学活动,教师需要在教学活动中不断进行决策,例如,如何进行教学善物的公正分配就是教师们经常面临的决策难题。在教学实践中,不乏教师按照道德直觉的指引进行道德判断。强烈的道德直觉会指引教师平等分配教学善物,或者根据功利最大化的原则把教学善物更多地分给学习能力更强的学生,以最大限度地发挥教学善物的价值和效用。从这一点就可以发现,在直觉主义下,教师对正义原则的选择有时是矛盾和冲突的。约翰·罗尔斯(John Rawls)就曾强调:"直觉主义,首先是由一批原初原则构成的,这些原初原则可能是冲突的,在某些特殊情况下会给出相反的提示。"[①]尽管凭借道德直觉,教师虽然有时也能做出正确的道德判断,但仅仅依凭道德直觉进行判断是不够的。正如布莱恩·巴里(Brian Barry)所言:"'直觉'一词在道德哲学家中广泛使用,而事实上它没有必要承担如此惊人的认识论上的重负。说某人存在某种直觉,认为在某种情形下这样或那样做是不对的,这样做不过是意味着某人确信那种后果,而又无法通过论证的方式加以反驳。"[②]由此可以推断出,依靠直觉,教师在教学决策中往往凭借自己确信的最为正确的方式行事,却很难理解教学行为背后的价值及其所要遵循的道德原则的实质。与之相反,教师只有

---

① 罗尔斯.正义论[M].何怀宏,等译.北京:中国社会科学出版社,1988:33.
② 巴里.正义诸理论(上)[M].孙晓春,曹海军,译.长春:吉林人民出版社,2004:336.

理解和依赖直觉背后更深层次的正义原则,才能更深思熟虑地判断教学情境中的复杂关系因素,权衡利弊,从而做出正当行为。本书通过实践和理论的双重反思,构建了有教育学视角和目光的教学正义原则,并为教师教学走向正义提供一些可行性路径和策略,从而帮助教师走出思维的惰性,指引他们利用正义原则反思自身的道德直觉和行为经验,提高专业判断和决策能力。

第三节　研究现状

本书的核心词是教学正义,因此需要梳理正义、教学正义及与之相关的研究成果。文献综述主要包含四个部分:正义内涵研究、教育正义研究、教学正义研究及教师正义研究。需要指出的是,由于"正义"和"公正"的英文都是"justice",因此国内很多学者在讨论教育正义和教学正义时,经常对"公正"和"正义"不作严格区分。为了避免遗漏很多具有重要研究价值的文献,本书在综述"教育正义"和"教学正义"文献时,也会将有关"教育公正"和"教学公正"的研究成果纳入其中。且为了凸显"正义"的独特性,本书在"正义内涵研究"这部分仍然会呈现学者们对两者概念差异的解释。

一、正义内涵研究

（一）正义的词源学考察

1. 汉语中正义的词源学考察

在汉语词汇中,"正"字甲骨文是 ,为"证"字之本字,表示奔向远方的某一目标,而奔向某一目标必须方向正确,因而引申为不偏、不斜。[①] 正义的"义"字,在甲骨文中,"义"（義）由"羊"和"我"两字会意而成。同时,羊在上古时被认为是美善吉祥的象征。因而"義"的本义则是"动用'我'自身的力量捍卫那些美善

---

① 苏宝荣.《说文解字》今注[M].太原:山西人民出版社,2000:63.

吉祥、神圣不可侵犯的事物及其所代表的价值"①。由此可见,"义"强调动用个体力量以捍卫价值,这里就体现了"义"对个体德性的要求。另一种解释是"'羲'是商王在祭祀中以'我'杀'羊',并灌血于地,然后以'我'分肉,将不同部位和重量的牲肉按照特定的标准合理分给参与祭祀之人,作为其地位和义务的标志"②。这里将"羲"解释为"杀羊分肉",更多地强调了统治者的分配公正。此外,"义"字还是我国古代一个重要的政治道德概念。《论语·里仁》中"君子喻于义,小人喻于利"强调君子和小人的区别就在于君子是追求"义"的。那什么是"义"呢?《孟子·告子上》中提到"仁义礼智,非由外铄我也,我固有之也,弗思耳矣",强调"义"是发源于个体内心的一种道德标准,而非外在强加的。《孟子·离娄上》中讲,"仁,人之安宅也;义,人之正路也"。这里强调"义"的作用在于以道德标准匡正自我行为。而且作为一种内在道德标准,"义"的价值要高于其他价值。在《孟子·告子上》中,孟子提出了"舍生取义"的义利观。荀子第一次将"正"与"义"合在一起使用,他在《儒效篇》中提到"不学问,无正义,以富利为隆,是俗人者"③。这里荀子强调要把"义"作为个体行为的道德标准,不能因富贵、利益而忘记"义"的要求。同时,荀子不仅强调将"义"作为个人道德标准,还将其上升到了社会制度的道德标准。他在《王制篇》中指出:"人何以能群?曰:分。分何以能行?曰:义。故义以分则和,和则一,一则多力,多力则疆,疆则胜物;故宫室可得而居也。"从上述对"正""义"和"正义"三者含义的阐释中可以看出,当"正"与"义"二字结合在一起时更侧重表达"义"的善价值,"正"字只起到了强调善价值的作用,强调要以"义"的价值标准来"正"个体行为和社会制度。

2. 英语中"justice"的词源学考察

正义"justice"是从荷马史诗中的"dike"演绎而来。"dike"最初源于正义女神狄凯(Dike)的名字,她是宙斯(Zeus,代表一切完美和至善)和秩序女神忒弥

---

① 吕世伦,文正邦. 法哲学论[M]. 北京:中国人民大学出版社,1999:464-465.
② 桓占伟. 从宗教神性到政治理性——殷周时期义观念生成的历史考察[J]. 中国史研究,2014(4):45-70.
③ 冯建军. 教育公正——政治哲学的视角[M]. 福州:福建教育出版社,2008:17.

斯(Themis,代表秩序习俗和法律)之女。作为正义女神,狄凯主管人间是非善恶的评判,她凭借手中标尺衡量事物和事件是否合适、适当和公平,或用以确定土地的分界。麦金太尔(Macintyre)在其《谁之正义？何种合理性？》一书中指出荷马对"dike"的使用基于宇宙存在一种单一的基本秩序这一前提假设,这一秩序既使自然有了一定的结构,也使社会有了一定结构,且"由宙斯和人间的君王们所支配的秩序,乃是一种按等级秩序化了的社会规则构成的秩序"[1]。由此可见,西方正义理念在诞生之初就与超自然的神意秩序联系在一起,城邦秩序也是对自然秩序的一种"再现"和"模仿"。对"正义"理念的原初理解影响了整个西方正义思想的形成。按照这样的设想,柏拉图(Plato)提出了关于建构"理想国"的一套方案,亚里士多德(Aristotle)提出了一套正义原则,以维护城邦政治秩序。同时,正义是宇宙秩序"调节者"的原初理念,还影响了这些哲学家们对个人正义的阐释。因为既然正义是秩序化了的自然或社会秩序,那么正义的人就是能在秩序结构中找到适合自己的地位,并按这样的角色要求去做自己该做的事的人,不正义的人也就是占有了本应属于别人的地位的人。个体按照角色要求去施展角色所需要的那些技巧就变得"arete"[2]。这样,宇宙秩序—城邦正义—个人正义(德性)就自然而然地联系在了一起,古希腊哲学家们对"正义"的理解也从原初的"神性正义"慢慢转移到了"个人德性",正义与个体德性和幸福开始紧密相连。

根据对正义的词源学分析,我们可以发现,中西方语境中"正义"最初都是作为道德概念出现的,且均包含政治制度德性和个体德性两个维度。

(二)不同理论视角下的正义内涵研究

1. 古典哲学中的正义内涵:正义就是基于道德(德性)而得其应得

古希腊先哲将"应得"视为判断人类行为最基本的准绳。雅典城邦著名的

---

[1] 麦金太尔.谁之正义？何种合理性？[M].万俊人,等译.北京:当代中国出版社,1996:20.
[2] "arete"是德性概念的希腊文。"arete"泛指人和事物所具有的各种优秀的品质。德性概念最初体现在古希腊人对《荷马史诗》英雄社会的描绘中,古希腊人的英雄情结使此时的德性内涵与勇敢这一美德等同,此后德性才慢慢从神坛上走下来,由称赞诸神、英雄的品质转为赞扬那些卓越的公民在城邦生活中所表现出来的公民品质。参考:蔡春.德性与品格教育论[D].上海:复旦大学,2010:46.

改革家、政治家梭伦(Solon)最早提出"正义就是得一个人的应得",这一思想引起了古希腊思想家的思考和继承,同时也"奠定了西方正义思想的根基,虽然正义的思想历经变化,但应得始终是其基本的含义"①。依循梭伦"正义即应得"的观点,那么就存在一部分人"应得其恶"的推论,这时正义就和"恶"相关联,但这显然违背了正义的道德指向。因此,古希腊思想家强调正义是一种德性,而德性必定是善的,"得其应得"只有在个人或城邦得其应得的善(而非恶)的意义上才是正义的,基于德性的应得才是正义的内涵。其中,苏格拉底(Socrates)强调"不愿行不义的事情就足以证明其正义"②,正义就是按照善的要求去做善事。柏拉图更为系统地阐释了"作为德性的正义"的内涵,并将其扩充到城邦社会生活中,在德性基础上将个人正义和城邦正义结合起来,他强调正义在于个人灵魂的和谐一致,灵魂和谐才能表现出智慧、勇敢和节制的德性,才能胜任(或者说应得)城邦中的不同职务。这时,城邦也就自然实现了和谐一致(即正义),因为"国家的正义在于三种人在国家里各做各的事"③。亚里士多德将柏拉图的思想继续放大,他把正义看作一切德性的汇总,是万德之德。总体而言,古希腊先哲将正义与德性相勾连,强调正义就是个体依据美德而得其应得,强调正义就是"确保应该得到回报的人按他们的美德得到利益的原则"④。个体德性不同,意味着每个人的真价值也就不同,那人与人之间应得的事物的质与量也就不同,但每个人应得事物的质与量与其德性相称,即符合比例平等的要求,这样利益分配方式才是正义的。

2. 自由主义视域下的正义内涵:正义体现为保障基本权利

与古希腊思想家把正义看作个人和城邦(社会)的德性不同,近代的正义观更为关注个人的自然权利,强调社会利益的份额不应当按照个人德性进行分配,而应当基于每个人的自然权利进行分配。因此,"正义"的主题变成了设计一种合理的社会制度以正当分配公民的基本权利和义务,即在"存在竞争性需

---

① 廖申白. 论西方主流正义概念发展中的嬗变与综合(下)[J]. 伦理学研究,2003(1):69-74.
② 色诺芬. 回忆苏格拉底[M]. 吴永泉,译. 北京:商务印书馆,1984:164.
③ 柏拉图. 理想国[M]. 郭斌和,张竹明,译. 北京:商务印书馆,2012:171.
④ 弗莱什哈克尔. 分配正义简史[M]. 吴万伟,译. 南京:译林出版社,2010:1.

求和诉求的个人中间合理分配稀缺资源或者产品"①。此时,社会正义就体现为分配范式,而非应得范式。艾丽斯·M.杨(Iris M. Young)认为,"分配范式将社会正义界定为将利益和负担在社会成员中做道德上合适的分配,其中最重要的就是财富、收入和其他物质资源,此外也常常包括无形的社会物品,如权利、机会、权力和自尊。将社会正义与分配视为同延概念的倾向,构成了分配范式的标志"②。虽然分配范式关注个人获得社会利益和负担的自由权利,但在如何分配才是正当的问题上,自由主义阵营内部也有分歧和争辩。以罗尔斯为代表的平等主义论者强调平等分配社会基本利益的重要性,同时为了实现完全平等,社会还必须对那些"最少受惠者"进行补偿。因为个人依凭自然禀赋和社会背景优势而获得的更多利益在道德上是不应得的,但这些由偶然因素造成的差异不可能被抹杀,因此允许这种不应得的不平等的前提就是"受益于自己较高天赋和社会背景的个人能够促进不幸者的利益"。但以罗伯特·诺齐克(Robert Nozick)为代表的自由至上主义论者坚决反对这一观点,他强调个人对自然禀赋的"持有"是正当的,因为"无论从道德的观点看人们的天资是不是任意的,他们对它们都是有资格的,从而对来自它们的东西也是有资格的"③。因此,按照罗尔斯的差别原则,要求通过再分配把天赋高者的产出转向天赋低者,本身就侵犯了天赋高者的权利。这里自由和平等两种价值追求就产生了矛盾:是维护个人自由权利还是追求普遍的平等,成为自由主义论者讨论的关键问题。

3. 多元主义分配理论视域下的正义:社会善物的多样性意义和分配中人类关系的多样性决定了正义原则多元性

迈克尔·沃尔泽(Michael Walzer)反对罗尔斯仅关注社会基本机构,对复杂社会善物进行简单分类,他提出"正义原则本身在形式上就是多元的,社会不同善应当基于不同的理由、依据不同的程序、通过不同的机构来分配"④。换言之,待分配物品是多样的,这决定了分配标准、分配程序和分配机构等内容的多

---

① 弗莱什哈克尔. 分配正义简史[M]. 吴万伟,译. 南京:译林出版社,2010:1.
② 杨. 正义与差异政治[M]. 李诚予,刘靖子,译. 北京:中国政法大学出版社,2017:18.
③ 诺齐克. 无政府、国家和乌托邦[M]. 姚大志,译. 北京:中国社会科学出版社,2008:271.
④ 沃尔泽. 正义诸领域:为多元主义与平等一辩[M]. 褚松燕,译. 南京:译林出版社,2009:4.

样性。基于此,沃尔泽提出三种分配原则:自由交换原则、应得原则和需要原则①,这三个原则在不同的分配领域发挥作用,共同构成了分配正义的原则体系。与此同时,多样的人类关系也决定了分配正义原则的多元性,这方面的思考帮助我们更好地理解别人向我们提出的正义要求。戴维·米勒(David Miller)认为,当我们争论社会正义时,所要争论的焦点是"生活中好的和坏的东西应当如何在人类社会成员之间进行分配"②。基于此,米勒将人类关系分为"团结的社群""工具性联合体"和"公民身份"三类,并相应地提出用以处理不同人类关系间利益和负担分配问题的三种正义原则:按需分配、应得原则和平等原则。③ 总体而言,多元分配正义观不仅关注社会善物,更看到了社会善物背后多元的社会意义和分配中人类关系的多样性,并提出了多元主义分配正义原则,突破了罗尔斯一元论的价值立场。

4.关系正义视域下的正义内涵:正义意味着重视社会群体的结构性差异和避免结构性差异带来的压迫

艾丽斯·M.杨指出分配正义限制了正义的范围,仅仅将目光局限于物质资源的分配,而忽视了社会结构和制度语境。"在我们社会中,有很多关于正义和不正义的主张是与收入、资源或者职位的分配无关的……分配理论的框架无法容纳对资本主义制度和阶级关系的评价。"④为此,她强调社会正义还应关注人在所处的社会关系中是否得到了平等对待,这种平等不是物质利益和社会地位的分配问题,而是"个体发展与实现潜能、开展集体交流和合作所必须的制度条件"⑤的正义问题。为此,她从否定性的一面,揭示出由于群体间差异所导致的五种结构性压迫关系:剥削、边缘化、能力褫夺、文化帝国主义及暴力⑥,这五种不正义的社会关系压制了被压迫者发展和运用自身潜能、表达自我需求、想

---

① 沃尔泽.正义诸领域:为多元主义与平等一辩[M].褚松燕,译.南京:译林出版社,2009:23.
② 米勒.社会正义原则[M].应奇,译.南京:江苏人民出版社,2001:1.
③ 米勒.社会正义原则[M].应奇,译.南京:江苏人民出版社,2001:31-37.
④ 杨.正义与差异政治[M].李诚予,刘靖子,译.北京:中国政法大学出版社,2017:22.
⑤ 杨.正义与差异政治[M].李诚予,刘靖子,译.北京:中国政法大学出版社,2017:46.
⑥ 杨.正义与差异政治[M].李诚予,刘靖子,译.北京:中国政法大学出版社,2017:47.

法和情感的能力,进而阻碍了社会正义的实现。

5.承认正义视域下的正义内涵:尊严是社会正义的核心,正义的主题在于通过主体间的承认关系建构获得积极自我实践关系,并免于羞辱和蔑视

阿克塞尔·霍耐特(Axel Honneth)强调,分配只是理解正义的一个维度,但不是全部维度,人与人之间彼此认同和尊重的缺失同样也是不正义的表现,且"承认是比物质资源分配更为重要,且'更为根本的问题',人类尊严的承认才是社会正义的中心原则"[①]。由此可见,不是分配平等而是尊严构成了正义的核心范畴。霍耐特强调,主体间承认关系形式主要体现为爱、权利平等和成就赏识(社会团结)三类,同时这三类承认关系的建立分别依据的是需要原则、平等原则和成就原则;同时,霍耐特也指出了与之相反的不承认关系(即羞辱和蔑视)的三类形式,分别为身体暴力、权利剥夺和价值贬低,这三类蔑视关系会破坏个体在主体间互动中建立的自信、自尊和自重的积极自我关系,获得消极的道德体验,阻碍个体的自我实现。

(三)正义与相关概念的比较分析

一般而言,国内很多研究者对"正义""公正""公平"等概念不做严格区分,等同使用。例如,王海明就强调公正、正义、公平、公道的概念内涵均指向"行为对象应受的行为,强调给予个体应得而不给予其不应得的行为"[②],因而都是同一概念。万俊人也曾指出,"在汉语语境中,正义、公平、公正和公道几乎可以通用"[③]。但从慈继伟辩驳王海明的观点中,我们可以发现正义和公正之间的细微差别。慈继伟提出,正义本质上是善的,虽然"等害交换"是公正的,但不一定是正义的。按照王海明的推论,我们可以公正地伤害每一个人(因为伤害是他应

[①] 弗雷泽,霍耐特.再分配,还是承认?——一个政治哲学对话[M].周穗明,译.上海:上海人民出版社,2009:130-133.
[②] 王海明.公正·平等·人道——社会治理的道德原则体系[M].北京:北京大学出版社,2000:3-4.
[③] 万俊人.义利之间——现代经济伦理十一讲[M].北京:团结出版社,2003:74.

得的),但正义的目的是不伤害任何人。① 这样自相矛盾的说法就说明了"正义"与"公正"两个概念之间的差异。因此,通过对比正义与其相近概念之间的联系和区别,对进一步把握正义的内涵具有一定的必要性。

1. 正义与公正的比较分析

"公正"和"正义"在英语中均可以用"justice"一词来表示,也正因如此,很多学者对两者不进行严格区分,将公正等同于正义。当两者都用于制度层面时,含义的确可以等同,因为"正义的理念和价值必须要以制度为载体发挥效用,公正的制度必然是正义的具体表现形式"②。国内很多学者把约翰·罗尔斯的《正义论》(A Theory of Justice)也称为《公正论》,他提出的"作为公平的正义"理论(justice as fairness),本质上就是在谈社会制度如何公平地分配社会基本善物(social goods)。但两者还是存在差异。第一,两者内涵不同,且正义的内涵更为丰富。正义偏重理念层面,而公正偏重制度层面。公正起源于建立公正原则以分配利益的需要。在古希腊,亚里士多德为了建立统一的规范以指导城邦所有人有序地进行物质交往,提出了三类公正分配的形式,即"分配的正义""矫正的正义"和"回报的正义",用以调整利益关系③,使每个人得其应得。正义作为一种理念,不仅涉及用以规范社会利益分配的制度问题,还涉及人的尊严和价值,且后者才是正义理论关心的实质性问题。把正义问题完全归结为社会利益分配和规范问题的理论是狭隘的。对此,胡海波强调,"人在其历史发展过程中对于权力、财富、鼓励等生活价值的追求,只有在符合人对其自身本质的追求时,才是正义的"④。冯建军也强调,正义是一种具有普遍性的理念,而公正只是正义的某种特殊存在形态。⑤ 第二,两者在外延上是不同的。一般而言,"正义的外延比公正大,是正义的一定是公正的,公正的未必是正义,不公正的一定不

---

① 慈继伟.正义的两面[M].北京:生活·读书·新知三联书店,2001:85.
② 许超.正义与公正、公平、平等之关系辨析[J].社会科学战线,2010(2):189-194.
③ 亚里士多德.尼各马可伦理学[M].苗立田,译.北京:人民出版社,2003:147-160.
④ 胡海波.正义与正义观的哲学理解[J].教学与研究,1997(8):53-57.
⑤ 冯建军.教育公正——政治哲学的视角[M].福州:福建教育出版社,2008:21.

正义,不正义的未必不公正"①。冯建军也持有类似的观点,强调正义是公正的上位概念。② 这里我们可以继续用慈继伟对王海明观点的辩驳理由来解释这个道理:"以命抵命"是公正的,却不符合正义对于"善"的追求。由此可见,正义是公正的上位概念。第三,正义比公正的道德意味更强。在我国儒家传统话语体系中,"正义"的道德意味十分强烈,孔子认为"义"是君子的价值追求,孟子强调"舍生取义"。在西方,正义的含义起初也与个人道德品质息息相关。在柏拉图、亚里士多德那里正义与个人德性密切相关,柏拉图认为"正义就是在这个城邦里每个人必须从事一项最适合其天性的职务"③,个人从事与其天性相符合的职务就实现了个人正义,由此城邦也就实现了和谐和正义。亚里士多德强调"所谓公正,一切人都认为是一种由之而做出公正的事情的品质,由于这种品质人们行为公正和想要做公正的事情"④。由此可见,正义作为一种价值追求,是社会和个人以道德为根基的善。

2. 正义与公平的比较分析

正义和公平的内涵差异是显而易见的。"正义"是理念层面的内涵,带有对人的价值和尊严的观照,但"公平"只是一种工具化的衡量标准,强调"一视同仁"。吴忠民认为公平强调客观性,带有价值中立的色彩,工具性强,仅具有某种程度的操作意义。⑤ 对此,冯建军也持有相似观点。⑥ 由此可见,正义和公平最重要的差别在于,因为正义代表了基本的价值取向,而公平只是衡量"一视同仁"标准的规则,因而正义的价值取向就决定了公平的正向意义,丧失价值取向的公平规则会给社会发展带来负面影响。所以,正义的事情一定是公平的,但公平的事情不一定是正义的。这也正如莫提默.J.阿德勒(Mortimer J. Adler)在《六大观念》中指出的,"如果说正义只存在于公平,那么谋杀他人,伤害他人,

---

① 冯颜利.公正(正义)研究述评[J].哲学动态,2004(4):14-17.
② 冯建军.教育公正——政治哲学的视角[M].福州:福建教育出版社,2008:21.
③ 柏拉图.柏拉图全集(第六卷)[M].王晓朝,译.北京:人民出版社,2015:131.
④ 亚里士多德.尼各马可伦理学[M].苗力田,译.北京:人民出版社,2003:92.
⑤ 吴忠民.关于公正、公平、平等的差异之辨析[J].中共中央党校学报,2003(4):17-22.
⑥ 冯建军.教育公正——政治哲学的视角[M].福州:福建教育出版社,2008:23.

不守信用,错误地监禁他人,奴役他人,恶意欺骗以及致人于穷困等都是正义的。因为,所有这些行动中无不具有不公平的地方"①。但我们可以发现上述这些行为虽然是公平的(遵循了平等人应该得到平等待遇的原则),但无不侵犯了他人的权利,因而是非正义的。

通过对正义与公正、公平概念进行比较后可以发现,正义具有以下三大特点:第一,正义作为一种价值理念,不仅涉及社会制度,更关涉人的价值、尊严和幸福生活。第二,正义具有较强的道德意味,对个人道德品质提出了较高的要求。第三,正义始终观照人的价值和尊严,而非只关注同一标准的规则。由此,继而可以发现正义有两种面向:一方面,当正义概念与个体联系时,正义体现了个人德性的一面,强调个人的正义品质;另一方面,当正义概念与社会联系时,正义体现了社会制度的价值或价值取向,强调社会制度的正义性。

当我们继续对正义进行分析时,就可以发现对正义的探讨离不开对平等和自由这两大价值的辨析。自由和平等是论述正义的重要前提,探讨自由与正义、平等与正义之间的关系是我们理解正义的重要途径。

3. 正义与自由的关系分析

自由是一个在本质上就颇具争议的概念(essentially contested concepts)。② 一般而言,伦理学中探讨的自由是意志的自由,强调个体能够行使自己的意志,进而做出独立判断和选择;政治学所探讨的自由多指个体的自由权利,强调人作为一种政治动物,本质上需要政治自由。阿德勒在《六大观念》中提出的三类自由就是这两种自由形式的集合。他把自由分为天生的自由(natural freedom)、后天的自由(acquired freedom)和环境的自由(circumstantial freedom)。"天生的自由"是指人性中固有的存在于我们自由意志中的选择自由;"后天的自由"是指与智慧和美德相联系的道德自由,因为自由因美德而习惯地成为它应该成为的那种道德意志;"环境的自由"强调个体获得有利的外部环境,从而能够做自己愿意做的事情,这种自由往往和公民享有

---

① 阿德勒.六大观念[M].陈珠泉,杨建国,译.北京:团结出版社,1989:196.
② 石元康.当代西方自由主义理论[M].上海:上海三联书店,2000:3.

的政治自由结合在一起。① 其中,意志上的自由和道德自由是政治自由的基础,因为没有意志自由和道德自由,我们就没有权利去要求拥有和按照我们自己的意愿去行动的自由。② 伊塞亚·伯林(Isaiah Berlin)对自由的理解和诠释对后人理解自由内涵产生了重要影响。伯林将自由划分为积极自由和消极自由两种类型。其中,消极自由强调个体免于外在任何形式的限制、干涉、强制和阻碍,以保证作为人都拥有不受任何外在力量侵犯的自由,且伯林强调外在各种侵犯个体自由的力量不是来源于他人,而是来源于国家或政府的权力;积极自由强调人可以动用自己内在力量以展现自身自主性,即当"我"相信"自己是一个有思想、意志、能动的存在,并对我所做的选择负起责任,并能通过提出我的想法及目的对这些选择作出说明时,我会感觉到我是自由的"③。

同时,自由作为一种价值需要受到一定的限制,绝对的、完全不受任何限制的自由反而会阻碍个体享有良善生活,且对个体自由的限制只能因自由之故,这样的限制才是正义的。具体而言,人是社会性动物,即作为人自然地需要和他人共同生活在一个有组织的集体中。为了保障集体中每个人的自由权利都能实现,需要对个体自由进行必要的限制,且限制存在的正当理由源于一定的人性假设。一方面,如托马斯·霍布斯(Thomas Hobbes)所言,"自然状态下人与人之间像狼一般的关系状态",这时为了求得每一个人生命的自保,人们会通过订立契约的形式相互转让其权利,通过订立契约人们也从自然状态进入了社会状态,产生了国家这一权力机器,以约束个人权利的限度。另一方面,如卢梭所提出的,人的本性是善的,人们为了更好地维护自己的权利,于是在理性的引导下通过集体同意的方式签订契约,转让一部分权利让另一部分人去执行。虽然霍布斯和卢梭提出的权利诞生的人性假设不同,但均强调权利的正义性表现为对神圣个人权利的保障,同时个体放弃一部分权利不是放弃自由,反而是为了保障自由的实现。

---

① 阿德勒.六大观念[M].陈珠泉,杨建国,译.北京:团结出版社,1989:144.
② 阿德勒.六大观念[M].陈珠泉,杨建国,译.北京:团结出版社,1989:158.
③ 石元康.当代西方自由主义理论[M].上海:上海三联书店,2000:14.

4. 正义与平等的关系分析

平等是社会正义的重要内容,且正义视野下平等问题是在规范意义上探讨社会制度造成的平等和不平等问题。首先,正义制度要求的平等是基于"人格平等"要求上的"满足所有人基本需要"的绝对的、完全的平等。"人格平等"强调作为人(我们与动物不同)都具有相同的人的尊严,以人的自然人格和尊严为基础,不论其肤色、种族、自然禀赋、能力、家庭背景等因素,每个人都应被平等地赋予不可剥夺的自然权(如生命权)和政治权(如选举权和被选举权),这些基本权利应当被平等地分配和保障,这一要求也是罗尔斯正义原则体系中的第一原则。罗尔斯强调"每一个人都拥有与其他所有人的同样的自由体系相容的、最广泛平等的基本自由体系的平等权利"[①]。罗尔斯在这一体系中不仅提出平等权利满足的重要性,还指出了平等的价值不能被自由的价值所侵犯。他认为功利主义提出的"最大多数人的最大利益"的正义原则只关心最大利益的产生,却不关心利益总量如何在个体间进行分配的问题,而这种选择意味着存在为了最大利益总额的产生而损害和侵犯部分人利益的风险。由此,他进而提出"社会的每一成员都被认为是具有一种基于正义、或者说是基于自然权利的不可侵犯性,这种不可侵犯性甚至是任何别人的福利都不可逾越的"[②]。其次,正义要求的平等是一种比例平等,强调社会善物需要按照每一个人所起的作用和贡献进行分配。平等是一个比较性的概念,它关注的是个体间拥有事物的数量及其比例关系。两个条件相同的人,一个在社会分配中得到更多,另一个却得到更少,这样的不平等就是不正义的。同样的,条件不同的两个人,却在社会分配中得到相同数量的善物(如职务、财富或权力),这样的平等显然也是不正义的。虽然我们强调,每个人都应享有基本的权利和权力,但我们还应当承认由于先天自然禀赋和后天成长环境、个人努力等因素的影响,造成了每个人能力水平的差异性,这些差异性会使每个人发挥出的基本权利的价值及其社会贡献是不

---

① Rawls, J. A Theory of Justice[M]. Cambridge: The Belknap Press of Harvard University Press, 1999:266.

② 何怀宏.公平的正义:解读罗尔斯《正义论》[M].济南:山东人民出版社,2002:27.

导 论

一样的。因此,分配利益时应当考虑个人贡献、努力等因素,并根据贡献和努力得其所得,即符合"比例平等"要求。具体而言,公正至少包含四个项目,且与公正之事有关的两个人之间及这两份事物之间要有相同的平等。[①] 由此可见,正义视角下的平等,不是指两个人之间能力、贡献的平等或不平等,也不是指各自拥有的份额的相等或不等,而是指两个人的能力、贡献与其所获得的分配份额比例之间的相等或不等关系。最后,正义要求的平等还是一种补偿性平等。我们应当看到,有些社会地位不利者由于缺乏相应的能力和机会去发挥基本权利的价值从而获得相应的利益,不能支持自己的生活发展。因而正义的社会制度要求通过补偿手段以达到平等的目的,即"给那些出身和天赋较低的人以某种补偿,缩小以至拉平他们与出身和天赋较高的人们的出发点方面的差距"[②],实现"以不平平"的目的。

由上述内容可知,我们可以把正义要求的平等归纳为:给予相同的人相同对待、不同的人不同对待,并对弱势群体进行补偿。一方面,"相同的人相同对待"强调每个个体享有同等尊严和人格,在此基础上平等拥有基本权利及利用这些基本权利以获得幸福人生的机会,个体不应因其肤色、性别、种族、宗教信仰等因素而受到不平等的对待。另一方面,"不同的人不同对待"强调要承认个体间先天的禀赋和后天的努力、成长环境等因素的差异性,这些因素必然导致每个人运用权利的能力及所达到的效果是不同的,因而能力越强、社会贡献越大者应当被给予更多的回报。此外,不同的人不同对待有一个很重要的前提,是每个人基本权利的获得和享有。这样,我们自然会看到有些个体由于自然禀赋和社会背景等不可控的劣势因素影响而处在社会不利地位,无法平等发挥和享有基本权利的价值,这导致他们即使付出了努力,也依然在生存线上挣扎。在此意义上,正义要求对这些最少受惠者进行补偿,以弥补客观存在的劣势因素对他们人生发展前景的不利影响,实现结果平等。

---

① 亚里士多德. 尼各马可伦理学[M]. 廖申白,译. 北京:商务印书馆,2003:148.
② 何怀宏. 公平的正义:解读罗尔斯《正义论》[M]. 济南:山东人民出版社,2002:22.

二、教育正义研究

(一)教育正义的内涵和本质研究

1. 教育正义是教育制度正义

这里主要关涉的问题为教育制度是否以正义作为自身内在价值规定,实现教育利益的合理分配。金生鈜指出,"教育正义表现为教育基本结构、基本制度和教育机构等确定了人的教育基本权利的具体表达形式,确定教育利益包括教育机会、教育资源以及其他教育基本好事物的分配原则"[①]。刘健儿提出,"教育公正是指社会制度和政策对社会群体和社会成员之间教育权的获得和有关义务的分担进行分配的合理性、正当性"[②]。同时,义务教育(就我国而言,包括小学教育和初中教育)的制度正义和非义务教育(就我国而言,包括高中教育和大学教育)的制度正义体现形式不一。具体而言,义务教育制度正义集中体现为完全平等原则,而非义务教育制度正义则集中体现为比例平等原则。义务教育阶段的完全平等并不是指绝对的或普遍的平等,而是特指受教育权利和入学机会平等,即"在义务教育阶段内,保证所有学生能够接受基本相同的知识或内容的教育;能保证所有的儿童都能够接受相同年限的义务教育"[③]。非义务教育阶段的"比例平等"正义原则则强调在"资源供给不足的情况下,通过采取公众能够接受与认可的比较客观、中立的分配标准,将非基本性权利与资源在符合条件的群体内部按照一定的比例进行平等分配的一种原则"[④]。教育(制度)正义的实现还有赖于社会政治、经济、文化制度的正义性。苏君阳就曾强调,"在一个政治专制、经济垄断以及文化封闭的社会中,个性、自由以及和谐往往成为权力与利益的牺牲品,更不可能被教育制度所关注"[⑤]。

[①] 金生鈜. 教育正义:教育制度建构的奠基性价值[J]. 陕西师范大学学报(哲学社会科学版),2011,40(2):157-164.
[②] 刘健儿. 教育公正刍议[J]. 北京大学教育评论,2005(1):102-106.
[③] 苏君阳. 公正与教育[M]. 北京:北京师范大学出版社,2008:81.
[④] 苏君阳. 公正与教育[M]. 北京:北京师范大学出版社,2008:83.
[⑤] 苏君阳. 公正与教育[M]. 北京:北京师范大学出版社,2008:128.

2. 教育正义是教育外部正义和教育内部正义的整合正义

冯建军指出,教育公正涉及教育的社会公正(教育的制度公正)、教育中的公正(教育的内部公正)及教育目的的公正(个体发展上的公正)三个层次,并在此基础上提出教育公正的内涵为"通过合理的教育制度,恰切地分配教育资源,使每个人获得与其相适宜的教育,满足个体的学习需要。使个体得其应得,实现个性化的发展"[①]。苏君阳提出,教育公正是由教育系统外部公正和教育系统内部公正(主要涉及师生交往实践行为上的公正)通过一定的制度形式有机整合起来的一种伦理实在。[②] 王正平将教育公正理解为国家层面的教育分配制度公正和教师层面的行为和德性的公正。[③]

(二)教育正义的原则研究

学者们因为对教育正义本质和内涵的理解不同,所提出的教育正义原则也有所不同。一方面,当教育正义偏重强调教育制度和教育政策正义时,蔡春提出"应当以补偿原则、基本需要原则和贡献原则作为基本分配原则以保障教育公正的实现"[④]。冯建军强调教育公正需要遵循"基本受教育权利保障原则""教育机会平等原则""程序公正原则""能力匹配原则"和"补偿原则"。[⑤] 糜海波强调教育公正应当包含教育权利平等原则、教育机会平等原则,差别平等原则及教育补偿原则等四个方面。[⑥] 通过综述可以发现,国内学者立足于教育制度和政策研究教育公正原则时,或多或少都受到了罗尔斯公平分配正义理论和原则的影响。另一方面,当教育公正偏向于教育内部微观的教学公正时,学者们则基于不同的正义理论视角提出不同的正义原则。以下关于"教学正义"的文献综述会做详细分析,这里不赘述。

---

① 冯建军.教育公正:政治哲学的视角[M].福州:福建教育出版社,2008:43.
② 苏君阳.论教育公正的本质[J].复旦教育论坛,2004(5):33-36.
③ 王正平.论教育公正[G]//教育伦理研究.上海:华东师范大学出版社,2017:85-98.
④ 蔡春.分配正义与教育公正[J].教育研究,2010,31(10):17-23.
⑤ 冯建军.论教育公正的基本原则[J].社会科学战线,2007(4):221-226.
⑥ 糜海波.论教育伦理视域下的教育公正[J].高等教育研究,2017,38(2):20-24.

三、教学正义研究

总的来说,教学正义研究的理论视角多直接来源于西方政治学中所讨论的正义内涵。其中,苏格拉底、柏拉图和亚里士多德的道德应得思想,约翰·罗尔斯的公平分配正义思想,迈克尔·沃尔泽和戴维·米勒的多元主义分配正义思想,艾丽斯·M.杨和阿克塞尔·霍耐特的关系正义和承认正义思想等,成为当下我国研究教育、教学正义的重要理论基础。其中,罗尔斯的公平分配正义思想最为典型,这一理论成为我国教育学者研究教育教学正义和公平问题最常用的理论。同时,随着研究的不断深入,学者们逐渐发现仅仅基于公平分配思想分析和构建正义教学图景存在局限和不足,因此,近些年来,学者们越来越倾向于结合多重正义理论,全方位、多维度地阐释教学正义问题。

(一)基于道德应得的教学正义研究

道德应得的正义观强调按照个人道德品质和能力进行差异分配,进而使每个儿童都得到与其品质和能力相称的教学利益。但是这种分配理念往往导致教师人为制造教学差距,造成不正义的教学后果。具体而言,在教学实践中,"道德应得的表现主要为'唯成绩论',按成绩将学生划分为三六九等,并根据成绩安排座位、关注和评价学生"[1]。当成绩成为应得依据的唯一标准时,那些所谓的差生不仅得不到应得的教学利益(如上述的座位、关注和评价),同时,处在成绩底层的差生或后进生也不会得到学校的平等关怀和平等尊重。[2] 道德应得的观念不仅会导致教师按学生成绩将其分为三六九等,还会导致教师按学生的道德行为表现将其分为三六九等,将学生安放于不同的道德等级上,并败坏了一部分学生追求道德的意愿。[3]

---

[1] 卢丽洁.唯成绩论的公正性检视:"道德应得"的视角[J].教育科学研究,2015(8):70-72,80.
[2] 金生鈜.道德应得在教育中的界限——基于"五道杠少年事件"的追问[J].探索与争鸣,2011(7):63-65.
[3] 金生鈜.道德应得在教育中的界限——基于"五道杠少年事件"的追问[J].探索与争鸣,2011(7):63-65.

导 论

由于道德应得观念会造成种种不平等利益分配的后果,因此有学者提出"依循品质、能力等原则进行分配是悖逆于教育的公正性原则的。具体到教师教学行动中,应极力避免依循道德应得的路径进行资源的分配,从而影响个体的发展"[1]。但毋庸置疑的是,道德品质反映了个体卓越的德性,道德行为也是值得赞赏和鼓励的,且教育教学活动具有激发每一位受教育者追求优秀和卓越的使命,因此教育教学中的道德应得具有一定的合理性。但在道德应得观念下,教师如何在避免不平等对待的基础上正当地分配教学资源,使每位学生得其应得,这是实践的难题,也是教育学理论应当探讨和回应的。

(二)基于公平分配理论的教学正义研究

在教育教学领域,按照分配正义这一路径建构教学正义,我们会发现探讨教学基本善物的分配问题是研究教学正义的一条必由之路。这些理论探讨所提出的分配原则对指导教师在复杂教学情境中正当分配教学基本善物具有重要意义。由于义务教育的基础性特征使义务教育阶段的教学价值追求偏重平等原则,而罗尔斯的分配正义原则体系带有浓厚的"平等主义"倾向,因而长久以来,我国教育学者热衷于依据罗尔斯的分配正义理论建构教育教学正义原则体系。这一教学正义研究范式在各类教育教学正义研究中长期居于宰制性地位,以至于有学者将这一现象称为"罗尔斯情结"[2]。在罗尔斯的公平分配视角下,教学正义内涵主要指向保障受教育者获得发展和追求美好生活前景的教学基本善物,以教学基本善物的平等获得确保受教育者人格尊严和幸福生活的实现。其中,王彦明强调"教学正义是指教学主体在教学态度、教学参与机会、教学资源配置、教学方法选择、教学评价等方面采取的合理性行为"[3];宗锦莲强调"正义的课堂教学要保障学生平等地享有作为社会人、个性人及未来人的权利,

---

[1] 傅淳华,杜时忠.教师教学行动的公正性反思:"道德应得"的视角[J].教育发展研究,2013,33(8):30-33.
[2] 刘同舫.罗尔斯教育公正理论情结及方法论原则批判[J].教育研究,2012,33(1):40-45.
[3] 王彦明.教学正义:义务教育均衡发展内蕴价值[J].中国教育学刊,2011(9):12-15.

并且给予最不利者以最大限度的补偿"①;冯建军提出课堂教学资源平等分配包含"课堂学习权利的平等""学习机会的均等""平等享有基本的教育资源""对班级弱势群体和个人的学习补偿"等方面。②

(三)基于多元主义分配理论的教学正义研究

沃尔泽和米勒等的思想也影响了教育学者对教学正义原则的建构。依据多元主义分配理论思想,国内外教育研究者也提出了相应的教学正义原则。金生鈜在详细论述教育基本善物(如基本人权、教育权利、根本的教育自由等)的内容和意义的基础上,提出教育正义的四方面原则,即需要原则、自由原则、平等原则和应得原则。③虽然金生鈜并没有明确表达他的教育正义思想的理论基础是什么,但根据其对教育基本善物分类内容、意义和分配原则的论述,我们可以看到沃尔泽和米勒的多元主义分配理论对其思想的影响。苏君阳借鉴米勒的多元主义分配理论思想,提出教育系统内部公正具体包含平等原则和需要原则。具体而言,"由教师与学生群体所构成的人类关系模式是由公民身份与团结的社群相互结合的一种复合型人类关系模式⋯⋯这就决定了这个群体内部的公正总原则的标准,不仅包括平等,而且还应该包括需要"④。冯建军提出教育公正最终体现为促进个体差异性发展,因而分配教育教学利益时应当遵循需要、应得和适切性原则。⑤努拉·瑞希(Nura Resh)和克拉拉·萨巴格(Clara Sabbagh)提出教学分配原则包含三个方面:(1)平等原则,要求在给予所讨论的资源时,不论个人的特点或表现如何,人人享有同等的份额。(2)需要原则,满足人们的基本需求,即使这需要牺牲其他个人的利益。(3)应得原则(或任人唯贤原则),基于个人努力、贡献或能力进行不同的资源分配,以维持或加强接受

---

① 宗锦莲.正义的课堂与教师的转型——基于罗尔斯的正义原则[J].教育发展研究,2013,33(Z2):101-105.
② 冯建军.课堂公平的教育学视角[J].教育发展研究,2017,37(10):63-69.
③ 金生鈜.教育与正义:教育正义的哲学想象[M].福州:福建教育出版社,2012:122,159,200,244.
④ 苏君阳.公正与教育[M].北京:北京师范大学出版社,2008:91.
⑤ 冯建军.基于个体发展差异的教育公正原则[J].教育研究与实验,2008(4):7-10,65.

者之间的地位差异。[①]

(四)基于关系正义理论的教学正义研究

从关系正义理论视角出发可以发现,教学正义不仅涉及教学利益(善物)的平等分配,而且也指向教育活动中的关系结构,因此教育教学正义的实现路径并不仅仅在于保障利益的公平分配,还在于消除不合理的教育权力关系结构。在微观教学活动中,占据优势地位的群体如何借助不合理的教育权力关系结构对弱势群体进行"支配"和"压迫",表现得更为细致和具体。

(1)剥削:教师对男孩和女孩的不同对待成为新形式的剥削。[②] 儿童被作为社会和家庭甚至个人的工具,其努力和学习是被动和被迫的,无法从学习活动中获得内在利益。[③]

(2)边缘化:种族问题和阶级问题引发了黑人和劳工子女在教育中的边缘化。[④] 学生个体或群体因自身原因(心理、性格和身体情况等)拒绝参与教学、主动游离于教学活动之外。[⑤] 更广泛的边缘化不仅是由学生种族、阶级和个人成绩等因素导致的,更是由儿童利益在学校价值追求中的缺失导致的,学校领导和教师始终处在中心地位,而儿童始终处于边缘地位。[⑥]

(3)能力褫夺:劳工阶级父母在子女教育问题上无权和无所作为。[⑦] 处于弱势地位的学生在关涉自身合法权益方面往往处于无权地位,进而遭受打击、压

[①] Resh, N. & Sabbagh, C. Justice in Teaching[M]//Saha, L. J. & Dworkin, A. G. (Eds.), International Handbook of Research on Teachers and Teaching. Springer Ebooks, 2009:669-682.
[②] 钟景迅,曾荣光.从分配正义到关系正义——西方教育公平探讨的新视角[J].清华大学教育研究,2009,30(5):14-21.
[③] 金生鈜.什么是正义而又正派的教育——我国教育改革的症结[J].教育研究与实验,2006(3):1-7.
[④] 钟景迅,曾荣光.从分配正义到关系正义——西方教育公平探讨的新视角[J].清华大学教育研究,2009,30(5):14-21.
[⑤] 亓玉慧.课堂教学中的"边缘人"现象研究[D].重庆:西南大学,2014:32.
[⑥] 金生鈜.什么是正义而又正派的教育——我国教育改革的症结[J].教育研究与实验,2006(3):1-7.
[⑦] 钟景迅,曾荣光.从分配正义到关系正义——西方教育公平探讨的新视角[J].清华大学教育研究,2009,30(5):14-21.

制、遗弃。[①] 更普遍化的能力褫夺形式在于,在学校中,儿童是在教师和领导的权威下学习和生活的,他们主要的行动就是服从权威和权威下的规章。[②]

(4)文化帝国主义:不同种族和阶级之间教育的文化歧视问题。[③] 农村文化不被重视,高考作文选题有明显的城市倾向;[④]课程文化有明显的城市化取向。[⑤]

(5)暴力:低收入家庭学生遭受校园暴力欺凌,[⑥]师生间和生生间的欺凌、羞辱、监督、使役、控制等行为都是或隐或藏的暴力行为。[⑦]

不正义的教育关系结构不仅加深加重了原本处于弱势地位群体的不利地位,而且它还会延续甚至复制支配和压迫关系,因此教学应当破除等级观念,承认群体间的差异性。为此,教学正义的实现有赖于以下两个原则。

(1)承认差异原则。为了消除现实的和潜在的压迫,艾丽斯·M.杨提出在公共决策和经济制度的政策和程序上要承认群体差异,而非简单的公平对待,因为公平对待本身有时就压制了差异。同理,消除教学关系压迫的重要途径是教师需要承认和接纳学生间存在的自然禀赋、学习能力、道德品质发展水平、兴趣、学习动机等因素的差异,更不能人为地制造差异和区隔。为此教师要消解流行的压迫性教育符号,例如"重点""一流""优秀""×星级"等,因为"这些符号往往故意抬高符号占有者的荣耀感,贬低无法占有者的尊严和价值感,造成人为的区隔、分级、排斥和歧视"[⑧]。

(2)政治决策原则。"承认群体差异原则"的实现依赖"政治决策原则"的保障,政治决策原则强调设定必要程序以保障每个群体都能通过群体代表制度,让公众听到他们的声音。同样的,教育教学要破解不平等的关系结构,就要确

[①] 杨建朝.关系正义视域下教育优质均衡的发展图景[J].教育发展研究,2011,31(12):36-40.
[②] 金生鈜.什么是正义而又正派的教育——我国教育改革的症结[J].教育研究与实验,2006(3):1-7.
[③] 钟景迅,曾荣光.从分配正义到关系正义——西方教育公平探讨的新视角[J].清华大学教育研究,2009,30(5):14-21.
[④] 郭聪慧.新中国语文高考作文的城乡文化倾向研究[D].重庆:西南大学,2008:1.
[⑤] 邰江波.以公正审视学校教育[D].上海:华东师范大学,2008:18.
[⑥] 钟景迅,曾荣光.从分配正义到关系正义——西方教育公平探讨的新视角[J].清华大学教育研究,2009,30(5):14-21.
[⑦] 杨建朝.关系正义视域下教育优质均衡的发展图景[J].教育发展研究,2011,31(12):36-40.
[⑧] 杨建朝.关系正义视域下教育优质均衡的发展图景[J].教育发展研究,2011,31(12):36-40.

保所有人都能够参与到教学制度和规范的制定和决策中来,表达他们的合理诉求,做到"教育政策的商讨与决策的参与程序上更多承认差异,关注多元、兼容并包,照顾弱势群体的需要"[①]。

(五)基于承认正义理论的教学正义研究

虽然分配正义一直是我国学者研究教育教学正义常用的理论基础,但分配正义的讨论对象必然是可分配的物品,而"正义不仅包括常见的物质利益和资源的分配,还包括成员资格、平等身份、文化认同、免遭排斥和羞辱等不同方面,这些方面不一定属于分配的范畴"[②]。由此可见,分配正义自身存在无法应对非物质形态的物品和资源(如自尊)的分配缺陷。同时,在教学实践中,师生互动中的羞辱、压迫、排斥、欺凌等问题对学生的身心发展的影响比教学善物的分配问题更为巨大和深远。基于此,近年来,承认正义逐渐成为教育学者建构教育教学正义的重要理论基础。同时,虽然承认正义理论和关系正义理论都关注"关系",但是前者更关注主体间承认关系的构建,强调正义的主题和目标就在于通过建立主体间的承认关系进而避免主体间的人格羞辱和价值蔑视,而非揭示群体间的不正义结构关系(这是关系正义理论研究的重点)。因此,基于承认正义理论的教学正义研究更关注微观教学活动中师生的互动和交往关系。

一方面,承认正义理论视域下教学正义内涵指向师生在交往和互动中建构爱、权利承认和教育重视三种主体间的承认关系,进而促进儿童个人特质的发展与完善。金生鈜首次将承认理论引入教育研究,并直接应用于建构教育承认关系,提出教育中的交往结构是一种相互承认的关系结构,教育承认包括了爱与关怀、权利的尊重、社会重视及完整发展的内涵。[③] 肖绍明和扈中平提出"承认正义是教育人性化的根本法则。教育人性化的承认正义原则以互动正义和实践性正义为前提,以权利承认、社会承认和爱的多元正义为具体内容和形式,

---

① 吴煌.教育正义:走向多元综合的范式[J].湖南师范大学教育科学学报,2017,16(2):83-88.
② 杨建朝.教育公平如何可能:从配置正义到多元正义[J].教育发展研究,2013,33(Z2):22-25.
③ 金生鈜.承认的形式以及教育意义[J].教育研究,2007(9):9-15.

促进平等对待和道德关怀,保护学生的完整人格,维护学生的平等和尊严"[①]。柳谦强调,"教育活动中的承认关系,通过对儿童精神品质不同部分的肯定与认可,为儿童的人格成长和自我完善提供必要的支持。没有这种与他人的交往互动,儿童的精神发展将是不完整的,儿童的自主性也无法实现"[②]。

另一方面,承认正义理论视域下的教学正义研究还指出了师生主体间不正义的羞辱和蔑视关系的存在样态。现实教育教学活动由于受到功利主义和个人主义的误导,学生的人格价值要么不被承认,要么仅获得扭曲的承认或者有限的承认。这使教师和学生的人格价值都不能获得同等的尊重和承认,从而形成了主奴意义上的承认关系,即"教师'承认'中的学生是片面化的人,学生'承认'的教师是神圣化的人"[③]。同时,教学中羞辱和蔑视关系总体体现为教育排斥,排斥的本质就是不承认。具体而言,排斥通过身体疏离、权利剥夺和价值贬低等形式破坏个体的自我完整性。消除教育排斥需要借助承认关系,使教育伦理生活重获正义的环境,消除教育领域内部的等级化关系,同时"要根本去除教育排斥的生成基础还必须转向社会领域的承认斗争"[④]。

(六)基于多重正义理论的教学正义研究

随着正义理论的不断丰富,教学正义研究的视角也愈加多元化、全面化,呈现出多重正义理论和原则的补充与融合。

冯建军立足于教育学的视角,借鉴分配正义和承认正义的相关理论,提出课堂公平有两种形式的平等指向,"第一种平等指向利益的平等分配,第二种平等指向地位的平等,即平等对待"[⑤]。吴煌构建和提出了由公平分配正义理论、关系正义理论和承认正义理论相结合的多元综合的教育正义研究范式。他认为:"分配范式关注教育资源与权利的分配公平,承认范式强调对人格尊严的平等承认,关系范式重视教育关系的非压迫性。三者各有侧重,各有其适用的范

[①] 肖绍明,扈中平.教育人性化的承认正义原则[J].教育理论与实践,2014,34(1):14-17.
[②] 柳谦.教育承认与自我认同[D].南京:南京师范大学,2008:76.
[③] 崔振振.当前中小学教育中"承认意识"的缺失与重构[J].教育理论与实践,2010,30(19):47-49.
[④] 吕寿伟.从排斥到承认[D].南京:南京师范大学,2012:1.
[⑤] 冯建军.课堂公平的教育学视角[J].教育发展研究,2017,37(10):63-69.

围。而教育是一个多层次、多维度的复杂领域,内在地包含着各种教育资源和机会的分配、关涉师生的主体人格,嵌入了社会结构和关系,因而需要走向多元综合的正义范式。"[1]胡友志强调,一种致力于实现有尊严的教育生活的教育正义理论应当包含分配正义、承认正义、关系正义、能力正义四个维度。其中能力正义维度着重强调正义的教育制度首先必须保证教育生活的主体有能力追求一种有尊严的教育生活。[2]

四、教师正义研究

教师正义与教师教学正义息息相关,通过文献梳理可以发现,一般而言,教师正义研究多从"正义作为教师的一种职业道德品质"和"教师正义行为"两个维度进行讨论。

从教师职业道德品质层面探讨"教师正义"的研究,主要强调"正义"是一种重要的教师职业美德,"它植根于教师心中的那份美好意愿"[3]。同时,教师正义品质形成于教师在职业活动不断践行正义要求的行为过程中,表现为正义行为积累所养成的行为习惯。对此,檀传宝强调教师正义实际上就是要在以师生关系为基础的人际关系处理上实现某种中度(笔者注:即中道、中庸),具体包含教师对自己的正义、同侪性正义和对象性正义三方面内容;[4]蔡辰梅和刘娜指出,"教师公正是指教师在具体的教育教学活动中分配不同的教育资源和调整不同的利益关系时,所表现出来的公平和正义"[5]。余维武指出,"教师公正意味着平等保障每个学生受教育权利、依据学生相关特征给予相应的对待,以及优先关照不利地位的学生"[6]。

---

[1] 吴煌. 教育正义:走向多元综合的范式[J]. 湖南师范大学教育科学学报,2017,16(2):83-88.
[2] 胡友志. 实现有尊严的教育生活:一种教育正义论框架[J]. 苏州大学学报(教育科学版),2019,7(2):46-54.
[3] 王正平. 论教育公正[G]//教育伦理研究. 上海:华东师范大学出版社,2017:85-98.
[4] 檀传宝. 教师职业道德[M]. 北京:北京师范大学出版社,2015:45.
[5] 蔡辰梅,刘娜. 论教师公正及其实现[J]. 教师教育研究,2017,29(4):1-6,12.
[6] 余维武. 论教师公正[J]. 教师教育研究,2013,25(6):1-5.

五、文献述评

通过文献梳理与总结可以发现,关于正义和教育、教学正义的相关研究成果比较丰富,这些成果能够拓宽研究思路,并为研究奠定翔实的基础。尤其是近年来,教学正义研究理论视角的多元化趋势给予研究重要启发——教学活动的复杂性需要研究者从多重的正义视角进行分析,绝不能简单以某一种正义理论来解释教学领域的正义问题。然而,仔细研究就会发现,已有研究虽然成果丰富,但也存在一定的局限性。

第一,已有研究多关注宏观层面的教育制度正义,而微观层面的教学正义研究仍显不足。具体而言,虽然也有研究呼吁只有将教育系统的外部正义研究转化到微观层面的教学正义上来,才能赋予教育正义以实质性的内涵和意义,但绝大部分研究仍然关注外在的受教育权利、入学机会和教育资源等善物的正义分配,而缺乏对微观教学中儿童是否受到正义对待及获得个性化发展的关注。须知,如果教育制度正义所保障的教育机会平等不能最终诉诸实质性的结果平等,那么它就只能是形式性的(formal),而要实现实质性的教育结果平等,就应当保障微观层面教师教学的正义性,关注儿童的个体发展。

第二,无论是教育正义、教学正义抑或是教师正义的研究,所涉及和讨论的相关正义原则大都是已有政治学中的正义原则的直接推衍和应用,相对缺乏教育学自身的"眼光"。具体而言,已有研究都没有较为清晰地回答"正义对教师教学活动到底意味着什么""以某个或几个政治学中的正义理论和原则分析和建构教学正义的依据是什么"及"这些正义理论和原则分析与建构教学正义的适用性程度(边界)在哪里"等问题。同时,由于研究大多基于已有政治学中正义原则的直接推衍,因而研究多采用理论研究的方式,相对较少关注现实教师教学正义实践的相关问题和困难。

因此,基于以上梳理和总结,本书立足于"教学正义"这一主题,在阐释"正义"与"教师教学"的内在关联基础上,依据可行的正义理论分析当前教师教学的正义现状;并进一步对研究所选取的正义理论和原则进行反思,尝试在"实践反思"和"理论反思"的双重基础上构建有教育学"目光"的教学正义原则。

第四节 核心概念的初步界定

"教学正义"是本书的核心概念,这一概念从字面含义上理解就是"教学中的正义"(justice in teaching)。但正如埃德加·博登海默(Edgar Bodenheimer)所言:"正义有着一张普罗透斯的脸,变幻无穷,随时可呈不同的形状,并且有张不相同的面貌。当我们仔细查看这张脸并试图解开隐藏其表面之后的秘密时,我们往往深感迷惑。"[①]同时,教学实践本身的复杂性使教学中"普罗透斯的脸"显得更为复杂和莫测,为此,先确定"教学"的内涵和边界,即明确在什么意义和范围内研究正义问题,这是试图看清教学正义的第一步。

"教学"是教育学研究中的一个重要概念,关于"教学"本质的讨论也是教育学中的经典议题。一般而言,教学本质观可分为:特殊认识说、认知发展说、传递说、学习说、交往说、关联说、认识—实践说、层次类型说。[②] 本书立足于"作为一种师生交往活动"的教学本质,强调"所有的教学都以交往的形态而存在,没有不以交往而存在的教学,若不呈交往形态或不发生交往,就根本谈不上教学或者是真正意义上的教学,交往成了教学的本质"[③]。同时,交往活动作为教学本质,还强调教学交往与一般交往活动的区别和差异,王本陆指出,"教学活动中人与人的交往,不是一般的交往,而是为了促进学生发展"[④]。余清臣也强调,"师生交往活动的特殊性主要表现在由师生的社会职责所赋予的规范性任务,即师生交往必须要为教育教学服务,必须以'促进学生发展'的教育性作为核心

---

① 博登海默. 法理学——法哲学及其方法[M]. 邓正来,译. 北京:华夏出版社,1987:238.
② 李定仁,张广君. 教学本质问题的比较研究[J]. 华东师范大学学报(教育科学版),1997(3):12-21.
③ 胡斌武. 课堂教学伦理问题研究[D]. 兰州:西北师范大学,2003:12.
④ 王本陆. 教学认识论三题[J]. 教育研究,2001(11):61-64.

的追求"①。

立足于"教学是师生交往活动"的教学本质,"教学正义"可进一步细化为"师生交往关系中的正义"。一般而言,人与人之间的关系既包括公共资源的分配关系,也包括相互对待的人际关系(人心的关系)②;同时,教师是公共教学资源和利益的主要分配者和师生交往活动中的主要引导者,因而,教学正义的内涵初步指向了教师在公共教学资源与利益分配和师生人际交往过程中践行正义原则的行为。这也符合当前国内教育学者对教学正义的一般内涵界定。苏君阳强调"教育系统内部正义体现为一种交往的正义,即教师如何根据学生的特质以及学生如何根据教师的个人风格在交互主体的意义上,实现教育教学中的互动性影响,最终使学生发展成为其所应该成为的人的过程"③。这一观点也被唐晋等人吸收和借鉴。④ 王彦明提出,教学正义是指教师在教学态度、教学参与机会、教学资源配置、教学方法选择、教学评价等方面采取的合理性行为;是对学生人格的平等尊重、对学生生命价值的平等关怀和学生基本权利的平等保护,并在此基础上引导学生的精神品格健全、积极地成长。⑤

通过上述有关学者对教学正义的界定可以发现,教学正义不仅涉及教师在资源分配和学生交往过程中做出符合正义原则的行为,还指向一种正义结果,如苏君阳等人强调的"使学生发展成为其所应该成为的人",王彦明所强调的"学生的精神品格健全、积极地成长"。教学正义的内涵不仅涉及"过程正义",即教师分配教学资源和利益以及师生互动交往的过程是正义的,还指向"结果正义",具体表现为基于学生个体品质和能力充分彰显基础上的个性化发展,使每个学生成为其所应当成为的人。

基于上述讨论,本书将教学正义初步界定为:教师在分配公共教学资源和与学生交往中,通过践行符合正义原则的行为,进而为每一个学生发展提供一

---

① 余清臣.师生岂能止于平等——我国当代师生交往制度的价值分析[J].教育理论与实践,2010,30(4):36-39.
② 何菊玲.教育正义:对教育合法性的价值判断[J].教育研究,2020,41(11):36-45.
③ 苏君阳.论教育公正的本质[J].复旦教育论坛,2004(5):33-36.
④ 唐晋.打开"无知之幕"促进教学公正[J].教育发展研究,2009,28(Z2):107-110.
⑤ 王彦明.教学正义:义务教育均衡发展内蕴价值[J].中国教育学刊,2011(9):12-15.

个"正义过程",实现最大限度地促进每个学生品质和能力发展的"正义结果",保障每一个学生的个性发展,使每个学生成为其应当成为的人。

需要说明的是,这个概念只是关于教学正义的初步和一般性的界定,因为教师在资源分配和与学生交往中,所应当遵循的具体正义原则需进一步得到澄清。教学正义原则的提出需要依赖特定的正义理论,不同正义理论指向的教学所应当遵循的正义原则是不同的。这里,为教学正义研究寻找适切的正义理论也是本书所要解决的问题之一。

为了更清晰地理解"教学正义"的这一概念的特征,这里还需要澄清几个问题。

第一,"教学正义"不同于"教育正义",后者包含前者。一般而言,教育正义包含"教育外部正义"和"教育内部正义",教育外部正义强调教育制度的正义性,而教育内部正义则涉及微观教学活动中公共教学资源与利益分配和师生交往行为的正义性。

第二,"教学正义"不同于"教师正义",后者的内涵更为广泛。具体而言,"教师正义"不仅涉及教师在教学资源与利益分配和师生交往中的正当行为,还涉及教师与其他利益主体(如学生家长、同事)的正当交往,且教师与其他利益主体的正当交往也会影响教学正义的实现。

第三,"教学正义"不同于"教学公平",前者更能凸显教学的道德意味。通过"正义"与"公平"的概念对比可知,"正义"具有更强的道德意味,带有对人的价值和尊严的观照,但"公平"偏指一种工具化、不带有道德意蕴的衡量标准。因此,教学正义与教学公平相比,更凸显教师教学对学生尊严、发展和幸福生活的追求。

第五节 研究方法与设计

一、研究问题

本书的主要问题是"教师如何在教学活动中实现正义"。具体子问题包括:
(1)教师教学正义的内涵实质是什么?

(2)教师教学正义研究的理论根据是什么？

(3)教师教学行为的正义性呈现出何种样态？

(4)正义理论分析和建构教师教学正义的边界在哪里，即正义理论在教育领域的适用程度如何？

(5)教师教学如何实现正义？

二、研究方法

研究方法本身并无优劣之分，主要在于研究问题与研究方法之间是否适切。立足于研究目的和研究问题，本书主要使用的是论辩法、访谈法及观察法三种方法。

(一)论辩法

"教学正义"是本书的研究主题，也是教育实践中的重要甚至是支配性观念，对"何为教学正义""如何实现教学正义"等议题的讨论存在于教育理论研究、政策文本分析、日常教育实践等活动中间，是教育生活的重要组成部分。而对教育实践起支配性作用的观念进行研究的基本方法就是"论辩"。石中英教授提出，教育哲学是对教育实践中的支配性观念进行寻根究底的反思性活动，处理这些观念性问题的基本方法就是"论辩"(argument)，且涉及两种论辩形式：一是社会生活中的论辩，二是研究者在自己论文和著作中完成的论辩。[①] 在本书中，"论辩"是贯穿全书始终的研究方法，即"研究者在展开自己思想的过程中，假定辩论的对手持某种特点的观点参与到论辩过程当中"[②]。例如，在谈及"道德应得"原则在正义教学中的地位时，研究者首先表明"道德应得"原则在教育领域中是必要和正当的。但本书通过梳理其他教育研究者的理论观点和实践事实发现，"道德应得"分配理念往往也会造成教师人为制造教学差距，带来不正义的教学后果。为了回应这一问题，研究者继而借助罗尔斯提出的"差

---

① 石中英.作为一种教育哲学研究方法的"论辩"[J].清华大学教育研究,2017,38(5):1-7.
② 石中英.作为一种教育哲学研究方法的"论辩"[J].清华大学教育研究,2017,38(5):1-7.

别原则",尝试将"道德应得"放在平等主义的视野中进行考量,提出"道德应得"的实践前提是"教师教学从合作互惠的视角出发,鼓励能力更高的儿童帮助能力较弱的儿童",为教师教学平衡"平等"要求和"应得"要求提供可能的方案。

同时,"论辩"强调"论点"和"论据",论辩的过程必然要从文献和实践中寻找相应的论点和论据。为此,对于教学正义的反思一方面有必要借助政治学、伦理学、教育学等的相关文献;另一方面也要回到教学领域,结合具体教学场景发现和讨论教学中的正义问题。

(二)访谈法

1. 研究对象的选择

为了深入研究教师实际的教学正义观和正义行为,避免对教学正义研究仅停留在应然的相关理论和原则分析上,本书运用访谈调查法对处于义务教育阶段的 14 位教师和 12 位学生进行了访谈。[①] 具体而言,本书关注的是义务教育阶段教师教学的正义性,即"义务教育阶段的教学"是本书的研究对象。突出强调研究对象是因为义务教育阶段教学的特殊性和重要性。第一,义务教育教学所追求的正义原则和非义务教育阶段教学所追求的正义原则有着本质的不同,前者侧重于完全平等,而后者侧重于比例平等(文献综述部分对两者的区别做过具体论述,因而这里不再赘述)。第二,义务教育对儿童发展的重要性也决定了其作为研究对象的必要性。义务教育作为为每一个儿童成长与发展"奠基"的教育,教师能否依循正义原则的要求正当分配公共教学资源,并与儿童进行正当合理的人际交往,不仅会直接影响每个儿童当下的能力和品质发展,更会影响其未来发展的可能性。因此,义务教育的特殊性和重要性要求教师教学应当做到以"义""正"己,即自觉以正义原则约束和规范自己的行为。

在确定以义务教育阶段教学作为研究对象的基础上,研究进一步选择和确

---

① 研究者于 2021 年 9—12 月进入学校对教师和学生进行访谈调查。

定了相应的师生受访者。需要指出的是,虽然本书的访谈样本较小,不能反映所有义务教育阶段教师的教学正义的整体实践样态和面貌,但可以为我们初步呈现教师教学正义的现状,为进一步提出教学正义原则内容和实践策略提供事实依据。受访教师和学生的信息如表1、表2所示。

表1 受访教师的基本信息

编码	学科	性别	教龄	年级	最高学历	职务
T-ALC-26	语文	女	26	四	本科	班主任
T-ALA-5	美术	女	5	四	硕士	无
T-AHC-16	语文	女	16	五	本科	教研组组长
T-AZM-32	数学	女	32	六	本科	办公室主任
T-BLE-5	英语	女	5	一、三	本科	无
T-BCM-5	数学	男	5	三、五	本科	班主任
T-BWm-3	音乐	女	3	二、四	本科	无
T-BZE-14	英语	女	14	四、五	本科	副班主任
T-BWC-15	语文	女	15	五	博士	否
T-CTM-23	数学	男	23	初一	本科	班主任
T-CCE-14	英语	女	14	初一	本科	无
T-CHE-4	英语	女	4	初一	硕士	班主任
T-CFM-9	数学	女	9	初二	本科	无
T-CLC-7	语文	女	7	初三	硕士	班主任

注:受访教师编码为:教师的英文首字母(T)-学校编号+姓氏首字母+学科的英文首字母-教龄。附:数学、音乐学科的英文首字母都是'M',为了加以区分,因而分别编码为数学-M,音乐-m。

表2 受访学生的基本信息

学校	编码	性别	年级
A小学	S-A-1	女	四
	S-A-2	男	四
	S-A-3	男	五
	S-A-4	女	六
B小学	S-B-1	女	四
	S-B-2	男	四
	S-B-3	女	五
	S-B-4	女	五
C初中	S-C-1	男	初一
	S-C-2	女	初一
	S-C-3	男	初二
	S-C-4	女	初二

注:受访学生编码为:学生的英文首字母(S)-学校编号-序号。

导　论

之所以选择上述学校和教师作为研究对象,主要基于以下考虑:

(1)在学校的选择上,主要考虑学校所在地区、办学水平和进学校进行调研的便利程度。一方面,学校所在地区的经济文化背景和学校整体的教学质量会影响教师教学正义观和具体行为。为此,本书先确定了位于浙江省某地某区的一所小学和初中,以及位于上海市某区的一所小学。选取这几所学校原因在于:浙江省和上海市一直走在课程改革的前沿,教育教学水平普遍较高,教师所接受的教学理念也较为新颖,这意味着这些地区的教师对教学公平、教学正义有着一定的了解和认识,这在一定程度上保障了教师访谈的深度。同时,这些教师在促进教学正义实现过程中遭遇的问题和困境更具有代表性,他们在促进教学正义的实践上也具有更丰富的经验,这些问题、困境和经验能够为其他地区教师提供一定的借鉴。同时,学校办学水平也会影响教学正义实现程度,因此本书在义务教育阶段学校的选择上研究选取了三所教学质量不等的学校。A小学是浙江省某区的一所普通公办小学,生源较为一般,学校教学质量处在中等偏上水平;而B小学是上海市某区的优质小学,属于某上海高校的附属小学,学生父母大都文化水平较高;C初中是浙江省某区内的普通公办初中,学生大都是随迁子女,学校教学质量处在中等偏下水平。另一方面,进入学校的便利程度也是影响调研学校选择的重要因素之一。本书的主题涉及正义,而且公平、正义等词在很多校长和教师眼里都是敏感词,一些校长出于某些担心和顾虑拒绝了研究者的调研申请。总体而言,联系学校,说明缘由,得到学校的合作同意书,是实施调研的第一步,也是十分不易的。最终,本书确定了将上述三所学校作为研究对象。在这三所学校中,浙江省的两所学校都是研究者曾经调研过的学校,参与过学校的课题项目,因而与校长和部分教师都较为熟悉。位于上海的这所小学,是研究者通过自己的朋友介绍进入的,由于研究者的朋友(也是受访者T-BWC-15)深得该校校长的信任,因而校长允许研究者进入该校进行调研。同时,这三位校长本身也不畏惧研究话题的敏感性,在研究者介绍完研究目的和研究问题后,反而对正义这一话题产生了较大的兴趣,十分欢迎研究者前去调研,并为研究者顺利开展研究提供了极大的便利。

(2)在访谈教师选择上主要考虑背景的多样化。为了使访谈材料更丰富,研究者在选取教师访谈对象时,兼顾教师所教学科、性别、教龄、学段、学历及职务的多样性。但是多样化的考虑仅仅旨在获得更丰富的访谈材料,并不在于探索教师背景因素与其正义观和行为之间的相关性。需要指出的是,虽然研究考虑到了教师的多样化背景信息,但在调研中,教师访谈样本在性别、学科上并不均衡。一方面,访谈对象中男性教师较少。这是由于小学阶段男性教师占比普遍较低,[①]因而在选取小学男性教师作为研究对象时存在限制和困难。另一方面,访谈对象主要为语文、数学和英语等学科的教师,只有一位小学音乐教师和一位小学美术老师,且未涉及体育、品德与社会[②]、科学等学科教师,这是考虑到语文、数学和英语三科的分值依然占据中考总分的绝大比例。且义务教育阶段的基础性质要求教师教学应当保障所有儿童基本都能通过国家组织的初中学业水平测试,达到国家义务教育质量标准规定的"基本合格"的要求。为了保障所有人达到"基本合格",语文、数学和英语学科在义务教育阶段学校显得尤为重要,这对这部分学科教师的教学提出了更高的要求,且教师也会在教学资源分配过程中更多地遭遇两难决策。同时,这三门课程的重要性也决定了这部分教师承担的课时最多,与学生交往的频率也最高,因此这部分教师也需要更多地思考教学资源分配和师生人际交往的正当性,这种思考有益于增加教师访谈的深入性和丰富性。此外,除了考虑教师的多样化背景,教师所能提供的访谈内容的真实性和深刻性是影响访谈质量的重要因素。因此,研究者在兼顾多样化背景的前提下,首选这三所学校内与研究者原本就有一定交往和感情基础的教师,这就能在很大程度上保障访谈内容的真实性。毋庸置疑的是,"正义"对很多教师来说是敏感词,即使研究者反复强调研究会保护教师个人隐私,均采用匿名制,但那些对研究者并不熟悉的教师要么委婉拒绝了研究者的访谈,要么在访谈中不会如实反映他们的教学实践情况。因此,研究中最终的14位教师访谈对象,都是研究者在与他们进行了初步交流后确定的。这些教师一般能

---

① 张丹.教师性别差异与学生发展[D].上海:华东师范大学,2009:40.
② 不同学段该学科称谓不同,初中阶段是"道德与法治"。

对研究者较为真实地讲述他们的教学实践;同时,他们也能结合自身教学实践对教学正义进行一定的阐释。

研究主题关涉"正义",这对学校和教师而言都是敏感词。为此,研究者在这三所学校进行了相应的学生访谈。由于访谈要求学生能基于一定的理性思考对教师行为的善恶做出一定的道德判断,本书只选取小学高年级和初中学段的学生。同时,本书学生访谈的目的在于从学生角度揭示当前存在于教师教学过程中的正义困境和问题,而不在于与教师访谈内容进行互证。而且,为了消除学生访谈给师生交往带来的可能消极后果,研究所选择的受访学生均与受访教师来自不同班级,且访谈允许学生讲述在以往学习过程中遭遇的不正义经历,或者所闻所观的其他同学遭受的被教师不正义对待的行为。

2. 访谈资料的收集

根据本书的访谈目的,即更多地了解当前义务教育阶段教师在教学资源正义分配和师生正义交往过程中遭遇的问题、困境和有效经验,研究中主要采取半结构式访谈方法收集访谈材料。

半结构式访谈是介于封闭式访谈和开放式访谈之间的一种访谈方法,一般而言,在封闭式访谈中研究者会对访谈的步骤、内容和结构进行严格的控制;而开放式访谈则刚好与之相反,它鼓励受访者自由地用自己的语言表达看法和意见。在半结构式访谈中,研究者对访谈的结构具有一定的控制作用,但同时允许受访者积极参与和自由表达,"通常,研究者事先准备一个粗线条的访谈提纲,根据自己的研究设计对受访者提出问题。但是,访谈提纲主要作为一种提示,访谈者在提问的同时鼓励受访者自己提出自己的问题,并根据访谈的具体情况对访谈的程序和内容进行灵活的调整"[1]。本书中,研究者在进入学校正式访谈教师和学生之前,基于已有教师教学正义的文献综述、本书的教学正义概念框架,事先制定了一个大致的访谈提纲(教师和学生访谈提纲详见附录)。但在访谈过程中,研究者会根据受访教师和学生回应问题的态度、内容对访谈题

---

[1] 陈向明.质的研究方法与社会科学研究[M].北京:教育科学出版社,2000:171.

目和结构进行灵活调整,对受访教师和学生自身提出的与本研究相关的关键问题或存在的疑虑进行进一步追问,积极鼓励他们提出自己的观点,讲述他们自己的故事。

在进入学校正式访谈教师和学生时,研究者会把访谈安排在一个安静的、让受访者感到安全的环境下(一般是学校的图书馆或者会议室),安静和安全的环境有助于受访者更放心、自如地讲述他们的经历、表达他们的观点。在访谈时间上,教师访谈时间一般控制在45~60分钟,学生访谈一般控制在30~45分钟,但也会根据受访者的分享意愿适当缩短或延长访谈时间。在正式访谈前,研究者会向每个受访者简要介绍本研究的目的,尤其强调研究的保密性,在征得教师和学生同意的情况下,研究者对访谈过程进行了录音。在整个访谈过程中,研究者会根据受访教师和学生对问题的反应做一般性的解释,以便受访者更好地理解问题并进行回答,但不会有意引导他们进行回答。

3. 访谈资料的分析

在严格的质性研究中,访谈资料的分析需要经历严格的编码和主题归类,最终形成报告。但是,本书的研究目的不在于深挖访谈资料进而找到当前各类教师教学行为不正义的主题,而是对访谈所获得的问题依据相应的正义理论进行思辨研究,在逻辑推理中阐释个人见解,为教学正义原则和实践路径的提出提供强有力的实践依据。因此,本书中的访谈资料是为思辨和推理服务的,本书中的访谈调查法不服务于"质的研究",而是服务于一般的"定性研究"。陈向明教授也曾指出,虽然"定性研究"和"质的研究"都强调经验的重要性,且都必须以深入、细致、系统的调查资料作为基础,但是"质的研究"主要遵循现象学、阐释学的传统,更强调研究的过程性、情景性和具体性,其探究方式不包括纯粹的哲学思辨、个人见解和逻辑推理;而"定性研究"主要基于形而上、思辨的传统,更强调形而上的思辨方式,更偏向于结论性、抽象性和概括性。[①]

---

① 陈向明.质的研究方法与社会科学研究[M].北京:教育科学出版社,2000:23.

（三）观察法

在定性研究中,观察法是另一种主要用以收集资料的方法,利用观察法收集的材料可以作为访谈调查的重要补充。本书对14位受访教师一一进行了相应的课堂观察,并在研究中重点呈现了四位受访者教师(T-ALA-5、T-AZM-32、T-BWC-15和T-CLC-7)的教学场景,以期更为典型和突出地呈现问题和优秀经验。由于在具体的教师访谈中,教师更多地反映了在实现正义过程中遇到的问题和困境,因而借助观察收集的资料更多的是呈现教师教学促进正义价值实现的优秀教学行为和经验。具体观察地点分别为课堂、办公室等重要场所,且以课堂为中心。在本书中,研究者的观察主要涉及两个方面内容:第一,研究者立足于教学正义所涉及的"教师教学资源正义分配"和"师生互动正义交往"确立大致的观察思路,并重点观察教师在课堂教学和办公室内的个别辅导过程中的行为和态度,以及学生的反应和态度。第二,在访谈中观察教师和学生的非言语行为,如面部表情等,并尽可能挖掘其中所隐藏的"信息"。在观察过程中,研究者会及时记录观察笔记和心得体会。同时,研究者也会在观察中灵活转换角色。例如,在课后,研究者会从一个课堂的旁观者转换到与学生的互动交流中,面对学生的学习疑难,研究者也会及时提供帮助。观察所收集的材料与访谈所收集的材料同样为研究者的逻辑思辨、个人推理提供经验依据和支撑。

第六节 本书结构

基于"教师教学正义",本书共分为六章进行分析和论述。具体研究思路如图1所示。

第一章主要论述正义是教师教学的普遍价值追求,这是教师教学走向正义的必要性和可能性前提,因为教学正义不仅仅是一般正义原则在教师教学活动中的简单运用和推衍作辩护,强调正义原则不是外在的对教师教学的约束和要求,而是教师作为专业人员的自我约束和价值追求。

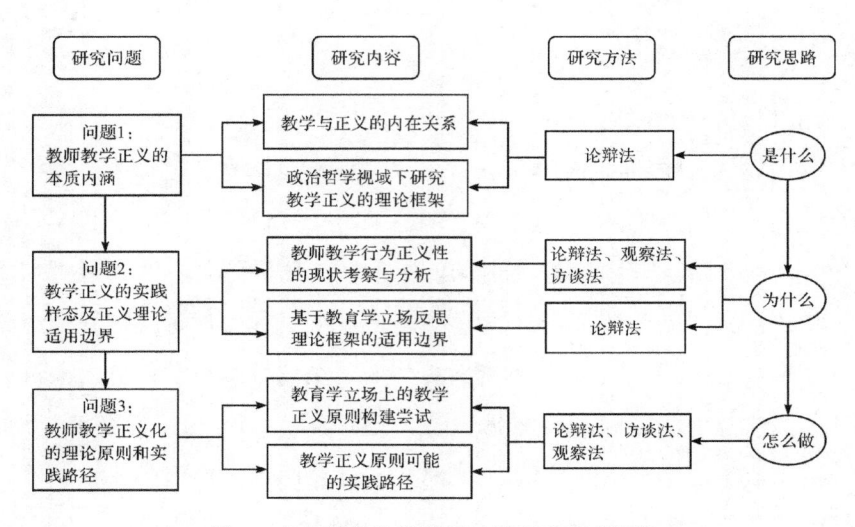

图 1　义务教育阶段教师教学正义研究思路

第二章在第一章的研究基础上，依据"儿童的人性完善与发展"这一教学正义的核心旨归，以及教学正义的"同一性"和"差异性"的双重意蕴，选择以罗尔斯的公平分配正义理论、亚里士多德的道德应得理论，以及霍耐特的价值承认理论作为研究教师教学行为正义性和构建有教育"目光"的教学正义原则的理论基础。

第三、四、五章分别基于上述三种正义理论展开研究。第三章基于公平分配正义理论，分析教师在分配学习自由、学习机会和课后个别辅导时间等教学基本善物过程中的正义性，并进一步反思公平分配正义理论分析教师教学正义的局限性和边界。第四章基于道德应得理论，分析教师能否依据儿童内在的品质和能力等差异性因素正当分配与儿童特质相称的教学善物，并进一步反思分配正义理论分析教师教学正义的局限性和边界。第五章基于价值承认理论，分析师生间能否建立爱、权利平等和成就赏识的主体间承认关系，并进一步反思价值承认理论分析教师教学正义的局限性和边界。

第六章基于前面三章的实践分析和理论反思，在深度耦合三种教学正义研究范式的基础上，尝试为教师教学走向正义提供有教育学自身立场和"目光"的正义原则和实践路径。

第一章 理论前提:正义作为教师教学的普遍价值诉求

第一章　理论前提：正义作为教师教学的普遍价值诉求

正义是教师教学内在的价值追求，是讨论教师教学正义的前提，即正义不是外在于教师教学行为的价值追求，正义原则对教师教学行为的规制和约束并非来自外部，而是来自教学本身，这决定了教师教学正义的独特价值所在，因此也是研究之前需要澄清和论述的逻辑起点。具体而言，第一，"善"实现了正义与教师教学的内在勾连，"权利平等"是正义和教师教学的共同关涉，且"善"与"权利平等"最终都统一为人（儿童）的发展与完善。第二，正义作为内在于教师教学的价值追求，它强调"人"（儿童）的发展与完善是教师教学的最终目的，而非实现其他目的的手段；同时，由于"人"（儿童）兼具同一性和差异性两种特质，因此教师教学正义天然包含着同一性和差异性双重意蕴。第三，教师教学正义的独特性也决定了其重要性。学校和课堂是独立的正义领域，这里为儿童成长提供了独特的"中介空间"，对发展儿童对不平等社会关系的反思和批判能力进而形成平等意识具有重要作用；教学善物及其社会意义的多样性也决定了教学正义原则不能从已有政治学所讨论的正义原则中直接推衍而来；教师教学正义对实现实质性教育结果平等具有重要意义。

第一节　正义：教师教学的内在价值追求

强调教师教学正义不仅仅意味着教师教学要符合外在的正义原则，更意味着教师在教学活动中要自觉追寻内在于教学的正义价值，正义作为教学活动内在的价值诉求体现为以下三个方面：首先，"善"实现了正义与教师教学的内在勾连，当正义作为一种美德时，教师通过教学活动赋予正义以现实性，教师行为彰显了正义,同时正义也是教师通过实践正义行为而获得的一种道德品质。其次,基于人的尊严的保障和实现,"权利平等"是正义与教师教学的共同关涉。最后,无论是"善"还是"权利平等"都统一为人(儿童)的人性完善与发展。

一、善:正义和教师教学的内在联结

"教育与正义以善为中介,实现了两者在根本上的沟通。教育必须是善的,也因此必须是正义的。"[1]一般而言,正义具有道德属性,而教师也是在教学行动中赋予正义以现实性,即正义是教师通过实践正义行为的一种获得性道德品质,又或者说,教师教学行为展现了正义。

一方面,正义具有善(道德)性,这是它的根本性质。柏拉图在苏格拉底"正义即善"的基础上提出了个人正义和城邦正义。对个体而言,"正义是心灵的德性,不正义是心灵的邪恶"[2],这要求个体保持灵魂秩序和谐。而拥有正义德性的个人在城邦中各司其职,互不干涉,城邦也就实现了和谐和正义。亚里士多德在继承柏拉图思想的基础上明确提出"公正是一切德性的总括"[3],"正义自身是一种完满的德性,它不是笼统一般,是相关他人的。正因为如此,在各种德性中,人们认为公正最重要,它比星辰更加光辉"[4]。正义的人不仅内在地具有道德意识,而且还关心他人的利益和福祉。古希腊哲人的思想为正义内涵做了基础界定,且在往后的正义理论中,无论正义的内涵和原则如何变化,其自身的道德性都没有被抛弃。

另一方面,教师教学行动赋予正义以现实性。根据亚里士多德的观点,我们是通过节制行为成为有节制美德的人,通过勇敢行为成为有勇敢美德的人。相应的,教学作为一项育人实践活动,要求教师在教学过程中应当以"义""正"己,进而在不断践行符合正义要求的行为中养成和获得一种内在的正义品质。如果教师不把正义原则和准则付诸具体的教学行动中,那么正义作为一种美

---

[1] 冯建军.公正:教育的内在品质[J].教育评论,2007(4):3-5.
[2] 柏拉图.理想国[M].郭斌和,张竹明,译.北京:商务印书馆,2012:42.
[3] 亚里士多德.尼各马可伦理学[M].廖申白,译.北京:商务印书馆,2003:130.
[4] 亚里士多德.尼各马可伦理学[M].苗立田,译.北京:中国社会科学出版社,1999:97.

德,其价值就不会得到彰显。

二、权利平等:正义和教师教学的共同关涉

正义和教学都关心和关涉"尊严"这一根本问题,而人作为"人"的尊严感只有在平等享有基本权利时才能得以体验和确认。

一方面,正义是关涉权利平等的概念。个人对权利的要求来源于"应得","近代自由主义关于正义的概念肇端于下面这个基本的理解:正义在于应得,应得首先是个人对其财产的占有权,因为财产来源于劳动""这种权利对自由主义者来说是最坚定的一种类似自然权利的权利、一种道德的权利"[①]。且近代自由主义者强调个体的应得权利应遵循平等分配要求,而非等级分配。应得的概念肇始于古希腊罗马时期,古希腊改革家梭伦首次提出"正义就是给一个人以应得"[②]。古罗马法学家查士丁尼强调,"正义就是给予每个人他应得部分的这种坚定而持久的愿望"[③]。因为有了法律的视角,古罗马时期正义的概念和法律的概念如权利、义务等得到了较快的发展。虽然在古希腊罗马时期,正义强调个人权利的重要性,但这种权利是不平等的,正如学者所指出的,"古希腊罗马时期的权利正义并非是一种主体广泛的普世(适)性价值观念,相反,它建立在一种明确的具有特定受惠主体的等级制度之上"[④]。因此,古希腊罗马时期的权利正义理念具有浓重的为特定阶层利益辩护的等级色彩。18世纪以来,随着资本主义的发展,新兴资产阶级不断兴起,且为了谋求个人利益的最大化,他们强调个人应当享有平等的权利和自由,高举"人生而平等"的大旗,反对封建、特权和教会。同时,为了保障每个人不仅在形式上享有平等权利,还能实质性地(尤其是那些少数族裔和社会出身背景不佳的人)平等发挥权利的价值,20世纪以来,新自由主义价值理念开始形成和发展。其中,约翰·罗尔斯和罗纳德·德沃金

[①] 廖申白.论西方主流正义概念发展中的嬗变与综合(下)[J].伦理学研究,2003(1):69-74.
[②] 博登海默.法理学、法律哲学与法律方法[M].邓正来,译.北京:中国政法大学出版社,2004:277.
[③] 查士丁尼.法学总论(第一卷)[M].张企泰,译.北京:商务印书馆,1990:5.
[④] 周少青.西方权利正义理念的发展演变述评[J].民族研究,2015(1):101-113,126.

(Ronald Dwokin)第一次以系统理论突破了古典自由主义普遍的和形式上的个人正义学说,为最少受惠者提供了支持和保障平等权利的新话语。具体而言,在《正义论》中,罗尔斯不仅强调"每一个对于其他人所拥有的最广泛的基本自由体系相容的类似自由体系都应有一种平等的权利"在正义体系中的优先性,而且还通过提出差别原则,强调给因不利自然禀赋和社会背景因素而导致的最少受惠者以补偿,进而真正保障每个人实质性权利的平等实现。德沃金的正义思想以"平等"为压倒性的价值追求,他认为权利包含"受到平等对待的权利"和"作为平等的人受到对待的权利"两层含义,前者包含平等获得资源和机会的权利,后者包含作为平等的"人"而被平等对待的权利,这也是根本性的权利,获得资源和机会的权利只是派生性的权利。[1] 总之,正义与权利的概念息息相关,且为了打破古希腊罗马时期以来的为等级制度辩护的利益分配秩序,近现代以来,"普遍平等的个人权利和自由"已经成为社会正义的核心要义,愈加关注个人权利的实质性平等。

另一方面,教育教学的独特性内在地要求实现权利平等。第一,教育教学作为一种"实在善",内在地要求儿童受教育权利的平等,它强调教育教学有其自身内在的价值,并非满足其他价值的手段,它来源于人类欲求知识的本性。人类区别于其他动物的根本点在于我们天生就有认知的动力,有追求知识的自然倾向,因此知识是人类所需要的实在善。这种实在善的需要如何得到满足?有各种各样的方式可以实现,如个人的探索、父母的教导和学校的教育等。由此可见,教育教学作为有助于满足人类追求知识的基本需要的一种途径和手段,人类对学校教育教学的需要是次要的,它是由人类对知识的需要派生出来的。但由于现在学校教育教学已成为人类获取知识的一个必不可少的途径,因而学校教育也成为一种实在善。既然学校教育教学对促进人的发展有重要价值和意义,那么每个适龄儿童都应有受教育的权利,这是他/她作为"人"所应当拥有的基本权利。也正如此,教育(制度)正义主要体现为受教育权利分配上的公正。第二,"人"是教学的对象,"尊重儿童的平等权利"是教师教学把受教育

---

[1] 德沃金.认真对待权利[M].信春鹰,吴玉章,译.北京:中国大百科全书出版社,1998:299-300.

者当作平等的"人"来看待的显著特征。正如彼得斯强调的:"他们不言而喻的权利应该受到认真对待,他们的权益应该受到认真考虑,他们必须被视作自由的人,拥有不受干涉地做符合他们利益事情的权利。在讨论中,作为参与者,他们不应受到专横态度的对待。"①如果教师教学随意侵犯学生的权利(如学习权、生命健康权等),那么教师教学显然没有把学生当作平等的人来看待,而是将其看作可以任意操纵的"物"或者"次等人"。第三,义务教育追求实质性的结果平等。义务教育具有强制性、公共性和免费性等特征,其要求义务教育中适龄儿童受教育的完全平等,具体体现为"义务教育中受教育权利的平等""义务教育过程中享受资源的平等""义务教育质量标准的统一"②。且国家会通过学业水平测试,检验每个适龄儿童是否切实享有了平等权利,并最终达到义务教育质量的国家标准。这一措施也内在地倒逼学校教育和教师教学要做到平等保障每个儿童的学习权利和学习机会,并对处在弱势地位的学生予以补偿,进而使每个儿童大体上都能达到基本合格的要求。

三、人的发展:正义和教师教学的最终目的

正义关涉人的价值、尊严和发展,"只有把正义还给人,正义才能获得真正的价值与意义,要达到这个目的,只能把人作为正义理论的真正根据和基本出发点"③。同时,教学的对象是人,教学的价值指向也是儿童的价值、尊严与发展,由此可见,正义与教学在最终目的上是统一的。同时,在"正义"和"教学"的双重"锁定"下,教学正义也必然指向儿童的人性完善与发展。

首先,正义具有善(道德)性,这是它根本的性质。

其次,人格完善与发展是社会制度产生的动因。具体而言,制定契约和社会制度的最终目的是促进人的发展和人格完善。为了实现人与人之间基于人格的普遍尊重,避免因一己之私造成对他人利益的侵犯,约翰·罗尔斯提出了

---

① 彼得斯.伦理学与教育[M].朱镜人,译.北京:商务印书馆,2019:260.
② 冯建军.教育公正——政治哲学的视角[M].福州:福建教育出版社,2008:162.
③ 高清海,胡海波.人类发展的正义追寻[J].社会科学战线,1998(1):54-64.

"无知之幕"(veil of ignorance)的假设情境。在这一情境中,自己对自身和他人所处的地位和环境是无知的,因而社会成员间就会对彼此的利益保持冷淡,进而促成公平分配契约的达成,实现权利、机会、财富等社会基本善物的公平分配。由此可见,"人的需要是制度产生、发展的基础和动因"①,制定和选择社会制度离不开对人的发展和人性完善的思考,"任何社会制度放弃或遗忘正义的人性追求,一切追求都可能失去人道价值"②。也正如此,约翰·罗尔斯在《正义论》中着重强调"正义是社会制度的首要价值"③。由此可见,人类对正义的追求及对正义原则的践行,本质上是在人的实践活动中获得人发展所需的权利和机会,获得人发展所要求的人性价值,不断彰显人之为人的尊严与价值。

最后,教师教学的最终价值诉求也是促进儿童的发展与完善。苏君阳强调,教育教学作为培养人、发展人的活动,应该肩负起在保证个体尊严的情况下,使其成为一个健全人、完整人的基本责任。④ 强调把"促进儿童人性完善与发展"作为教学的最终价值的诉求主要包括以下两方面内容:第一,"教学是项道德活动"⑤,教学的目的就在于引人向善。从词源上看,"'教'有两种读法,平声的'教'为动词,中性,描述一种教的行为。去声的'教'为动名词,是规范词,既是'教育'的'教',也是'教唆'的'教',带有一定的价值倾向……只有引人为善的'教',才是教育的'教'"⑥。从"教"的词源上就可以看出教学的价值在于完善儿童人格。德国教育家约翰·弗里德里希·赫尔巴特(Johann Friedrich Herbart)也曾明确强调教学的道德性,他提出了"教学的教育性原则",认为"教学如果没有进行道德教育,只是一种没有目的的手段"⑦。由此可见,赫尔巴特将儿童的道德品格养成作为教育的最终目的,教学是实现这一最高目的的手段

---

① 施惠玲.制度伦理研究论纲[M].北京:北京师范大学出版社,2003:117.
② 胡海波.正义与正义观的哲学理解[J].教学与研究,1997(8):53-57.
③ 罗尔斯.正义论[M].何怀宏,等译.北京:中国社会科学出版社,1988:3.
④ 苏君阳.公正与教育[M].北京:北京师范大学出版社,2008:168.
⑤ Hansen, D. T. Teaching and the sense of vocation[J]. Educational Theory, 2010,44(3):259-275.
⑥ 冯建军.公正:教育的内在品质[J].教育评论,2007(4):3-5.
⑦ 单中惠,杨汉麟.西方教育学名著提要[M].北京:中国人民大学出版社,2016:100.

和途径。同时,教学之所以能使人向善,即教学"道德性"的达成主要通过"传递关于道德的知识"和"道德地传递知识"两方面途径。[1] 基于此,教师教学正义不仅意味着教师教学要传递有关"正义"的知识,也意味着教师教学行为本身就蕴含着正义的价值,并通过这两方面途径最终促成儿童的人性完善。第二,教学要满足学生个性化发展需要。教学是直面"人"的活动,而且他们是活生生的、具有独特社会—心理因素的人,因此,教学应当关注儿童天性中的差异性和个体性。正如冯建军教授指出的,人性既有共同性,又有个体性,它包含双重结构:其一是人作为人的一种普遍特质,这种普遍共有的特质是对一定时代的人的共同性的抽象。例如,人性的善与恶、利己与利他等。其二是关于个人的品性、能力、禀赋等的差异性,这是个体人所特有的,与其他人不同。[2] 质言之,教师教学正义指向的儿童发展不仅包括道德品质上的完善,也要体现为儿童能力、禀赋的充分彰显,两者合二为一,最终引导和帮助儿童成长为其所应该成为的人。

第二节　同一性与差异性:教师教学正义的双重意蕴

"人的发展"作为教学和正义的最终价值指向,要求教师教学应当发现"人",即以儿童的人性完善与发展作为教师教学的本质目的,而不仅仅把人性完善和发展作为实现"促进社会正义"的手段。同时,由于正义是"人"的正义(动物和植物生长没有正义不正义之谈),那么人的内在属性就规定着正义的具体内容和特征。一般而言,人的特征包含两个部分:人的同一性和人的差异性,因此,"正义是同一性和差异性的结合,二者缺一不可"[3]。在班级授课制下,教师教学面对的是一群学生,这群学生是兼具同一性和差异性的学习活动主体,

---

[1] 李树培.教学道德性:学科德育的重要视角[J].教育发展研究,2019,39(18):64-70.
[2] 冯建军.教育公正——政治哲学的视角[M].福州:福建教育出版社,2008:236.
[3] 易小明.对等:正义的内在生成原则[J].社会科学,2006(11):147-152.

这就决定了教师教学正义必然关涉学生同一性和差异性的发展，即教师教学要思考如何在平衡学生同一性和差异性的基础上促进每个学生的人性完善和发展。

一、"发现人"：教师教学正义的价值再申

一般而言，教育教学作为培养人的活动，有两方面的功能和价值指向：一方面，立足于"个人本位"，强调教育教学活动的价值在于促进儿童发展；另一方面，立足于"社会本位"，强调教育教学活动的价值在于通过借助促进儿童发展这一手段，实现促进社会发展的最终目的。依据上文内容，正义作为内在于教师教学活动的价值，教师教学正义的立场必然是"人的发展"，即"人的发展"是教学的根本性目的，它与"促进社会正义"的教学目的有所不同。

一方面，"促进社会正义的教学"(teaching for justice)立足于人的社会性存在方式，将教学视为实现社会正义的有效手段。这一观点强调通过课程教学内容传递社会所要求的正义价值观，培育学生的公平意识和正义感，使之具备在参与社会政治、经济、文化生活等领域的活动中平等待人和尊重人的基本公民素养，从而营造公平正义的良好社会风气，在整个社会范围之内缓解和消除不正义的社会问题。另一方面，"促进学生发展的教学正义"(justice in teaching)立足于教学自身的目的要求，强调将正义作为教学的基本价值贯穿于具体实践之中，强调教学自身的正义性，因为"教育本身是直面人的生命、通过人的生命、为了人的生命质量提高而进行的社会活动"[①]。从研究层面上看，它是一个跨学科的领域，借助政治学、伦理学、教育学等学科内容讨论教学问题；从研究问题上看，这一概念更多关注的是微观课堂教学中的资源分配和师生交往问题，其本质是关注怎样通过教学促进不同个体生命的全面、和谐、自由、独特发展。由此可见，"促进社会正义的教学"致力于处理教学与社会要求的关系，"促进学生发展的教学正义"致力于处理教学与个体发展的关系。

---

① 叶澜.为"生命·实践教育学派"的创建而努力[J].教育研究,2004(2):33.

虽然本书强调教学正义应当以儿童的个体发展为根本目的,但这并不意味着教师只是片面地将儿童个体发展作为教学的价值追求,甚至把儿童个体性发展与社会性发展对立起来。正如石中英所强调的,"教育要培养的人不是孤立的荒野中的个体,而是以社会生活成员面目出现的个人"[①]。由此可见,儿童的个体性发展离不开社会性发展,本书也同样强调儿童个性发展与社会性发展不可分割,即教师教学追求的个性发展不是片面的、孤立的,教学促进个体发展的目的与促进社会正义的目的不是截然对立的。正义的教学需要以个体发展为直接目的,避免以促进社会正义为教学目的而导致的不正义教学后果。

具体而言,以促进社会正义为目的的教学实践通过培育学生的公平意识和正义感,也能促进学生发展,但这里只是将学生发展作为促进社会正义的手段,而非直接的教学目的。因此,教师教学可能陷入"以不正义的方式教正义"的泥淖中。正如奈尔·诺丁斯(Nel Noddings)所指出的,任何一个现实社会中的个体都具有两面性,即人性和工具性。但教育的根本目的是"使人成人"——成为具有人性意义的平等的个人,工具性只能是教育和人的发展活动的副产品。[②]由此可见,教学在实现促进社会正义这一价值取向时,只有受到"人是目的""教育要使人成人"的价值约束,才能不偏离正义教学的本质要求。反观"促进学生发展"的教学正义取向,它以"人是目的""教育要使人成人"的价值取向为自身内在的根本价值诉求,而且只要教师教学能够坚守这一根本价值诉求,那么教师在正义的资源分配活动和交往活动中就能潜移默化地培养学生公平意识和正义感。也正因如此,本书强调教师教学正义以促进学生发展为根本价值取向,即"学生发展"是正义教学追求的本质目的,而不是实现其他目的的手段。

二、教师教学正义的同一性意蕴

同一性是基于人的"类特性"而言的,正如易小明教授所言:"人的同一性是建立在抽象意义上说的,这里的人是'类'存在意义上的人,而非群体和个体意

---

① 石中英.个性发展能否作为教育的目的?[J].北京教育(普教版),2017(3):22-23.
② 诺丁斯.教育哲学[M].许立新,译.北京:北京师范大学出版社,2008:296-297.

义上存在的人,在这里,具体人的不同群体属性(民族、国家、阶级、社会分工集团、以及社群关系等)和不同个体属性(如性别、教育程度、家庭背景、遗传天赋、自我努力程度等)都一律在括号中悬置起来。"① 作为"类特性"上的人而言,人性和人格是完全平等的,"人格平等"强调作为人(与动物不同)都具有作为人的尊严;以人的人格和尊严为基础,不论肤色、种族、自然禀赋、能力、家庭背景等因素,每个人都应被平等地赋予基本权利,如作为"自然人"平等享有的生命权,作为"政治动物"平等享有的选举权和被选举权等。如果恶意剥夺某人的基本权利,本质上就是不把他当"人"看。由此可见,基于人的"类属性"上的"人性平等"和基本权利平等是人的同一性所指,也是正义所要保障的同一性。教师教学正义的同一性意蕴也源于此。

首先,教师教学正义的同一性意味着教师要尊重每个儿童的人格、尊严,以及他们内在发展的可能性。相对于成人而言,儿童虽然是弱小的、未成熟的和正在成长的,但他们的存在本身就有绝对的价值,不应当被教师当作追名逐利的工具和手段,也不能被物化为"装载知识的容器"。教师教学应当意识到,儿童是活生生的"人",他们有自己的喜怒哀乐,他们内心充满了对世界的好奇心,他们好体验、酷爱探索、喜欢集体活动,具有发展和完善自己的内在冲动和潜在能力等,这些是儿童实现自我发展和人性完善的基础。教师教学要想帮助和引导儿童实现自我发展和完善,首先需要支持和呵护这些内在于儿童生命的发展动力,而不是无视、打压甚至戕害这些因素。其次,教学正义的同一性指向平等保障每个儿童的基本权利。具体而言,教师教学首先应当保障每个儿童平等享有《儿童权利公约》中所涉及的儿童基本权利,如儿童的生命权,自由发表言论的权利,免受身心摧残、伤害或凌辱的权利,受教育的权利等,这是每个儿童都应当平等享有的人权。同时,教师还应保障每个儿童平等享有学习权利。学习权利作为儿童的一项基本权利,必须在教学中得到同等保障。平等享有学习权利意味着"学生不能因为家庭背景、学习成绩的差异和生理的差异而被区分对待。作为公平的权利的平等性,赋予了他们平等课堂学习的参与权、发言权、表

---

① 易小明. 论差异性正义与同一性正义[J]. 哲学研究,2006(8):115-119.

达权、交流权"①。教师教学要重视平等保障每个儿童学习权利的原因在于：能否平等享有该权利直接关系到儿童获得自我完善与发展的可能性。具体而言，学校学习作为发展儿童能力的重要途径，如果适龄儿童不能在义务教育阶段同等地获得学习权利，很大程度上就意味着他们丧失了发展其基本可行能力的机会，进而影响儿童当下和未来的生活前景。阿马蒂亚·森（Amartya Sen）提出"可行能力"是一个人能够过上他有理由珍视的生活的能力，而一旦人的基本可行能力被剥夺，"必将导致他们生活上的贫困，甚至是过早的死亡"②。

三、教师教学正义的差异性意蕴

差异性是基于人的"个特性"而言的，每个人具有不同的个体属性，我们很难找到两个一模一样的人，即使长相一模一样，内在自然禀赋、性格、品质、自我努力程度等也会存在差异。当强调个人与个人之间的差异性时，人的抽象的同一性在这里就被悬置了起来，即不再强调我们都是人，而是强调你是什么样的人、我又是什么样的人。首先，重视人的差异性，也是对人的尊重，因为人与人之间的差异性是客观存在的，是一种本然的存在，它不应当被忽视，更不应当被主观地扼杀和消除。其次，差异对待的正义性在于符合比例原则，即人的差异是通过符合比例原则而达到对等的结果。亚里士多德强调："既然公正是平等，基于比例的平等就是公正的。"③最后，我们虽然要重视个体的差异，但并不是人的所有差异都是值得肯定的，只有对值得肯定的差异进行平等对待才符合正义要求。那么哪些差异因素才是值得肯定的呢？费因伯格曾提出，社会正义可分为五种原则：（1）完全平等原则；（2）需要原则；（3）德才和成绩原则；（4）贡献原则；（5）努力原则。④ 从这五种原则中我们可以看出，后四个原则是差异性原则，因而在广泛意义上我们可以提出，需要、德才和成绩、贡献、努力是值得肯定的差异。

---

① 冯建军.课堂公平的教育学视角[J].教育发展研究,2017,37(10):63-69.
② 森.以自由看待发展[M].任赜,于真,译.北京:中国人民大学出版社,2002:15.
③ 亚里士多德.亚里士多德全集(第8卷)[M].北京:中国人民大学出版社,1992:279.
④ 转引自易小明.正义新论[D].长沙:湖南师范大学,2003:2.

教师教学的对象——儿童,是一个个具有独特品质、需要、兴趣、能力的人,因此教师教学正义必然包含"差异性"指向,用同样的教学内容、教学方法和教学进度去教不同能力、兴趣和需要的学生,显然是不正义的。正如叶澜先生所强调的,教育教学面对的是"具体个人","离开了对具体个人生命经历的关注和提升,就很难认识个人的成长与发展"[①]。同时,教师差异对待学生的依据要与差异形成的依据相一致,即"对待内容差异因什么而产生便因什么而对待"[②]。例如,在教师教学中,教师提供"不同难度和数量的作业给不同能力的学生"这个差异对待就是正义的,但是教师提供"不同难度和数量作业给不同道德品质的学生"这个差异对待就是不正义的,因为学生能力差异的形成与作业难度和数量存在直接关联,而学生品质的差异形成与作业难度和数量则不存在直接关联,因此教师依据学生道德品质高低分配更少或更多的作业违背了差异性原则,因而也违背了教师教学正义。最后,教师教学正义的差异性内容还涉及教师不能人为制造差异对待学生,即差异分配的依据理由一定是合理和正当的。彼得斯(Peters)就曾强调:"正义基本的观念是如果存在确当的差异,就应当差异地对待,如果没有确当的差异,就不应当人为制造差异,或者说,不应在不确当的差异基础上制造差异。"[③]依据上文所言,政治哲学肯定了基于"需要""德才和成绩""贡献"和"努力"的差异性对待,但在教学中这些因素能够成为教师差异性对待学生的依据吗?这是值得进一步商榷和讨论的。在本书的第四章中,研究者对这些因素能否作为教师差异对待儿童的依据的正当性做了初步探讨。

第三节 教师教学正义的重要性阐释

教师教学正义的重要性源于其自身所具备的独特价值。具体而言,一方

---

① 叶澜.教育创新呼唤"具体个人"意识[J].素质教育大参考,2003(4):6-7.
② 易小明.对等:正义的内在生成原则[J].社会科学,2006(11):147-152.
③ 彼得斯.伦理学与教育[M].朱镜人,译.北京:商务印书馆,2019:143.

面,学校是一个具有相对独立性的正义领域,这里为儿童成长创造了一个独特的"中介空间"。在这个"中介空间"中,教师教学通过有意识地对不平等社会阶层关系的反思和批评帮助学生形成平等意识,以及通过平等地传授知识进而使所有学生受到同等对待,以缩小不同社会背景儿童发展前景间的差距。此外,教师教学本身还涉及多样化教学善物的分配问题和人际关系交往(人心)问题,这也决定了教学正义原则的复杂性和独特性。另一方面,教师教学正义的独特价值还在于,外部宏观的教育制度不能完全保障实质性教育结果的平等,而教师教学通过正义的教学善物分配和正义的师生交往,有助于保障实质性教育结果平等的实现。

一、学校和课堂作为独立的正义领域

如果学校和课堂本身不是一个具有相对独立性的正义领域,而是完全从属于社会制度和结构安排,那么单独讨论教学正义原则就显得没有那么必要。因此,为了证明教学正义原则的必要性,就有必要澄清学校和课堂作为正义领域的相对独立性。

一方面,学校和课堂为儿童发展创造了一个独特的"中介空间",在这里,不同阶层孩子的未来生活发展前景的差距有可能被进一步缩小或者扩大。具体而言,学校作为家庭和社会之间的中间地带,不仅填补了儿童从幼年向成年过渡的中间时期,同时学生在校学习的时间和空间本身也是有其自身重要性的善,因为"教育分配给个人的不仅是他们的未来,而且也包括他们的现在。无论何时,只要有足够的时间和空间来做这种分配,教育过程就呈现出一种标准化的结构特征"[1]。这种标准化结构表现出来的特征就是"学校、教师和思想创造并填充了一个中介空间。他们提供了一个环境,虽然不是唯一的一个,但却是迄今为止最重要的一个,使评论性理解和社会批判的生产与再生产得以发展"[2]。同时,"成年人的世界是由一群教师代表的,成年人世界的知识、传统以

---

[1] 沃尔泽.正义诸领域:为多元主义与平等一辩[M].褚松燕,译.南京:译林出版社,2009:233.
[2] 沃尔泽.正义诸领域:为多元主义与平等一辩[M].褚松燕,译.南京:译林出版社,2009:232.

及仪式都是由教师解说的。而这群教师是在一种或多或少封闭性的共同体中——约翰·杜威所说的'特殊社会环境'——面对他们的学生的。……教师们也不受直接形式的外界压力的影响。他们传授他们所理解的真理,并把同样的真理向他们所面对的所有学生传授,尽他们所能来回答学生提出的问题,而不考虑学生们的社会出身"①。由此可见,学校和课堂作为一个具有相对封闭性的"中介空间",在其中,师生可以通过对现存的社会阶层意识正当性的反思、评论和批判,避免社会阶层意识对师生间和生生间平等关系的侵蚀。同时,在这个封闭的"中介空间"中,教师可以在一定程度上实现不受外界不平等社会阶层意识的影响和干扰,着重关注真理的传授,做到一视同仁,而不会考虑学生的社会背景。这时,教师教学不仅促使每个学生形成平等意识,还让每个学生真正感受到平等的对待,这些都有助于进一步缩小不同社会背景的儿童发展前景的差距。

另一方面,学校和课堂的相对独立性还源于学校本身所拥有的各类善物的独特意义。学校的教学过程本身不仅是一种善物,它还对学生未来发展前景产生重要影响;同时,这些重要影响主要借助学校教学过程中所拥有的各类善物而产生,这些具体善物自身及其分配方式都会对学生发展前景产生重要影响。"学校资源和奖励的公平或不公平分配具有工具意义,它会影响学生的动机和教育成功的机会,进而影响他们未来教育和生活的机会;同时,在学校中公平或不公平分配资源的经验是一种潜在课程的形式,它可能是形成学生世界观、社会观点和实际行为的一个因素。"②具体而言,这些善物通常是由教师进行分配,并涉及测试和打分(test and grading)、表扬和责备(praising and scolding)、能力分组(group and tracking),以及教师的关注、尊重和喜爱(attention, respect

---

① 沃尔泽.正义诸领域:为多元主义与平等一辩[M].褚松燕,译.南京:译林出版社,2009:233.
② Resh, N., Sabbagh, C. Justice in Teaching [A]//Saha L. J., Dworkin A. G. (Eds.). International Handbook of Research on Teachers and Teaching[C]. Springer Ebooks,2009:669-682.

第一章 理论前提:正义作为教师教学的普遍价值诉求

and affection)[①]。金生鈜教授更为详细地论述了教育领域中的九种基本善物。[②] 程亮教授从学生的立场出发,将学校过程中可加以分配的善物分为工具性善物(有助于实现学生发展、升学等目标的课程资源、教师资源、设施和更为潜在的课堂教学时间或空间等)、关系性善物(师生互动过程及其关系状态)及象征性善物(学校中的标语、"标签",教师对学生进行的批评、表扬、鼓励等)。[③] 根据上述国内外学者对学校过程所涉及的各类教育教学善物的论述,本书提出教师可资分配的善物大致包含三类:第一类是基本善物(fundamental goods),具体包含学生获得课程资源、教师资源和参与课堂互动和交流并得到平等发展的学习自由和机会,以及更为潜在的获得教学时间和空间的权利和机会。学习权利、学习机会、潜在的教学时间与空间都是教学基本善物,它们是儿童人格完善和发展不可或缺的外在支持条件,教师应当予以平等分配。第二类是发展性善物(developmental goods),具体包含教师打分、能力分组、奖励、鼓励和荣誉等善物。"发展性善物"的分配依据是儿童自身的卓越特性,这些善物的获得有助于儿童实现进一步的发展和完善,进而展现卓越个性。第三类是关系性善物(relational goods),关系性善物更强调教师自身所蕴含的育人资源,具体包含师生互动中教师对儿童的关注、尊重、重视、喜爱等,这些善物为每个儿童获得自我尊严奠定了基础。需要强调的是,关系性善物虽然可以在分配视域下加以审视,把教师对儿童的关注、尊重、重视、喜爱视为有待分配的善物,因为教师是分配这些善物的权力主体,而且这些善物更多源于教师自身,但是,教师在分配关系性善物时更需要超越分配的视域,走向承认和关怀,避免教师

---

① Sabbagh C., Resh N., Mor M. et al. Spheres of justice within schools: Reflections and evidence on the distribution of educational goods[J]. Social Psychology of Education,2009,9(2):97-118.

② 金生鈜教授提出:教育领域包含以下9种基本善物:(1)基本人权和教育权利;(2)教育自由;(3)多样化的教育机会、活动方式及发展方式的选择;(4)学校、班级中由学生承担的各种特权、岗位、资源及责任;(5)课堂和教学提供的知识内容及学习方式与学校评价结构;(6)自我尊严和自我价值的教育基础;(7)教育制度、学校、教师提供的指导、关怀、承认与重视;(8)教育制度、学校、教师提供的奖赏、奖励和荣誉;(9)教育提供的闲暇和游戏的时间与机会。参考:金生鈜.教育与正义:教育正义的哲学想象[M].福州:福建教育出版社,2012:111-120.

③ 程亮.何种正义?谁之责任?——现代学校过程的正当性探寻[J].教育发展研究,2015,33(2):6-13.

出于非教育性的目的(如控制性目的、避免惩罚的目的等)而去关注、关心学生。

教师可资分配的善物不仅是多样的,而且每一种教学善物的社会意义也是多元的,即使是同一种善物在教学实践中也存在多种分配原则。例如,当以分数作为评价依据时,其分配原则是应得原则(即能力越高的学生应得越高的分数);当以分数作为奖励和补偿的手段时,其分配原则是需要原则;当以分数作为社会筛选人才的工具时,它还可以通过权力甚至贿赂等不正当手段获取。虽然教学善物多样化的社会意义决定了其分配原则是多样的,但这不意味着教学善物的不同社会意义建构及其内涵的分配原则都是正义的,我们有必要回到教学的内在价值来决定其分配原则,即教学善物的重要性在于其教育意义,它所蕴含的其他社会意义不应支配或主宰其教育意义。因此,"分数"首先应当遵循能力应得原则,进而体现教师对每个儿童能力的赏识和尊重;而分数作为奖励或补偿的手段则需要一定的道德前提,它不能违背教学公平,损害其他学生的正当利益;而通过权利和贿赂等不正当手段获得的分数则需要被教学正义彻底排除在外。教学善物的多样性及其教育意义也决定了教学正义原则的建构不能直接从政治学所讨论的正义原则中直接推衍而来,而应当立足于教学善物自身的教育意义进行建构。正如迈克尔·沃尔泽所强调的,"教学职位、学生位子、学校的当局、打分和升级,不同种类的层次的知识——所有这些都得进行分配。而其分配模式不能简单地照搬经济和政治秩序的模式,因为所争论的是不同的物品"[1]。

二、教师教学正义保障了实质性平等

教育正义是社会正义的重要组成部分和实现手段,且教育正义主要表现为外在宏观层面的制度正义,即通过正义的教育制度安排,合理分配受教育权利、教育机会(尤其是入学机会)、教育投入及其他教育资源等。由于学校和课堂

---

[1] 沃尔泽.正义诸领域:为多元主义与平等一辩[M].褚松燕,译.南京:译林出版社,2009:232.

第一章　理论前提：正义作为教师教学的普遍价值诉求

的相对封闭性和独立性，这意味着外在宏观层面的教育制度正义的实现并不能完全保障微观层面的教学正义的实现，这也意味着教学正义有其独特价值。

一方面，在义务教育阶段，正义的教育制度通过合理配置教育资源，使每个学生都能平等获得受教育的权利和机会。例如，为保障农民工随迁子女在流入地城市接受义务教育的权利和机会，政府颁布了"两为主，两纳入"的教育政策[①]，这一政策保障了农民工随迁子女和城市学生同等享有城市教育资源的权利。但仅仅依赖宏观教育制度正义是不够的。教育正义绝不是仅仅通过外在的正义制度安排为每个孩子提供平等的受教育权利和入学机会，具体而言，受教育权利和机会平等只有依赖教学正义的保障，才能实现实质性的教学结果平等。正如程亮教授所指出的，"教育机会平等或均等（equal educational opportunities）如果不诉诸于实质性的结果平等，那么它就只能是形式性的（formal）"。以农民工随迁子女在流入地入学为例，尽管宏观的教育政策保障了随迁子女平等的受教育权利和入学机会，让他们得以和城市学生在同一所学校接受教育，即在城市学校中获得了"一个位子"，但在课堂教学中，如果他们没有受到平等对待，遭受了不公正的歧视和偏见，没有感受到来自教师和同学的尊重、关心和支持，学校和教师也没有对他们抱有和城市学生一样的学业期待，那么，农民工随迁子女与城市学生享有的受教育权利和入学机会只能是形式上的平等，而非实质性的结果平等。由此可见，教育结果平等的实现不能仅仅依赖于制度保障的形式平等。

另一方面，教师教学通过分配正义和交往正义可以纠正处于弱势地位的学生所受到的不公正对待。根据亚里士多德的观念，矫正正义强调个体利益受到损害或者侵犯时，作为其结果的损失必须得到补偿。以上述案例为例，如果教师教学能够考虑到随迁子女的弱势地位对其发展的不利影响，有意识地去缩小不同社会阶层背景儿童当下乃至未来发展前景的差距，不仅在教学过程中给予

[①] "两为主，两纳入"的教育政策具体指的是"以流入地政府为主，以公办学校为主，同时将常住人口纳入区域教育发展规划、将随迁子女教育纳入财政保障范围"。

他们平等参与课堂学习的机会,还在课后为他们及时"查漏补缺",并且在与这部分学生交往时,不仅能尊重他们,还关注和满足这部分学生的情感需要,为弱势学生更好地融入班集体和实现充分发展提供更多的关怀、支持与帮助,那么随迁子女才有可能在城市学校教育中获得发展与成功,享有实质性的教育机会平等。

第二章　公平、应得与承认:教师教学正义研究的理论基础

第二章 公平、应得与承认：教师教学正义研究的理论基础

正义的本质关涉人的尊严、价值和发展等根本性问题，这是毋庸置疑的。立足于正义的根本，我们会发现不同哲学家会站在不同的立场、选择不同的标准来建构有关正义的理想，"而当正义追求具体化为选择、依据什么样的正义尺度、标准与原则时，就进入正义观的领域了"[①]。同样，要研究教学正义问题，首先需要规定何种正义观适合教学。首先，它能够为我们清晰分析复杂教学中的正义问题提供选择框架，把关键的研究问题从复杂的教学实践中"剥离"和"提取"出来，以使研究问题更聚焦，即为我们回答"为什么选择这些教学现象作为研究问题"提供了理论支撑点；其次，它还能为我们分析问题提供一个具体的框架和路径，使我们可以借助这一框架更全面和深入地理解我们所访谈和观察到的教学现象和问题，即为我们回答"怎么研究这些教学正义问题"提供了较为全面和具体的分析维度。依据第一章的研究发现，教学正义最终指向的是儿童的人性完善与发展，为此本章以"儿童的人性完善与发展"为理论选择依据，选取罗尔斯的公平分配正义理论、亚里士多德的道德应得理论和霍耐特的价值承认正义理论作为分析教师教学正义行为的理论基础，并在此基础上进一步丰富教师教学的正义内涵，明晰教师教学正义的概念框架和分析思路。

第一节 教学正义研究的理论依据：儿童的人性完善与发展

由第一章可知，教学正义最终指向的价值诉求是儿童的人性完善与发展。

---

① 胡海波.正义与正义观的哲学理解[J].教学与研究,1997(8):53-57.

而儿童的人性完善与发展建立在"主体性"基础之上，因为"主体性是人性的重要表征，也是人性解放的标志"[①]，人的一切属性或者由人所创造的一切其他属性都是由人在拥有主体性基础上生成的。当我们基于儿童主体性的人性完善与发展选择教学正义的理论依据时会发现，"儿童人性完善与发展"离不开教师对"物"的公平分配的考量、"人"的个体自身差异性因素的思量和师生主体间关系的衡量。其中对"教学基本善物的公平分配"的考量强调教师要尊重每个儿童的主体自由，进而为其人性完善与发展提供平等的外在条件；对"个体自身差异性因素"的思量强调教师要思考不同儿童在品质、能力（努力）方面的差异性，并根据不同儿童间的差异特质给予其应得的教学善物，保障儿童品质、能力与教学善物之间的对等和相称，激发学生实现自我卓越的内在道德责任；"主体间的相互承认"强调教师对儿童人性完善与发展的影响产生于教师与学生的互动交往过程中，生成于教师与学生双方主体间关系之中，教师要为每个儿童的人性完善与发展提供主体间关系保障。同时，这三者也符合教学正义的同一性和差异性双重意蕴。教师教学正义理论分析框架如图2-1所示。

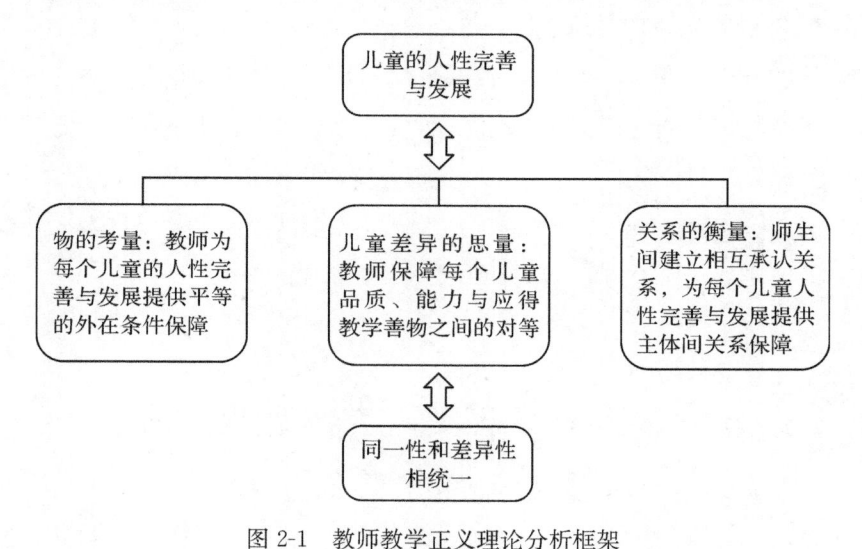

图 2-1 教师教学正义理论分析框架

---

① 冯建军.教育公正——政治哲学的视角[M].福州：福建教育出版社，2008：246.

第二章　公平、应得与承认:教师教学正义研究的理论基础

一、"物"的考量:教学善物的公平分配

正义要求教师在教学过程中要为所有儿童的人性完善与发展提供平等的发展条件,且每个儿童应当拥有的平等条件具体为"平等的地位、待遇和机会"。对此,阿德勒指出:"作为人我们有权拥有的平等是环境平等,而不是个人平等。它们是条件平等——地位、待遇和机会的平等。"[①]与此同时,"地位、待遇和机会"的条件平等建立在"每个儿童拥有平等的人性和尊严"基础之上,既然作为享有同等尊严的儿童,就应当实质性地享有作为教学共同体成员的平等地位、资源和发展机会。换言之,剥夺某个或某些儿童的发展条件,人为制造发展环境的不平等,其本质就是对儿童人性和尊严的蔑视与打击。在保障学生享有地位、待遇和机会的条件平等上,罗尔斯的公平分配正义理论能够给予很好的支撑。

首先,罗尔斯的分配正义理论重点关注社会基本善物的平等分配,并以"无知之幕"遮挡了所有社会成员的背景信息,使成员间对彼此的甚至自身的社会背景信息保持"无知",这一设计导致每一个成员为了避免自身处于社会不利地位而自愿选择平等分配社会基本善物的方案,进而保障了社会每一成员都能获得社会基本善物分配方案的实现。在教学中,教师只有保障教学基本善物的平等分配,才能保障每个儿童都能获得基本全面发展的平等条件基础。且这里的儿童是抽象化的个体,因为只有脱离了儿童一切的个体和社会背景信息(如个人自然禀赋、家庭背景、社会阶层等)的影响,教师才能避免受其影响而采用不平等的分配方式,才能保障所有儿童的平等地位和平等待遇。

其次,罗尔斯的分配正义理论强调机会平等原则,并通过补偿机制保证每个儿童同等享有发展机会。"机会平等"强调教学实践要保障每个儿童平等获得教学基本善物的机会,即一切可以产生教学价值和意义的事物,如知识课程、教师的指导与支持、参与教学过程的机会等都应当平等地分配给每个儿童。教

---

① 阿德勒.六大观念[M].陈珠泉,杨建国,译.北京:团结出版社,1989:170.

师教学不得按照学生学业成绩和家庭背景不平等地分配教学基本善物,剥夺部分学生正当获取教学资源的机会。又由于儿童个人禀赋差异、家庭文化背景差异这些偶然性因素会造成处在不利地位的儿童缺乏获得和运用相应教学基本善物的手段和能力,因此"机会平等"也在于教师通过补偿手段帮助处在不利地位的儿童免遭不应得的偶然因素带来的不应得的不平等,最终保障每个儿童平等获得发展机会并最大限度地发挥出相应的价值。

二、"人"的思量:儿童自身的差异因素

教师教学面向的是千姿百态、千差万别的儿童,每个儿童的自然禀赋、家庭背景和所处的社会阶层都存在差异,这些因素是客观存在的,它们本身既不是正义的,也不是非正义的。但是教学"不应当"利用儿童间的差异性因素人为地扩大差距,进而导致教学制造和复现了某种社会不平等,这必然是一种不正义。正如阿德勒所强调的:"正义只有在环境平等和不平等的方面才有制约因素,因为只有在这个方面,我们才能够提出指示性的建议。在个人平等和不平等方面,我们只能作陈述性判断而无法作指示性判断,因此,在这里面无需正义的考虑。个人的平等或不平等,不管是天生自然的,还是后天获得的,都既不是正义的,也不是非正义的,它只是一个事实的问题罢了。"[①]为此,正义的教学要考虑和衡量应当如何对待儿童的差异。这意味着义务教育阶段教学除了要保障所有儿童平等获得发展所需的教学基本善物外,还要基于学生的差异性提供差异化的教学善物。在寻找正当合理对待学生差异的教学原则上,亚里士多德的"道德应得"理论能给予我们很好的启示。

首先,"差异原则"的合理性源于道德应得。亚里士多德强调分配城邦职务和荣誉等善物时要关注个体间的差异,要依据个人的价值给予相称的分配,即"根据个人的真价值,按比例分配与之相衡称的事物"[②]。这一点启示我们,教学中的差异对待不是无原则的对待,而是要根据主体的品质和能力给予每个人所

[①] 阿德勒.六大观念[M].陈珠泉,杨建国,译.北京:团结出版社,1989:165-166.
[②] 亚里士多德.政治学[M].吴寿彭,译.北京:商务印书馆,1965:234.

应得的善物。正如冯建军教授所指出的,"教育资源的分配以才能为标准,根据个体才能的差异按比例给予不同的教育,使所给予的教育适合个体发展的要求"①。同时,教学作为学校教育和培养学生个人品格、发展才能的主要途径,也内在地需要用道德应得的视角思考教学善物的分配中"学生应得的标准是什么""学生应得何种教学善物"这两大问题,从而保障每个学生获得与其品格和才能发展相称的教学善物,实现自我卓越发展。

其次,"道德应得"本身也符合教师教学的价值要求。正如有学者所指出的,"教育教学本身具有鼓励、激发每一个受教育者追求优秀和卓越的使命"②。教师依据学生的个人特性因素进行教学善物的分配是恰当的,教师对教学善物的分配过程应当充分考虑学生个人的因素,如学生的品格、能力,这些因素理应成为学生应得教学善物的合理依据。唯其如此,学校才能成为学生"适性扬才"的场所,才能让每个学生得到"教育的应得",进而为每个学生的人性完善与发展奠定品性、知识和能力的基础,这是以人为本教育的题中之义,是正义教育的题中之义。③

最后,"道德应得"的分配方式能帮助增强儿童作为道德主体的责任感。当学生依凭自身的道德品质、道德行为和能力获得相应的教学善物时,儿童会把这一行为看作集体对其品质和能力价值的认同,并从集体和他人对自己行为的赞同中获得对自身道德品质和能力的认同,进而激发自身作为道德主体的责任感。

三、"关系"的衡量:主体间的相互承认

教学不是单方面的活动,教学中儿童的人性完善与发展取决于教师与学生之间的互动影响,在考虑儿童人性完善与发展所需的人际关系基础上,霍耐特的价值承认正义理论能给予我们较为深刻的启示。

首先,只有师生间建立相互承认和尊重的主体间关系,才能保障儿童人性

---

① 冯建军.基于个体发展差异的教育公正原则[J].教育研究与实验,2008(4):7-10,65.
② 金生鈜.道德应得在教育中的界限——基于"五道杠少年事件"的追问[J].探索与争鸣,2011(7):63-65.
③ 舒志定.马克思正义批判语境中的教育正义[J].教育研究,2015,36(7):4-10,63.

的完善与发展。教学过程中,部分教师虽然能做到对教学基本善物的公平分配,分配的程序和方式却可能是羞辱人的。例如,教师虽然给予了每个儿童同样的发言机会,但对一些儿童的回答表现为经常性的赞赏与鼓励,而对另一些儿童的回答则时常表现为不满、批评甚至侮辱。在这一过程中,教师虽然没有剥夺这部分儿童平等参与课堂活动的权利和机会,但毋庸置疑的是,学习权利和机会的拥有并不能促进这些儿童的发展;相反,课堂生活中遭遇的经常性的打击和羞辱等消极道德经验会使其越来越恐惧甚至痛恨回答问题和参与课堂活动,进而主动放弃学习权利和自动寻求被"边缘化"对待,这样的结果阻碍了这部分学生的人性完善与发展。

其次,师生间对话和交往是促进儿童人性完善与发展的重要途径,且主体间交往过程会直接影响儿童尊严的获得和人性的完善。一方面,正义的价值指向是人性完善与发展,而尊严的获得和人性的完善都需要在社会性的人际对话和交往活动中实现,"普遍的人性和独特的个性获得建构的过程,是通过互动对存在于主体间的人性的相互认可即相互认同而实现的"[①]。由此可见,社会互动形成了承认关系,而承认关系促进了人性和个性的生长。教学作为师生间、生生间的人际交往活动,是师生之间共度生命的精彩历程,因此,师生、生生主体间平等承认关系的建立是实现教学正义的应有之义。正如冯建军教授所指出的:"教育是人与人之间情感的交融、心灵的共鸣和生命的影响。所以,教育过程中处理人与人之间的社会—心理关系,遵循承认正义的原则,也应该成为课堂正义的重要组成部分。"[②]换言之,课堂教学中师生之间、生生之间的认同对每个学生获得尊严、发展人格特性和满足情感需要都会产生重大的影响,以承认正义理论来观照课堂教学实践有利于教师积极实现正义的教学。另一方面,只有建立在主体间关系基础上的师生交往关系才能有利于提高师生的主体性,才能直接发挥教育教学促进儿童人性完善与发展的价值。如上文所言,儿童的人性完善与发展建立于儿童主体性发挥的基础之上,而只有在师生主体间的交往

---

① 金生鈜.承认的形式以及教育意义[J].教育研究,2007(9):9-15.
② 冯建军.课堂公平的教育学视角[J].教育发展研究,2017,37(10):63-69.

过程中获得的主体性才能真正有利于儿童的人性完善与发展。主体性表现为人的自主性和创造性,"它是在主客关系中产生的主体对客体所表现出来的积极和能动的特征"[①]。强调主体性对调动人的积极性、改变人的受支配和压迫地位具有重要意义。但是,主客体师生关系容易造成教师作为"教"的主体的权威性对学生作为"学"的主体的压制和强迫,抑或是造成学生作为"学"的主体(尤其指向学生承担相关义务)的不成熟性对教师作为"教"的主体的钳制,因此主客体师生关系是不平等的,师生主客体的主体性是单向的、被动的、强制的和独白的[②],主客体师生关系一旦形成,也不利于学生个性的整体和谐发展;而主体间师生关系中的主体性是主动的、双向的和合作的,主体间性(intersubjectivity)是在主体性(subjectivity)的基础上加了一个前缀(inter),因而主体间性中的主体性是在"主体"与"主体"之间平等交往、相互交往和理解的过程中形成的,因此主体间关系中个体既能保留主体性特征(如强调自我价值、独立人格等),又能超越独立的自我性,走向合作、共生的交往关系。因此,主体间性师生平等关系才能从根本上确立师生共同的主体地位,即师生在尊重彼此权利的基础上(或者说是积极履行自身义务的基础上)确立自身主体地位,才能避免一方对另一方的压制,走向相互关注、理解和尊重。基于此,教育学者们强调,只有建立在主体间关系基础上的师生交往,才能避免为了达到某种共识而泯灭个性,才能在对话、理解和合作的基础上发展学生个性[③],教学中的师生关系应当是一种主体间的关系[④]。而霍耐特提出的承认正义就旨在通过建立主体间承认关系以实现正义价值,这十分契合现代师生关系的应然追求。

最后,不可否认的是,艾丽斯·M. 杨的关系正义也是分析师生互动交往的强有力理论依据,为什么不选择"关系正义"作为分析师生互动交往的理论基础而坚持承认正义的理论视角,这是需要辩护的。一是关系正义理论不适用于分

[①] 冯建军. 主体教育研究 40 年:中国特色教育学建设的案例与经验[J]. 中国教育科学(中英文),2021,4(4):8-19.

[②] 郝文武. 主体间师生关系及其教师责任[J]. 教育发展研究,2019,38(10):11-16.

[③] 冯建军. 主体间性与教育交往[J]. 高等教育研究,2001(6):26-31.

[④] 徐继存. 论教学交往研究及其价值导向[J]. 西北师大学报(社会科学版),1999(6):15-19,99.

析微观教学活动中师生主体间的关系问题。关系正义视角过于重视社会群体，从而使他们的理论本身就设定了一定的群体界限。这便导致一个问题：不同群体内部个体之间的正义问题如何解决呢？① 换言之，关系正义关注的是不同社会阶层或群体的互动关系，并非个体间的伦理关系，这就意味着关系正义并不适用于分析微观教学活动中师生主体间交往关系的正义问题。正如冯建军所强调的，关系正义关注的是群体和阶层，而不是教育中的具体人，因而无法深入微观教育活动中，无法关注教育对每个儿童的社会—心理与道德影响。② 二是承认正义为化解教学交往不正义指出了方向和原则。不容否认的是，关系正义重视群体差异，并指出了由群体差异导致的五类压迫形式，这对分析教学共同体中不同群体间的压迫关系（尤其是优势地位群体对劣势地位群体的压迫）具有重要启示性意义。但是，教学正义的主要研究任务不仅仅是发现压迫关系，还要实现不同群体间的相互认同和交流进而消除压迫。而在如何实现教学关系中不同群体间和个体间的认同和交流上，承认正义明确地给出了原则和努力方向：情感支持、权利赋予和成就赏识。基于此，本书选择承认正义作为分析教学中人际交往关系的主要理论视角。

第二节 基于"公平分配"的正义理论

罗尔斯强调正义是社会制度的第一美德[3]，正义的主要问题是社会制度分配基本权利和义务，为此他提出了"作为公平的正义"的分配原则体系，通过保障社会中每个成员都能公平获得社会基本善物的途径，以实现社会正义。

---

① 吴煌.教育正义：走向多元综合的范式[J].湖南师范大学教育科学学报，2017,16(2):83-88.
② 冯建军.后均衡化时代的教育正义：从关注"分配"到关注"承认"[J].教育研究，2016,37(4):41-47.
③ 罗尔斯认为："正义是社会制度的首要价值，正如真理是思想体系的首要价值一样。一种思想理论，不管它如何的精巧和实用，只要它不是真理，就必须被否定或修正；同样，一种法律和制度，不管它如何的严密和有效，只要它缺乏正义，就必须被抛弃或废除。"参见：罗尔斯.正义论[M].何怀宏，等译.北京：中国社会科学出版社，1988:1.

一、分配的起点:"无知之幕"下的道德抉择

由于社会中的一些资源总是有限的,处在中度匮乏的状态,再加上人性中的利己欲望——每一个人都想获得较大份额利益、避免获得较少份额利益,因此要公平地分配社会合作所产生的基本利益十分困难,因而罗尔斯以"无知之幕"这一纯粹假象的概念为前提建立分配正义体系。由于"无知之幕"对他人甚至自身能力、社会地位和身份相关具体事实的遮挡,从而可以避免签订分配协议的双方因为知道得太多,都想使分配原则适用于自己的特殊情况以获得较大的份额,最终影响对原则的理性选择。"无知之幕"下人们对自身所处有利地位的优越感被自然地剥夺,从而消除了不平等的意识,实现了自由而独立的"原初状态"(original position):所有人的境遇都是相似的,人只作为道德人而存在,即作为有自己的目的并具有一种正义感的、有理性的个人。[①] 这样作为订约者的完整性和同等尊严才能得以实现。"无知之幕"和"原初状态"确保了人们在分配活动中避免自然因素和社会因素的影响,遵循理性的指引选择平等分配原则。同时,需要指出的是,原初状态中的人不是原始人,他们拥有的为实现其利益所必需的一般性知识与现代人同样多,只是因为"无知之幕"的遮挡而缺乏一些特殊知识,在任何情况(包括最坏的情况)下他们都会选择最大限度地实现自己的利益,罗尔斯将其解释为"最大最小值规则"(maximin rule),这一规则也使人们可以理性地接受差别分配原则。

罗尔斯的原初状态当然不可以看作一种实际的历史状态,也并非文明之初的那种真实的原始状态,它应该被理解为一种用来达到某种确定的正义观的纯粹假设的状态。[②]"无知之幕"的重要性在于它是公平分配正义体系建立的逻辑起点,只有依靠这一虚拟的"无知之幕",才能真正把个人有利或不利的背景遮挡掉,实现人与人之间各方面真正的平等,最终达成公平的契约。

[①] 何怀宏.公平的正义:解读罗尔斯《正义论》[M].济南:山东人民出版社,2002:137.
[②] 何怀宏.公平的正义:解读罗尔斯《正义论》[M].济南:山东人民出版社,2002:12.

二、分配的原则:"自由+平等+差别"的价值序列

以"无知之幕""原初状态"和"最大最小值规则"为前提,罗尔斯建立起分配社会利益的原则体系。在《正义论》中,罗尔斯通过非常复杂的推论和证明,将分配社会基本善物的正义原则表述为以下两个原则。第一个原则:每个人对于与其他人所拥有的最广泛的基本自由体系相容的类似的自由体系都应有一种平等的权利。第二个原则:社会的和经济的不平等应这样安排,以使它们被合理地期望适合于每一个人的利益,并且依系于地位和职务向所有人开放。[1] 这两个原则通过细分可以划分为三条分配原则:平等的自由原则、公平的机会平等原则和差别原则,并且,罗尔斯提出一种"词典式序列"来说明这三个原则孰先孰后的问题。他认为平等的自由原则优先于公平的机会平等原则,公平的机会平等原则又优先于差别原则,只有在充分满足了前一原则的情况下才能考虑后一原则。这样的序列安排有其社会背景和理论渊源。

首先,对平等的自由原则优先性的强调,主要针对的是功利主义理论。罗尔斯认为功利主义提出的"最大多数人的最大利益"的正义原则只关心最大利益的产生,却不关心满足的利益总量如何在个人之间分配的问题,而这种选择意味着在产生最大利益总额的前提下容许对部分人应当享有的平等的自由权利的侵犯,为此他强调,"社会的每一成员都被认为是具有一种基于正义,或者说是基于自然权利的不可侵犯性,这种不可侵犯性甚至是任何别人的福利都不可逾越的"[2]。这就是平等自由原则的实质内容。而平等的自由权利原则虽然能够确保每个人在形式上享有平等权利,但想要确保每个人都能平等地发挥自由权利的实质性价值,就要给每个人提供发展的机会,于是紧接着罗尔斯就提出了第二个原则:公平的机会平等原则。

其次,公平的机会平等(equality of opportunity)主要针对的是"一切为才能开放的前途的平等"(careers are open to talents)的观点,后者只能保障任何社

---

[1] 罗尔斯.正义论[M].何怀宏,等译.北京:中国社会科学出版社,1988:60-61.
[2] 何怀宏.公平的正义:解读罗尔斯《正义论》[M].济南:山东人民出版社,2002:27.

会地位和职务对每个人都平等开放,即每个人都有相同的资格和权利去争取它们而不受到个体身份的限制,却没有考虑个体获得争取地位和财富机会的手段和资源的公平问题。因此,罗尔斯强调,"各种地位不仅要在一种形式的意义上开放,而且应使所有人都有平等的机会达到它们"①,只有这样才能实现"实质平等"。如果没有平等的机会,天资再聪慧的人也不能充分发挥其智慧和才能,实现人生发展和幸福;同样,没有平等的机会,天资愚笨的人也不能通过一定的途径获得发展。

最后,罗尔斯还注意到,有些社会地位不利者由于缺乏相应的能力和机会去发挥基本自由权利的价值从而获得相应的利益,因而不能支持自己的人生发展。为此他提出"差别原则",期望通过补偿手段达到平等目的,即"给那些出身和天赋较低的人以某种补偿,缩小以至拉平他们与出身和天赋较高的人们的出发点方面的差距"②,实现"以不平平"的目的。

第三节 基于"道德应得"的正义理论

根据语言学的考证,正义的词源本义就是"应得"(desert)。③ 梭伦首次将正义概念与应得的思想直接联系起来加以论述,明确提出正义就是给一个人以应得。④ 在柏拉图、亚里士多德看来,"应得"和"正义"通过"德性"逐渐联系得更为紧密,尤其是亚里士多德在《尼各马可伦理学》中对应得正义做了较好的澄清。亚里士多德的应得正义观以个人德性为基础,拥有正义德性的人是因为他自愿地践行了符合正义要求的行为,依据正义行为和正义德性,这个人就应得收入、财富和生活中的美好善物,这些事物作为一种"外在善",既能作为一种帮助个体实现

---

① 罗尔斯.正义论[M].何怀宏,等译.北京:中国社会科学出版社,1988:111.
② 何怀宏.公平的正义:解读罗尔斯《正义论》[M].济南:山东人民出版社,2002:22.
③ 布宁,余纪元.西方哲学英汉对照词典[M].北京:人民出版社,2001:530-531.
④ 博登海默.法理学、法律哲学与法律方法[M].邓正来,译.北京:中国政法大学出版社,2004:277.

卓越(excellence)的"内在善"的手段,也可以作为个体在实现个体德性过程中应得的功绩(merit)。"应得"和"正义"的关系可以通过以下两方面得到澄清,理论主要来源于亚里士多德对正义的讨论:他将正义划分为完全正义和具体正义两类,完全正义强调德性是应得的基础,具体正义强调应得应以比例平等为原则。

一、道德应得的基础:道德实践

"道德应得"之所以能成为正义的重要内涵,主要基于以下两点缘由。第一,正义是一种德性,是一种获得性的个人道德品质。亚里士多德强调德性是一种获得性的品格,即通过践行某种德性要求而拥有某种道德品质,且"这种德性的拥有和践行,使我们能够获得实践的内在利益,缺乏这种德性,就无从获得这些利益"[1]。基于此,正义作为一种德性,也是通过践行正义的行为而获得的。同时,需要注意的是,亚里士多德所讨论的德性概念比现在的道德概念广泛得多,"德性"的希腊文 αρετή,即 arete,原指任何事物的内在功能和特长,它是一种基于"内在功能"的德性,泛指一切人和事物所具有的一切优越性。所以,在亚里士多德看来,笛子、马鞍只要能发挥内在功能,也就拥有了其德性。对个体来说也是如此,如果个体充分发挥了其功能,践行了他应当践行的行为,那么他也就获得了德性。由此可见,人的德性不仅有道德的意义,也有非道德的才能方面的意义。[2] 同时,正义还是一种完整的德性。亚里士多德强调,"公正是一切德性的总括"[3],它不仅仅是与节制、勇敢、智慧并列的德性,更是使这些德性和谐一致的德性。正义作为一种完全的德性,还在于正义关涉他人利益,亚里士多德强调,"公正是交往行为上的总体的德性。它是完全的,因为具有公正德性的人不仅能对他自身运用其德性,而且还能对邻人运用其德性"[4]。公正的人向内表现为具有正义德性,向外表现为践行公正行为。因为正义是一种获得性和完整性的个人品格,因此"应得"就有了道德实践的基础。一方面,正义作为一

---

[1] 麦金泰尔. 德性之后[M]. 龚群,译. 北京:中国社会科学出版社,1995:241.
[2] 蔡春. 德性与品格教育论[D]. 上海:复旦大学,2010:46.
[3] 亚里士多德. 尼各马可伦理学[M]. 廖申白,译. 北京:商务印书馆,2003:130.
[4] 亚里士多德. 尼各马可伦理学[M]. 廖申白,译. 北京:商务印书馆,2003:143.

种获得性品格,在施行正义行为时就应得了德性这一善物,德性使个体成为一个好人,变得更加卓越和优秀,所以正义的行为应得"优秀之善"(即正义德性本身)。另一方面,正义作为关涉他人利益的品质,个体在做出促进他人和社会福祉的行为后也应得一定的外在之善,如荣誉、奖励、职务等。无论是应得内在品质还是外在奖励,其应得的基础都是个体的道德行为,品质与奖励都是与其道德行为相称的事物。具体而言,"应得作为正义原则,原因在于应得总是跟人们的行为和做过的事情有关。其核心概念是,一个行为者自愿地从事一种有价值的活动,应得利益是其结果,而对这种利益的享用构成他所做的相称的后果"①。

第二,正义德性是关涉他人利益的一种品格,因而应得的标准来自城邦共同体。城邦共同体的存在为道德应得提供了两个条件:共同的奋斗目标和共享的德性标准。麦金泰尔提出,"要做到公正就是要把每人应得的给予他;在一个共同体里,正义德性兴盛的社会先决条件是双重的:对功过有一些理性的标准;对这些标准是什么有社会确定的一致看法"②。虽然城邦为应得提供了标准,但应得最终的标准还是德性自身,而非外在的价值标准和规范。具体而言,正义指向优秀之善,它与有效性善相区分,虽然这两者都能实现道德实践的目的,但存在本质上的区别。对此,麦金泰尔强调:"在与优秀善和有效善的关系之中,遵守某些正义规则的品性将被看作是一种美德。但是,在这种关系情形下,对于接受这些规则之权威的人来说,它们所具有的规则之证明、规定之内容和规则之约束力的本性都是不同的。而这些差异又根植于优秀与有效性之间的根本对立。"③麦金泰尔还举了一个比赛的例子来具体说明两者的差异:优秀与有效性两者都是按照人们在有奖竞赛中的表现来规定,但优秀的人不仅遵守规则、取得胜利,同时还会对自己自觉地施以公平的约束。因此,真正具有正义德性的人是内化了外在规则的人,也"只有当人们不仅拥有了关于正义规则的知识,而且拥有认识和实践这一规则的能力和自觉性时,他才能成为一个既遵守正义的规则,

---

① 麦金泰尔.德性之后[M].龚群,译.北京:中国社会科学出版社,1995:152.
② 米勒.社会正义原则[M].应奇,译.南京:江苏人民出版社,2001:183.
③ 麦金泰尔.德性之后[M].龚群,译.北京:中国社会科学出版社,1995:192.

又具有正义美德的人"[1]。同时,一个遵守正义规则的人,可能仅仅是害怕受到惩罚的不正义之人,因而德性正义比规则正义更为重要。

质言之,德性正义要求:道德应得的基础在于个体过去的道德行为,且这种道德行为需要出于个体自愿,而非仅仅是外在的规则要求。

二、道德应得的原则:比例平等

古希腊思想家都强调把正义视为美德,尤其是城邦政治生活中的美德。又由于政治生活中的美德主要处理的是人与人之间的利益关系,因此,正义在亚里士多德看来,除了德性总体的意义外,它还有另一种意义,即涉及具体的正义。[2] 具体可细分为分配正义和矫正正义,且两者均强调"得其应得"的正义内涵。其中,分配正义遵循比例平等原则,强调"给相同的人相同对待,给不同的人不同对待",是一种差异平等;当分配过程违反了比例平等原则,把相等的利益分配给不同的人或把不相等的利益分配给相同的人时,就造成不应得的分配结果,因而也是不正义的,进而需要对不正义的分配行为进行矫正。由此可见,分配正义是核心,矫正正义是对分配正义的完善和补充,分配正义先于矫正正义。[3] 无论是分配正义还是矫正正义,都是为了实现实质性的分配平等,因而都属于实质正义,比例平等原则是实现实质正义必不可少的原则。

亚里士多德强调,"分配的公正在于成比例,不公正则在于违反比例"[4]。比例平等的具体内容为"两个人相互是什么比例,则两个事物间就要有什么样的比例"[5]。用算式可以简单表示为"不同的人(X_1、X_2)享有不同的待遇 Z_1、Z_2,且 $X_1:X_2=Z_1:Z_2$"。所以按照这样的理解,给乐队分笛子就不能给所有人都分配一样的笛子,好演员用好笛子使其功能更出色,差演员用好笛子也演奏不好。因为笛子是演员的演奏工具,是否能使笛子发出美妙的乐音(即实现笛子

---

[1] 俞可平.社群主义[M].北京:中国社会科学出版社,1998:95.
[2] 亚里士多德.尼各马可伦理学[M].廖申白,译.北京:商务印书馆,2003:145.
[3] 冯建军.后均衡化时代的教育正义:从关注"分配"到关注"承认"[J].教育研究,2016,37(4):41-47.
[4] 亚里士多德.尼各马可伦理学[M].廖申白,译.北京:商务印书馆,2003:145.
[5] 亚里士多德.尼各马可伦理学[M].廖申白,译.北京:商务印书馆,2003:144.

的功能)取决于演员的德性,吹得不好在于德性不好,即要提高演奏技能,而不在于笛子不行。虽然分配公正强调比例平等,但其实质也离不开德性基础,比例分配的依据和标准依然还是德性,因为"德性是城邦共同体存在的根本,也是人之为人的理由,城邦和人的至善都在于高尚的德性生活。因此,德性是城邦分配公物的普遍标准,每个人应得的权利与其德性的贡献相一致"①。质言之,以"比例平等"为原则的应得强调不同德性的人要分配不同比例的善物,且德性与所得善物之间要对等和相称。

综上所述,亚里士多德强调正义意味着应得,且应得的基础在于德性,即个体自愿的道德行为和道德品质。虽然道德应得标准由城邦共同体制定,但道德应得标准应是德性本身,而非外在的城邦规则;同时应得还要遵循比例平等原则,且仍以德性为基础,强调对城邦至善的德性生活做更多贡献的个体(即能把自身功能发挥得越好,德性越好的个体),应得更多更好的利益和善物。

第四节 基于"价值承认"的正义理论

阿克塞尔·霍耐特认为,社会正义的实现不是分配平等或者物品平等,而是以尊严或尊敬构成社会正义的核心范畴;同时,社会正义也不是消除不平等,而是要避免羞辱或蔑视的消极道德体验对个体自我认同的销蚀。霍耐特认为,个体形成的自我认同是保障每个个体平等得到权利和机会的前提,他提出"个体认同形成具有平等主义的道德实践理论特点的社会前提知识,在这类构想中,我们应当陈述那些必须的条件,在这些条件下个体能获得实现他或她个性的平等的机会"②。基于此,霍耐特以"承认"为目的建立社会正义的理想蓝图。他从存在论意义上论述承认的意义③,强调了一种关系和伦理的观点,即"承认是自我在他者中的存在"。"自我在他者中的存在"就揭示了人的社会性本质,

---

① 黄显中. 公正德性论——亚里士多德公正思想研究[M]. 北京:商务印书馆,2009:205.
② 霍耐特. 承认与正义——多元正义理论纲要[J]. 胡大平,陈良斌,译. 学海,2009(3):79-87.
③ 李和佳. 承认的哲学:霍耐特承认理论研究[M]. 合肥:安徽人民出版社,2011:37-38.

人的社会性是在对话性的互动和交往活动中产生的,对话和交往不仅是个人的生活方式,更是其建构自我意识和独特个性的过程。一个人基于他自身并不能形成自我,个体只有通过主体间的相互承认,才能发展出独立的自我意识,形成自我认同和社会认同。

一、爱·法律·团结:获致"价值承认"

霍耐特继承了黑格尔的"承认"概念。黑格尔认为:"一切相互承认的关系结构永远都是一样的:一个主体自我认识到在主体的能力和品格方面必须为另一个主体所承认,从而与他人达成和解。同时,也认识到了自身认同中的特殊性,从而再次与特殊的他者形成对立。"[①]这里,黑格尔强调主体间的承认关系形成于和解和冲突交替运行的过程当中。由此可见,承认来源于人与人之间的特殊关系,而非个人的本性,即"任何主体想要获得肯定的自我认识,即对自己能力和品格的确认,就必须有来自另一个主体的承认,在此不仅仅是对承认的需要,还是对承认的要求"[②]。换言之,个体对自我的态度形成于个体与他人对自己的态度和关系之中,承认就是"争取某个你所承认的人对你的承认"[③]。由此,我们可以发现,承认所指向的"自我在他者中的存在"的主要内涵有两方面:一方面是自我对他者必须承担伦理义务,要承认他者的价值;另一方面是个体也只有通过来自他者的承认才能形成对自我价值的肯定,即内在的自我认同。

在澄清承认概念的基础上,霍耐特进而提出了主体间的三类承认模式:爱、法律和团结。具体来看,霍耐特的三种承认模式结构具体包含"承认领域""相互承认的形式"和"相互承认的原则"[④]三个组成部分。首先,爱是承认的第一领域,主体间主要通过相互的情感关怀形式实现彼此承认,其对应的原则是需要

---

① 霍耐特.为承认而斗争[M].胡继华,译.上海:上海人民出版社,2005:21.
② 泰勒.承认的政治[A]//汪晖,陈燕谷,主编.文化与公共性.北京:生活·读书·新知三联书店,2005:290.
③ 凌海衡.走向承认斗争的批判理论——法兰克福学派第三代领导人阿克塞尔·霍内特理论解析[J].国外理论动态,2004(5):40-45.
④ 王凤才.论霍耐特的承认关系结构说[J].哲学研究,2008(3):41-50.

原则。霍耐特认为,"爱代表着互相承认的第一阶段,在彼此都感到爱的关怀时,两个主体都认识到自己在他们的相互需要和相互依赖中相依为命"①。在关于爱的类型上,霍耐特认为承认不仅发生在包括两性之间的爱和亲情关系中(这是黑格尔所关注的爱的形式),还发生在友谊关系甚至同情关系中,"在友谊中,它可能是共同经验一种无意识对话或者一种绝对无强制的共存时刻"②。同时,这种爱的情感关系最终会使主体形成一种自信的品格。因为当个体所需的情感被满足后,主体会产生一种安全感,他相信自己对他者是具有价值的,他者也会持续地满足其情感需要,不会产生被抛弃的焦虑,在这种安全感下主体会确立自己的独立主体身份,最终帮助个体发展出自信。

其次,法律承认是主体间承认的第二种形式,法律承认关系的形成有赖于主体间权利平等意识的形成。霍耐特吸收了黑格尔关于法权承认的观点,强调在现代法律关系条件下,主体互相承认是作为法人相互承认,而作为法人相互承认的"合法性依赖于权利平等的个体理性的共识"③。质言之,只有当主体承认他人跟自己一样都是具有平等权利和道德决断能力的主体,才能形成彼此间的相互承认关系。既然每个人都是权利主体,那法律关系所对应的交往实践原则就是平等原则,这意味着"对于每一种法律程序都不允许出现任何例外和特权"④。平等原则保障了个体权利不是被分别赋予具有不同政治、经济地位的群体成员,而是被一视同仁地赋予所有人。最终,平等原则规范下的法律承认保障了个体能够在主体间交往中获得作为共同体成员的基本尊重,并发展出自尊的实践品格。

最后,团结是主体间承认的第三种形式,通过社会重视(团结)实现彼此承认,其对应的原则是成就原则。霍耐特指出,"社会重视承认形式要求一种社会交往媒介,必须能以一种普遍的,更准确地说,一种主体间强制的方式表达着人

---

① 霍耐特.为承认而斗争[M].胡继华,译.上海:上海人民出版社,2005:131.
② 霍耐特.为承认而斗争[M].胡继华,译.上海:上海人民出版社,2005:146.
③ 霍耐特.为承认而斗争[M].胡继华,译.上海:上海人民出版社,2005:158.
④ 霍耐特.为承认而斗争[M].胡继华,译.上海:上海人民出版社,2005:160.

类主体的个性差异"①。由于交往媒介在整体上为一个社会提供了文化上的自我理解的价值和目标,那么我们就可以根据这种价值和目标来评判个体为这个目标实现所做的贡献大小。霍耐特指出,在前现代社会,整个社会的价值体系都是按照等级制加以组织的,个人对社会所做的贡献大小及个人特殊生活方式的价值也都是依据等级垂直分层的结构所决定。但到了现代社会,人们处在一个规范社会所厘定的平等自由、多元开放的社会结构之中,个人从古老的等级制度关系中解放出来,预先确定个人生活模式的价值在伦理上不再被认为是可取的,"社会重视开始不以集体特性为取向,而是以个体在生活过程中所发展的能力为鹄的"②。同时,由于社会价值模式的变迁,"荣誉"的实质内涵也发生了转变。"社会荣誉概念渐渐融入社会声望概念"③,而声望与对个体成就和能力的重视程度相连,因此现代社会重视的承认关系以个人成就为原则。同时,社会尊重承认模式可以促进个体养成自重的实践品格。因为当个体以一种与他者有别的方式取得成就时,他们会认为自身品质和能力的特殊价值被其他社会成员所认可和尊重,且来源于他者的承认会使个体认识到自身是有价值的,这种自我价值感会促使个体自我重视。

二、身体暴力·权利剥夺·价值贬低:遭遇"价值蔑视"

依赖于他人的承认和尊重,主体将获得完整性人格,即"通过主体间的相互承认将获得一种体现完整的人的主体的资格,它体现着人的实践本性,是人在追求自身的命运和道德境界的过程中所呈现出来的价值存在方式"④。而蔑视是对主体完整性的彻底伤害,它是"承认关系的否定等价物"⑤。霍耐特指出:"蔑视一词所含意义就是人的特殊脆弱性……蔑视的经验就使个体面临着一种

---

① 霍耐特.为承认而斗争[M].胡继华,译.上海:上海人民出版社,2005:169-170.
② 霍耐特.为承认而斗争[M].胡继华,译.上海:上海人民出版社,2005:175.
③ 霍耐特.为承认而斗争[M].胡继华,译.上海:上海人民出版社,2005:131.
④ 李和佳.承认的哲学:霍耐特承认理论研究[M].合肥:安徽人民出版社,2011:130.
⑤ 李和佳.承认的哲学:霍耐特承认理论研究[M].合肥:安徽人民出版社,2011:132.

第二章 公平、应得与承认：教师教学正义研究的理论基础

伤害的风险，可能会把整个人的同一性带向崩溃的边缘。"[1]基于此，霍耐特探讨了蔑视的三种形式及其带来的道德伤害。具体而言，与承认关系的三种方式相对应，蔑视关系包含身体暴力、权利剥夺和价值贬低三种形式，并严重影响个体自信、自尊和自重三类自我实践关系的形成。社会承认关系结构的具体内容如表 2-1 所示。

表 2-1 社会承认关系结构

承认方式	情感上的支持	认识上的尊重	社会交往中重视
人格维度	需要和情感	道德义务	特性与能力
承认形式	爱	法律承认	社会重视
承认原则	情感需要	平等	社会团结
发展潜能	—	普遍化、去形式化	个体化、对等化
自我实践关系	自信	自尊	自重
蔑视形式	虐待、强奸	剥夺权利、排斥	诽谤、伤害
人格形成	肉体完整	社会完善	荣誉、尊严

首先，身体暴力。霍耐特认为，对肉体的拷打和强暴引起的并非纯粹的肉体痛苦，也是一种与在他人淫威之下感到孤独无助、无法自卫相联系的心理痛苦。且肉体伤害带来的精神摧残会进一步使个体丧失基本的自我信赖，因为"拷打和强暴所造成的伤害常常伴随着个人对社会世界之可靠性的信赖感的急剧衰退"[2]。

其次，权利剥夺。当个体被剥夺权利时就意味着他并没有被赋予与其他社会成员同等的道德责任，这会让个体感受到自己未能享受到一个成熟合格的、被平等赋予道德权利的互动伙伴的地位。[3] 而这种消极道德经验会导致个体丧失作为"平等者"与同伴平等交往和互动的能力，最终导致自尊的失落。

最后，价值贬低。价值贬低主要包括人格诽谤（侮辱）和心灵伤害。荣誉、尊严和声誉代表着个体自我实现方式被群体尊重的程度，而在人格侮辱和心灵伤害

---

[1] 霍耐特.为承认而斗争[M].胡继华，译.上海：上海人民出版社，2005：183.
[2] 霍耐特.为承认而斗争[M].胡继华，译.上海：上海人民出版社，2005：184.
[3] 霍耐特.为承认而斗争[M].胡继华，译.上海：上海人民出版社，2005：185.

中,这些个体的社会价值统统被贬低。① 且这种消极经验会导致个体"失去将自己作为能力与特性均得到重视的存在来敬重的机会"②,造成自我重视的失落。

第五节　本书的概念框架和分析思路

一、概念框架

通过第一章的讨论可以发现,正义是教师教学内在的价值追求,且教师教学的价值集中呈现为儿童的人性完善和发展,这是教师教学所要最终追寻的结果正义。同时,由于儿童具有同一性和差异性的特征,这也决定了教师实现教学正义的过程要兼顾"同一"和"差异"两类要求,即在教学过程中,教师既要同等尊重每个儿童的人格和他们内在发展的可能性,也要根据每个儿童品质和能力的差异给予不同的对待,且差异对待要符合"教师差异对待学生的依据要与差异形成的依据相对等"的正义要求,进而避免人为制造差异,造成区别对待。

本章基于儿童人性完善与发展的要求,寻找到了教师教学正义研究的三大理论基础——罗尔斯的公平分配正义理论、亚里士多德的道德应得理论和霍耐特的价值承认理论。其中,罗尔斯的公平分配正义理论和原则要求教师要为每个儿童的人性完善与发展提供平等的条件保障;亚里士多德的道德应得理论和原则要求教师要保障每个儿童根据其品质和能力应得与自身特质相称的教学善物;霍耐特的价值承认正义理论和原则要求教师在与儿童的互动中建立相互承认和尊重的关系,为每个儿童的人性完善与发展提供主体间关系保障。

基于以上讨论,我们可以把教学正义的概念内涵进一步丰富为:教师在分配善物和师生交往过程中,通过践行符合平等自由原则、公平机会原则和差别原则的行为,为每一个儿童的发展提供平等的条件支持;通过践行符合比例平

---

① 王凤才.论霍耐特的承认关系结构说[J].哲学研究,2008(3):41-50.
② 霍耐特.为承认而斗争[M].胡继华,译.上海:上海人民出版社,2005:186.

等原则的行为,保障每一个儿童能依据其品质和能力得其应得;通过践行符合需要原则、平等原则和团结原则的行为,为每一个儿童发展提供主体间关系保障。最终,教师通过为每一个儿童发展提供的"正义过程",实现最大限度地促进每一个儿童品质完善与能力发展的正义结果,促使每一个儿童发展成为其应该成为的人。教学正义的内涵框架如表2-2所示。

表2-2 教学正义的内涵框架

教学正义的维度	公平分配	道德应得	承认正义
正义的内容	可分配的一切稀缺的教学基本善物	儿童品质和能力与应得善物之间的相称和对等	不可分配的人格尊严
正义的原则	自由平等原则 公平机会原则 差别原则	比例平等原则	需要原则 平等原则 团结原则
正义的目标	保障每个儿童都能平等获得教学基本善物,为每个儿童的人性完善和发展提供平等条件	保障每一个儿童依据其品质和能力都得到其应得的发展性教学善物,增进儿童自我完善和发展的道德责任感	为每个儿童的人性完善与发展提供主体间关系保障,消除师生交往中的羞辱和蔑视

同时,需要特别指出的是,正义是教师教学内在的价值追求,因此教师教学所应当遵守的正义原则并非来自外部的约束和要求(事实上,教师教学要对所有学生一视同仁,要做到因材施教;另外,尊重和关心学生也是我国教师职业道德规范的基本要求),而是来自教学专业内部。换言之,教学正义原则是教师作为专业人员的自我约束,而非来自教师教学活动以外的规约。

二、分析思路

由于教师教学正义的内涵关涉每一个儿童人性完善与发展所需要的教学基本善物所支持的平等条件、儿童与教学善物之间的对等关系及师生主体间的承认关系,因此,要考察和研究当前义务教育阶段教师实现教学正义中的现状,也应当从这三个方面着手,即分析教师是否为每个儿童的人性完善与发展"创设了平等条件""满足了对等关系"及"建立了主体间承认关系"。这些构成了本书第三、四、五章的主要内容。同时,虽然基于公平分配正义理论、道德应得理论和价值承认理论,可以发现当下教师教学中存在的困境、问题和经验,为研究进一步提出教师教学正义化的具体原则和实践路径奠定基础,但研究不但要借助已有的正义理论和原则分析教师教学行为,还要对某种正义理论和原则分析和建构教师教学正义的适用性(即适用的范围和边界)做进一步的澄清和论证。对每一种正义理论和原则的适用性进行反思的目的在于:避免多元教学正义研究范式带来的教学正义原则多元化,进而在综合三种教师教学正义研究范式基础上,构建有教育"目光"和"立场"的教师教学正义原则。

根据上述教师教学正义概念框架可知,教师教学正义研究的三种范式——公平分配正义范式、道德应得范式及价值承认范式,所关涉的正义内容、原则和目标都各有侧重,这种差异和侧重意味着这三种范式之间是多元并存的关系。教学正义研究范式的多元化必然带来教学正义原则的多元性,但教学正义原则的多元性有极大可能造成教师教学行为落入道德相对主义的境地。为了避免这类情况的发生,教师教学正义研究范式有必要在多元视角的基础上走向综合。而为了走向综合,就有必要对每一种教师教学正义研究范式的界限进行反思。同时,在反思和深度耦合"公平分配正义理论""道德应得理论"和"价值承认理论"基础上重构的教师教学正义原则,也避免了政治学所讨论的正义理论和原则在教育教学领域的简单推衍和运用,展现了"教育教学作为一个独立的正义领域"的复杂性和特殊性,以及教学正义原则自身的教学立场和目光。具体研究思路如图 2-2 所示。

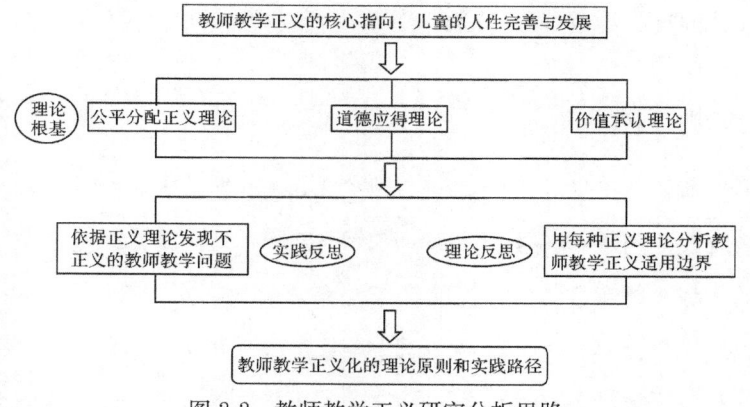

图 2-2 教师教学正义研究分析思路

第三章 基于分配正义理论的教师教学正义分析

第三章 基于分配正义理论的教师教学正义分析

为了体现对人的价值和尊严的肯定,需要建立正义的社会制度以正当分配基本权利、机会、财富、职务等,从而保障每个社会成员可以公平获取这些社会基本善物,进而实现个人发展和享有幸福生活。而学生的发展同样也建立在对教学基本善物的公平占有基础之上,我们不能脱离教学基本善物的分配而孤立地谈论学生发展问题。同时,由于教师是教学基本善物的分配主体,因此教师如何分配这些教学基本善物直接关系到教学正义的实现程度。为此,本章基于公平分配正义理论阐释教师教学涉及的正义原则,并依此分析教师在分配教学基本善物过程中遭遇的问题和困境,同时进一步反思公平分配正义理论,分析教师教学正义存在的局限。

第一节 教学基本善物公平分配:基于分配正义的教师教学正义主题

为了保障教学基本善物的公平分配,教师需要遵循相应的正义原则以指导和规范自身的分配行为。但与宏观社会制度安排分配社会基本善物不同,教学领域的分配制度和规范显得更为复杂。社会制度是一种正式的公开规范体系,它确定了各种权利义务分配的基本原则(principles),同时不加区分地施行于每一个制度规范的对象上。但是,教学生活中的制度存在形式不同于社会领域的经济和政治制度安排,它更多的是以班规的形式存在,且由于教师是分配教学基本善物的主体,拥有绝对的分配权力,因而教师个人的价值选择和情感偏好往往直接影响权利和义务的分配形式,这具体表现为两个方面:一方面,教师可以通过掌握教学基本善物分配规则(rules)[①]的制定权而实现权利和义务的分配,如教师规定"上课不允许插嘴""考试不及格的学生坐到教室最后一排"等;另一方面,教师依凭自身的权力和意志,可以任意更改这些规则,甚至有时教师个人制定的规则会替代正式的教育制度,如教师规定"期末考试前所有音乐、体育和美术课都改为复习课"。由此可见,相较于正式公开的社会制度规范,教学规范常常具有临时性、易变性,教师个人的偏好和价值取向在其中发挥了巨大的作用。也正因为如此,教师更要以分配正义原则确立的价值导向约束和规范自身行为。根据罗尔斯公平分配正义原则的启示,教师制定的教学基本善物的分配规则和具体的分配行为应当遵循以下三方面的正义原则内容。

一、平等自由原则:保障每个学生平等享有学习自由

学习自由是教学所关涉的一种教育基本善物,而且是一种首要善物。因为学习自由本身作为一种权利,昭示着学生掌握着学习的主权。同时,从道德直觉上来讲,一个丧失了学习自由,不能独立思考、判断、质疑和表达的学生也无法积极把握学习机会和发挥其他学习资源的价值。

在学习自由涉及的具体对象上,我们可以参考部分权威教育组织和学者的观点。联合国教科文组织倡导根据学生的成熟程度赋予其需要学习什么、如何学习及在什么地方学习等方面的学习自由[②];罗素(Russell)也曾提出学习自由可分为"学习意愿的自由""学习内容的自由"和"表达(信任或质疑)学习观点的自由"[③]。石中英教授关于学习自由的内涵阐释更为丰富和具体,他提出了包括学与不学的自由等 10 种学习自由概念。[④] 综合以上观点,我们可以得出,学习

---

① 一般而言,原则在本质上是一般性的,而规则在要求方面是具体的。
② 联合国教科文组织国际教育发展委员会.学会生存:教育世界的今天和明天[M].北京:教育科学出版社,1996:263.
③ 罗素.自由之路(上)[M].李国山,等译.北京:文化艺术出版社,1998:232-233.
④ 石中英教授认为学生应当享有:(1)学与不学的自由;(2)选择学校、班级和教师的自由;(3)选择课程内容的自由;(4)在学习过程中独立思考、理解和表达的自由;(5)因见解独特或不完善免于不公正评价的自由;(6)质疑教师观点或教材观点的自由;(7)参与课堂教学并受到同等对待的自由;(8)基本权利不被剥夺的自由;(9)根据自己所处不同情境在不同教育机构间自由流动的自由;(10)参与讨论和决策与自己相关学习事务的自由。参考:石中英.论学生的学习自由[J].教育研究与实验,2002(4):6-9.

第三章 基于分配正义理论的教师教学正义分析

自由的内涵既关涉学生自主学习的积极自由,也包含学生摆脱教师的随意强制和限制决定学习时间、地点、内容和方式等方面的消极自由。这两方面的学习自由确保了学生可以按照自己的意愿构建自身的知识体系、素质和能力,从而通过学习成为自己想要成为的人,避免了在今后的生活中花费更多的时间来寻找最适合自己的发展方向和道路。学习自由之于学生发展的重要性要求教师应当平等地保障每个受教育者的学习自由,也就是说针对学习自由,教师应当以平等的自由原则规范或引导教学活动,从而确保儿童享有学习自由,并能够在教学中通过从事这些自由所鼓励的各种事情而获得教益。[1] 具体而言,教学中平等的自由原则包含以下两方面内容。

首先,教师要把每一个学生作为平等的自由者加以对待。教学中每位学生都是平等的自由主体,都享有平等的学习自由,任何一位儿童的学习自由都不容侵犯、剥夺和忽略。具体而言,一方面,教师要把学生当作"自由者"来对待,即教师意识到学生是具有独立思想,并能够自主选择和表达的主体,拥有独立自由选择、思考、质疑和表达的能力与权利,教师不能随意将外在权威的意志强加于学生身上。相反,教师要指导学生积极运用理性,发展智慧,走出蒙昧和无知。另一方面,教师不仅要把学生视为"自由者",还要把每个学生都视为"自由者",即学习自由对每一个学生来说都是一样的,没有任何人比其他人享有更多的自由,保障每个学生平等共享学习自由。

其次,为了保障每位学生都能作为平等的自由者共享学习自由,教师应当建立相应的教学规则以调节每一位儿童所享有的学习自由的限度。每个学生的学习自由是有限的,"因为任何一种基本自由本身都不是绝对的、毫无节制的,它不仅受到一些保护自身顺利实行而定的规则的调节,还要受到其他基本自由的限制"[2]。同时,只有两种情况下对自由权利的限制才是正当的:其一,一种不够广泛的自由必须加强由所有人共享的完整自由体系;其二,一种不够平

---

[1] 此处的表述与原文略有差异。金生鈜教授的原文主要谈的是教育自由的原则体系问题,但其思想对建立学习自由的公平分配原则同样适用。参见:金生鈜.教育与正义:教育正义的哲学想象[M].福州:福建教育出版社,2012:195.
[2] 何怀宏.公平的正义:解读罗尔斯《正义论》[M].济南:山东人民出版社,2002:78.

等的自由必须可以为那些有较少自由的公民所接受。[①] 基于此,教师教学对学生学习自由限制行为的正当性要满足以下两个条件:第一,教师建立的限制学生学习自由的规则能够加强和保障所有学生更好地发挥学习自由的价值。例如,教师教学需要建立学习纪律以保障班级所有同学都能获得同等的学习自由。具体而言,学校常见的限制学习自由的规则,如不准在课堂上大声喧哗等,看似限制了学生的学习自由,实质上却保障了学生共享学习自由,即防止一部分学生自由的实现影响了另一部分学生的学习自由。第二,教师对学习自由的限制能够最大限度地提高最少受惠者的自由能力。例如教师规定"待教师提出问题2分钟后再请同学作答",这一规则就是正义的。这条规则虽然从时间上限制了部分学生表达的自由(因为有些学生不需要2分钟就能清晰表达自己的观点),但这一时间规定能够帮助那些思维能力较弱的学生行使自由表达的权利。同时,这一规定也不会对那些优等生的自由表达权利造成损害,反而可以督促他们对问题进行更深入和广泛的思考。

最后,作为一种教学基本善物,学习自由的价值体现在两个方面:一方面,它保护了学生确立学习目的和深化学习兴趣的自主性。正如石中英教授所指出的,"学习自由是一种人类自由精神在学生学习活动中的体现,是一种在教师指导或帮助下学生自愿、自觉、自主的学习状态或权利"[②]。另一方面,它还保护了学生免遭奴役和权利剥夺的痛苦和不幸。从消极自由层面理解学习自由,其内容主要指向学生能够免于教师随意限制他们决定去做或者不去做某些事情,而保障学生能够摆脱教师随意限制和强制对学生实现积极自由有着重要价值。因为任何干预、强制和压制手段都是对人格和尊严的蔑视,其本身是违背道德的,它不仅破坏了人的独立性和完整性,也妨碍了人的自主性,阻碍了个人追求美善生活。[③] 质言之,学生只有摆脱了教师的随意干预、随意压制和强制,才能实现自主发展和完整人格的养成。

[①] 何怀宏.公平的正义:解读罗尔斯《正义论》[M].济南:山东人民出版社,2002:20.
[②] 石中英.论学生的学习自由[J].教育研究与实验,2002(4):6-9.
[③] 金生鈜.教育与正义:教育正义的哲学想象[M].福州:福建教育出版社,2012:165.

二、公平机会原则:保障每个学生公平享有学习机会

学习机会也是学生应当平等拥有的一种教学基本善物。教学是一种参与性的活动,学生只有真实地参与到教学活动中,才有可能从中受益,促进自我发展。学习机会的内涵主要涉及三个方面。第一,学习本身的可能性。墨菲(Murphy)就曾提出,广义上的学习机会包含入学机会及学习者具有参与学习活动的可能性。[1] 在义务教育阶段,虽然每个适龄儿童都能进入学校学习(保障了每个学生享有平等的入学机会),但是在微观教学活动中,并不是每一位学生都有参与学习活动的机会,如教师制定的"违反学习纪律的学生站在教室外或者去办公室反思"这一规则,就剥夺了部分学生参与学习活动的机会。第二,促进学习活动可能性发生的客观或间接条件。"学生有机会参与学习活动"是拥有学习机会的"最低门槛",学生有参与学习活动的可能并不意味着他们就能发挥学习机会的价值,如果缺乏相应的间接条件和资源的有效支持,他们也会被迫边缘化。对此,约翰·I.古德莱德(John I. Goodlad)很早就发现,"课堂教学中与学生学习有关的重要教学资源,如教师清晰表达学习要求、提供学习标准、让学生对自己学习负责的努力、对高阶认识技能的强调,以及教师的热情和温暖似乎都不成比例地分配给了能力更高的群体"[2]。在此情境下,能力不足者即使没有被不合理的教学规则排除在课堂和教学之外,但由于缺乏必要的教学资源,长此以往他们也会丧失学习的信心,选择主动远离和脱离课堂教学活动。为此,教师只有合理设计和组织教学,通过提供恰切的学科内容、教学策略和其他必要的教学资源,才能确保每个学生都能够依凭这些客观外部资源的支持,有效地参与到课堂活动中来。第三,促进学习活动可能性发生的主观或直接条件,即教师要向学生提供有效参与学习活动的手段的指导。如课堂互动中学生应当如何有序地组织和表达自我观点、小组成员如何有效分工和合作等,学生

---

[1] Murphy, J. Equity as student opportunity to learn[J]. Theory into Practice, 1988, 27(2):145-151.

[2] Goodlad, J. I. A Place Called School: Prospects for the Future[M]. New York: McGraw-Hill Book Company, 1984.

只有掌握了这些方法和技能,才能更有效地参与学习活动,发挥学习机会的价值。综上所述,"学习机会"包含参与学习活动本身的可能性及学习可能性达成所需要的主、客观条件的可能性。

学习机会之于学生发展的重要性要求教师应当平等地保护每个受教育者的学习机会,也就是说针对学习机会,教师应当以公平的机会平等原则规范或引导教学活动,从而确保每个儿童平等享有学习机会。结合上文所分析的学习机会的内涵要义,学习机会平等原则的具体内容指向四个方面:第一,教师要保障每个学生参与学习活动的可能性,即学习活动本身是开放的,教师不能任意地将某个或某些学生的"身体"排除在课堂之外,剥夺其课堂学习的权利。第二,教师要向每位学生提供开放性的学习内容和教学策略,以保障所有学生都能获得思考和讨论学习内容,以及课堂发言和互动的机会。第三,教学不仅是开放的,教师还要向所有学生平等提供有效参与课堂的指导和手段支持,发展所有儿童的课堂参与能力。第四,教师不能因学生的家庭、种族、性别、天资和地域等偶然性因素的影响而随意剥夺其学习机会。虽然由于学生间存在个体差异,每个学生能够运用和发挥学习机会的价值是有差异的,但教师不能因此就否定给予每个学生平等学习机会的价值,剥夺部分人享有的学习机会,将其"身体"或者"思想"排除在课堂教学之外。只有每个学生在学校教育过程中切实平等地拥有了学习机会,他们才有可能平等地发挥学习自由的价值,实现自我发展,教育也才有可能缩小不同社会背景的学生人生发展前景的差距。

三、差别原则:对弱势群体和个人进行教学补偿

学习自由和学习机会对每个学生而言具有同等的重要性,因而教师教学要同等保障每个学生都获得学习自由和学习机会。但不容否认的是,由于学生间的个体差异,即使教师同等地分配学习自由和学习机会,部分学生也会由于不利的天资和社会背景的影响,无法与其他人同等地运用和发挥学习自由和学习机会的价值,而"由于出身和天资的不平等是不应得的,这些不平等就多少应给

予某种补偿"①,通过补偿手段才能帮助处于较不利地位的学生克服由偶然因素造成的不平等,进而实现"平等对待所有人"的分配目的。

基于此,教学中的差别原则内涵包括两个方面:一方面,在保障每个学生都能平等享有学习自由的条件下,给予最少受惠者以更多运用学习自由的机会,进而提升他们进行自由和自主学习的能力。例如,课堂教学中教师要更多地关注"学习能力不足的学生""家庭贫困的学生"及"特殊学生"等弱势群体,鼓励他们积极思考和发言,给他们更多的表现机会。另一方面,教师教学要补偿学生获得相关学科内容、学习策略和其他学习资源的机会,提升他们运用学习机会的内在能力,减少消极内在条件的约束。正如罗尔斯所言:"有些人由于贫穷、无知和缺乏一般意义上的手段,不能利用他们自己的自由,这并不意味着限制了他们的自由,而只是降低了他们自由的价值。"②而补偿手段通过提供更多的机会和资源支持,帮助处于较不利地位的儿童充分发挥学习自由价值,并充分从学习活动中受益,提升这部分学生对未来生活的长久期望。

义务教育阶段教师在教学过程中只有遵循"平等的自由原则""公平的机会平等原则"和"差别原则"的要求组织和设计教学活动,才能确保教学目标的确立和实现不脱离对学生平等自由权利的保障,对具体教学内容、教学方法和其他教学资源的选择才能够满足每个学生平等获得参与学习活动、充分实现学习机会价值的需要;同时,教师教学也才能通过补偿方式帮助学生摆脱由自然禀赋、家庭背景等种种偶然因素造成的不利地位,提升他们对未来生活的信心。

第二节 知识权威与秩序失灵:基于自由原则的教师教学正义审思

虽然教育理论和政策讨论都在呼吁赋予学生自由,但是在真实的教育情境

---

① 罗尔斯.正义论[M].何怀宏,等译.北京:中国社会科学出版社,1988:101.
② 何怀宏.公平的正义:解读罗尔斯《正义论》[M].济南:山东人民出版社,2002:79.

中,平等自由原则的应用并非易事。正如上文所指出的,学生有学与不学的自由及学什么的自由。但是,在现实情境中,对儿童而言,上学并不是所有人都希望的,其中有一部分儿童想上学,但有一部分适龄儿童是因为义务教育和家长的强制才"被迫"上学。同时,学生自由原则到了微观的课堂教学中就显得更加局促,因为无论课堂教学如何鼓励学生追求自己的学习兴趣和自由,但为了提供一个有序的环境以满足大多数儿童能够在同一时间和地点学习的需要,学生选择学习内容、学习方法的自由就必然受到一定的限制。相较于对学与不学的自由、学习内容选择自由的限制,对学生思想和表达自由的限制则需要受到讨论。罗素就曾强调学生观点的自由是学习自由中"唯一一种不需要任何限制的自由"①。同时,在丰富的学习自由内涵中,学生思想和表达的自由相较其他基本自由也显得尤为重要。教学是培养和发展学生理性、智慧的重要实践活动,而保障学生的思想自由是培养学生理性的根本条件,因为"自由和理性是结合在一起的,压制自由其实就是压制理性"②。而思想自由与表达自由密切相关,"表达,即人们将原来隐匿于内心的思想、观点等表现、显示、公开出来,为他人甚而社会所知悉、了解"③。因此,学生的思想自由和表达自由有内在的紧密关系,没有思想自由,学生就无法表达自我观点;同时,只有保障义务教育阶段学生的表达自由,才能更有利于其思想自由的发展,因为"在学龄初期甚至中后期,学生的思想自由都可能滞后于表达自由的发展,对学生课堂内外表达自由的保护,是学生思想自由顺利发展、提升的前提和基础"④。基于此,本书主要聚焦课堂教学中学生思想自由和表达自由的实现程度,以发现教师对平等自由原则的践行现状。研究发现,课堂教学中教师观点的专断性束缚了学生的思想自由,同时过分追求课堂秩序和缺乏纪律性的教学造成的课堂控制和放纵也不利于每个学生发挥自由表达权的价值。

---

① 罗素.自由之路(上)[M].李国山,等译.北京:文化艺术出版社,1998:232.
② 金生鈜.教育与正义:教育正义的哲学想象[M].福州:福建教育出版社,2012:186.
③ 甄树青.论表达自由[M].北京:社会科学文献出版社,2000:15.
④ 王丽琴.为了学生的精神自由[D].上海:华东师范大学,2008:68.

一、"知识权威":教师观点的专断性束缚学生的思想自由

在教学活动中,课程标准和教材内容规定了学生思想的具体内容,因而学习活动中学生的思想自由就受到了极为严格的规定和约束。但这并不意味着课堂教学中学生就没有任何自由思想的空间。思想自由一般强调人进行理性思考、分析、判断、推理等精神活动的自由,教育中的学生思想自由主要体现为"受教育者具有独立形成自己的世界观、价值观和人生观的自由"[①]。基于此,正义教学中的平等自由原则要求教师应当依据特定课程标准和教材内容,最大限度地帮助和引导每个学生依据所学内容进行自主思考、分析、判断和推理,从中延伸和"生长"出其所能思考的、感兴趣的、跟生活经验相关的问题,而非被迫接受来自教材的或教师的某种观点或见解,最终保障每个学生在教学过程中通过自主独立判断和思考进而形成自己的世界观、价值观和人生观,成为一个有自我的人。正如陶志琼教授所指出的:"学生的学习是一种思想精神自由的生活,学习更是一种表现和展示精神自由的艺术,在成为一个人,成为一个有自我的人,在教育学习生活过程中,有无限的风景等着你去欣赏呢。"[②]但是,在真实的教学实践中,教师往往过于追求让学生接受给定的客观知识,而忽视每个学生对知识的独特理解和想象,教师带领学生领略和欣赏"无限风景"的过程变成了枯燥、乏味和冷冰冰的知识授受过程,每个学生自由思想的空间被无限压缩,这就带来了教学不正义的问题。

一方面,教师以客观、理性和精确的"知识"压制学生烂漫和自由的想象。虽然课程改革已经将建构主义知识观推向了中小学,但不可否认的是,当前课堂教学依然受传统认识论和知识观的影响。传统认识论强调认识就是主观认识对客观世界的真实性符合,认识的过程就是要追求绝对真理的过程;与之相呼应,传统知识观强调知识的客观性,认为只有客观知识才能正确反映事物的

[①] 金生鈜.教育与正义:教育正义的哲学想象[M].福州:福建教育出版社,2012:178.
[②] 陶志琼.学生的限制及自由[J].华东师范大学学报(教育科学版),2009,27(4):1-7.

本质属性和关系,创造知识的人最具有权威性,而接受知识的人只能服从权威。① 同时,教师教学会以客观知识压制学生自由思想的原因不仅在于传统认识论和知识观的影响,还在于教师对学生理解和认知能力的贬低和忽视。儿童作为一个身心发展尚未成熟的个体,成人往往将儿童的未成熟状态视作缺乏,"把儿童的生长当作填补未成熟的人与成熟的人之间的空缺的东西。这种倾向用比较的观点看待儿童期,而不是用内在的观点看待儿童期"②。当教师将其教学建立在缺乏模式(deficit model)下的儿童观基础上时,教师一般认为自身是成熟的、经验丰富的和理性的,而儿童是不成熟的、经验不足的和非理性的,因此课堂教学中儿童就应当听从教师的讲解,因为他们的思想和观点是未成熟的和幼稚的。石中英所描述的一则课堂教学情境就是极好的说明。③ 案例背景是一节小学低年级的语文课,教师带着学生一起学习课文《小画家》。

> 老师在完成了教学任务以后,向学生们提了一个问题:为什么青蛙和蛇没有出来?不一会儿,有一个学生站起来回答说:"老师,因为青蛙和蛇没有毛衣,怕冷,所以待在家里没有出来。"老师听了以后很不高兴,用非常严厉的口吻说:"不知道就不要乱说!"

在教师斥责这个学生之后,再也没有同学敢站起来回答问题,而教师最后也只能自己给出了标准答案——青蛙和蛇是冷血动物,冬天需要冬眠,因而不能出来。但学生的回答——"青蛙和蛇没有毛衣,怕冷"——结合了自身生活体验,是对"青蛙和蛇冬天需要冬眠"这一客观知识的极富天真和烂漫的表达。而案例中的教师为了追求答案的客观和精确,压制了学生结合自身生活经历和丰富想象力去解释和创造答案,这无形中就侵犯和剥夺了每个学生的思想自由(案例中教室里再也没有人敢站起来回答教师的提问)。相反,教师教学保障每个儿童的自由思想在于教师创造一个美妙情境,并将每个儿童都带入其中进行思考、分析和想象从而获得知识和真理,这种情境类似于帕克·帕尔默(Paker

---

① 弗里嘉.麦肯锡意识[M].张涛,赵陵,译.北京:华夏出版社,2002:70.
② 杜威.民主主义与教育[M].王承绪,译.北京:人民教育出版社,2001:49.
③ 石中英.知识转型与教育改革[M].北京:教育科学出版社,2001:372.

Palmer)所描述的"伟大事物",他强调教师的核心任务只是为伟大真理提供一种声音,进而吸引学生自主去探究和理解真理,而不仅仅是借助教师的声音说出真理。[①] 这样的形容过于抽象,因而帕克又举出这样的例子:"一位优秀的教师与一群五岁的小孩围坐在地板上,一齐读一个关于大象的故事。透过那些孩子的眼睛,几乎可以看见圆圈中间真的有一只大象!"透过这句话的描述,我们可以想象这样一幅场景:教师教学以语言为中介向儿童敞开了一个活生生的美妙世界。在这里,儿童的思维可以随意地驰骋,进而获得知识与真理!

另一方面,教师以预设性答案牵制和压制学生的自由思想和表达。相较于以往"一言堂"的教学模式,当下课堂教学中学生发言的机会明显增加,教师也越来越鼓励学生自发提问,但这样的课堂教学是否真正保障了学生思想的自由?现实是,部分教师虽然表面上赋予每个学生自由表达的权利,但实质上却没有尊重每个学生内在的自由意志,具体表现为教师以自己的观点或书本的观点牵制学生的观点,这使学生个性化的观点本身变得毫无意义,学生表达自身观点的功能只在于帮助教师"引出"标准答案而非发展学生自身的理性精神。当学生表达与教材内容或者教师预期答案不一致时,教师要么直接否定,要么选择性忽视,要么以标准答案直接替换学生丰富多样的表达内容。以预设性的标准答案"牵制"儿童的思维,而不是在保障每个学生思想自由基础上"导引"出知识和真理,这样的教学必然是不正义的。教师对此可能表示很"委屈",因为他们认为中小学生自由思想的能力是有限的,由于他们智力发展和知识储备的有限性,他们并不能像大学生一样审视、评价和批判来自教材和教师的观点;同时作为中小学教师,他们的职责更多的是完成基本教学任务以应对中考对学生基本知识和基本技能掌握的考核。彼得斯就曾指出:"与大学教师相比,他们(笔者注:中小学教师)更容易受到公众的监督。许多教师必须为儿童参加他们无法左右内容的公开考试做准备……他们必须密切关注考试的相当狭窄的要求。"[②]由此可见,教师对学生思想自由的限制似乎是正当合理的,因为他们要为

[①] 帕尔默.教学勇气:漫步教师心灵[M].吴国珍,等译.上海:华东师范大学出版社,2014:112.
[②] 彼得斯.伦理学与教育[M].朱镜人,译.北京:商务印书馆,2019:243.

学生的升学负责,他们应当保证让学生掌握既定的学习内容,由此我们可以得出结论——若要让学生掌握既定的学习内容,就需要牺牲或者部分牺牲学习过程中的思想自由空间。这样的结论和理由显然是经不起推敲的。因为当教师只关注学生掌握既定学习内容时,学习内容必定会沦为一个个以备考试之用的"信息",而不是作为促发学生思考的广泛背景;学习过程也不是发展理性和智慧的过程,而沦为知识的储存过程,这最终会阻碍学生思维能力的发展。正如杜威所指出的,学校教学中"静止的、冷藏库式的知识理想有碍教育的发展。这种理想不仅放过思维的机会不加利用,而且扼杀了思维的能力"[①]。这里一个研究者曾观察到的课堂教学场景就能较好地说明问题。课堂背景是九年级语文L教师讲解《就英法联军远征中国致巴特勒上尉的信》这篇课文,在课程教学最后,教师让学生总结作者雨果写作此文的目的和概括雨果的个人品质。教学过程如下:

师:从全文来看,雨果想表达什么?

生:对英法联军远征中国洗劫、毁灭圆明园行为的强烈讽刺和批判。

师:好,请坐。这么伟大的奇迹是毁于谁之手? 毁于英法联军之手。为下文他想要正式表达强烈的谴责、讽刺和批判的态度做准备。我们也听过一句话,一个事物它美得令人心醉,那么它的消失和毁灭也绝对令人心碎。悲剧就是把最美好的东西撕碎了给世人看。这就是雨果在这里极高地赞美了圆明园的成就价值、地位和它的美,也为它的消失感到痛惜,更为破坏它的英法联军远征中国的行为感到痛惜和愤怒。我们看看文章作者所有的态度,能不能归纳一下这篇文章主要想表达雨果哪些方面的态度? 一起回答我。他对英法联军远征中国持什么态度?

生:批判的态度。

师:对圆明园这一人类伟大瑰宝——

生:赞美推崇的态度。

师:对受到侵略的中国表示深切的同情及对文明瑰宝消失的惋惜,这

---

① 杜威.民主主义与教育[M].王承绪,译.北京:人民教育出版社,2017:173.

就是他想表达的内容。我们看看学了这篇文章以后,大家对雨果这个人有什么样的认识,你觉得雨果是一个什么样的人?××你先说。

生:雨果他是一个敢想敢说的人。因为他是一个法国作家,但面对他的祖国对中国实施侵略,他没有支持自己的国家,而是直面事实,他是明辨是非、敢说敢写、很有勇气的这么一个人。

师:非常好,请坐。我们可以想象一下,其实巴特勒上尉的态度就代表了英法政府的态度,也可以想象当时所有的法国人都处在一种什么样的舆论当中,听到的都是什么。法国的胜利,法国是正义的,在这样的一种舆论的氛围下,这个时候雨果却发出了和政府完全不一样的一种声音,是一种批判的态度。所以我们说他说得很好,敢说敢做,或者说他是一个明辨是非的人,很好。还有没有补充?××同学。

生:雨果他是一个公平公正的人,虽然他是法国的作家,但是面对英法联军侵略了中国,他没有为法国胜利而喜悦,他是站在批判的角度,更体现了他的人道主义。因为雨果是19世纪前期浪漫主义的代表作家,人道主义的代表。

师:很好,因为你注意到了,雨果是一个法国人,但他没有为法国的胜利而感到喜悦,反而怎么样?痛斥了这种行为。可见他是站在了一种人道主义的立场,站在了一个全人类文明的立场发出呐喊,在他心中的天平是站在哪里的?站在正义的一面,站在美的一面,而批判的是邪恶的和丑恶的那一面。非常好。这是我们眼中的雨果,同时也要注意他批判的对象究竟是谁,是所有的英国和法国人吗?

生:不是。

师:他批判的对象究竟是谁?

生:英法联军。

师:英法联军,或者说原文当中是哪一句话?××你来说。他批判的对象应该是英法的——

生:他批判的对象应该是英法的一次偷窃行为。

师:是批判一次行为,还是对象?对象是谁?

生：对象是这两名窃贼，一个叫法兰西，一个叫英吉利。

师：所有的法兰西人和所有的英吉利人都是他批判的对象吗？

生：是那些远征中国并摧毁了圆明园的人。

师：所以前面当中具体依据的那句话是什么？请坐下来，××你说说。

生：治人者的罪行不是治于人者的过错；政府有时会是强盗，而人民永远也不会是强盗。

师：我们一起把这句话读一下，非常好。在第七小节的治人者的罪行，预备，齐——

生：治人者的罪行不是治于人者的过错；政府有时会是强盗，而人民永远也不会是强盗。

师：所以他批判的对象是政府，而不是人民。非常理智，非常有自己的立场。好，学了本文还有哪些感触？××同学。

生：对雨果先生非常敬畏，首先因为他的立场非常伟大，是站在人类文明基础上的；其次作为一个法国人，他并没有为法国的胜利而喜悦，而是用批判的态度对待他们的强盗行为。

师：请问一下，大家也思考一下，为什么当时的中国会被这样侵略？

生：因为当时中国的落后，导致受到这样的一种残忍的欺负。

师：所以还有什么样的启示？

生：少年强则中国强。

之所以要如此详细地呈现这段师生对话，目的在于深度、细致地还原课堂教学中教师预设性的答案是如何掩盖学生自身思考这一过程。这是一篇九年级的议论文，教师教学面对的是一群已有一定思考和批判能力的九年级学生，但教师教学时并没有让学生充分地讨论，对雨果所持的价值立场和个人品质的归纳基本是学生的回答达到教师想要的结果后，就用教师的语言总结带过，而不是学生的自我感悟。对学生回答中所提及的"雨果是敢说敢写的人"，教师没有进一步回应和补充——敢说真话的勇气和骨气，是一个文人的武器。雨果以文字深刻揭示了侵略者的罪行，而不仅仅停留在道德谴责上，他以正义的行为展现了其正义品质，这样雨果的形象才能"立"起来。同时，学生回答中提及雨果超越了自身国家利益,站在全人类的立场对侵略者破坏圆明园的暴行进行谴责。但是,教师在此却没有有意识地引导学生超越国家立场反思一些问题,进而培养超越国家利益的价值观,如博爱、公正等,最后只苍白地落脚于"少年强则中国强"。当然,教师教学向学生传递这样的价值观无可厚非,但是教师面对的是一群九年级学生,教师应当借助更广泛的国际视野来帮助他们确立价值观,而非简单地向他们传递价值理念。因此,教师应当借助课文内容引导学生更深入地探讨和思考:少年在强大自身的过程中需要具备国际视野,进而避免落后;但是又要立足于自身国家利益,将个人利益与国家利益紧密相连;同时还要超越国家和民族立场,更广泛地思考。学生只有反复经历这样的思考和追问,才能树立正确的世界观、价值观和人生观。如果教师教学忽视学科内容中可供学生自由思考的空间,就必然陷入"雨果是一个公正的人""少年强则中国强"等诸如此类的标准化答案和信息的境地,而这对学生确立正确的世界观、价值观和人生观的裨益是非常小的。

总之,教师教学对学生平等思想和自由权利的保障在于教师要呵护学生的想象力,在于把学科知识当作"一粒沙",让儿童可以从这"一粒沙"中去观察和探索他们的世界,而不是把满满一车的沙子都倒给学生,让他们全部照搬和吸收。只有教师认识到了这一点,才能避免以客观的知识压制学生的烂漫想象,以及以预设性的标准答案和信息牵制学生的思考和表达,才能借助学科内容创造一个"伟大事物",并让学生在接触这一伟大事物过程中形成自己的世界观、人生观和价值观。

二、"秩序失灵":控制与放纵两种极端方式破坏表达自由

正如上文所指出的,教师在课堂教学中为了保障所有学生都能共享自由体系,应当制定相应的教学纪律和规则以限制每个儿童的表达自由,这些课堂教学纪律和规则的重要意义在于形成班级授课制下课堂教学的有序状态,最大限度地保障每个儿童的表达自由,促进他们的学习和发展。正如学者所指出的:"教学规则往往都是针对学生提出的,教学秩序对学生而言总是一种压制、一种

束缚。其实不然,规则尤其是合理的、有效的规则不仅仅是教师需要,也是深受学生欢迎的,在此基础上形成的好的教学秩序,首先助益的将是学生自己的学习。"[①]因此,在课堂教学中如果教师放任学生随意表达,受损的不仅是那些渴望安静学习的学生,这些随意插话、没有课堂纪律意识的学生的自身学习和发展也会受损。笔者在学生访谈中发现,义务教育阶段教师在课堂教学中多通过制定"禁止学生随意插嘴"等教学纪律对学生自由表达权利加以限定,以防学生随意表达行为妨碍教师和其他学生的表达自由。

> 我们老师上课很讨厌别人插嘴,他觉得自己讲课被打断了,心里会很难受,他跟我们说,如果我们在讲话的时候被别人随意打断,也会很不舒服。(S-A-4)

> 我们英语老师会对别人回答问题时随意插嘴这种行为比较生气,因为他想让这位学生自己独立地把问题回答上来。(S-B-2)

由此可见,教师制定纪律和规范的目的旨在保障表达自由(无论是学生的表达自由,还是教师的表达自由),即使纪律对儿童的表达自由形成了一定的限制,其目的也旨在通过约束和禁止少数违规学生妨碍他人自由的行为,以保障每个学生都能享有表达的自由。但在教学中,教学规范也会给教师教学带来困境和问题,主要表现为"教师对学生表达自由的控制"和"教师对学生表达的放纵"两个极端,这两种极端形式都不利于学生从表达自由的权利中受益进而养成自律和形成自尊,反而要么形成奴性心理,要么变得自我放纵和任性。

一方面,"为了课堂秩序"的教学规范忽视学生自由,进而形成对学生表达自由的随意控制和强制。为了加强课堂管理和秩序,有些教师会认为学生只有被教师允许表达时才能表达,除此之外发出的声音都是非理性的甚至是愚蠢的"噪声"。学生访谈也反映了部分教师禁止学生上课交头接耳、说悄悄话等行为:

> 今天语文课上,我们语文老师跟我们讲《三国演义》,因为我同桌对这个内容比较清楚,所以他就跟我一直在说里面的内容怎么样,结果被老师

---

① 王丽琴.为了学生的精神自由[D].上海:华东师范大学,2008:26.

看到了,我们两个人就都被老师狠狠地批评了一顿,说你们那么能说就让你们说好了! 我就觉得老师对我们太凶了。(S-C-3)

这个案例反映出,学生上课"交头接耳"、说悄悄话不一定是学生想要破坏课堂纪律,而是有迫切表达的需要和欲望,并从中获得快乐和存在感,"越过桌椅,学生可以悄悄地跟好朋友说一两句话,可以将当下的心情体验即时地排解出来……这里学生自己才是主体,其情绪的触角得以伸展并不断在欢愉的体验中证实着自我的存在"①。但这一行为也确实影响到了课堂秩序,妨碍其他学生认真听讲及教师表达的权利和自由。但是教师就能因此将此类声音视作与课堂无关的"噪声",进而加以粗暴指责甚至惩罚吗?访谈无疑展现了部分教师在教学中高高在上的姿态,我们有理由相信,这名教师对学生的批评行为并不仅仅因为他们妨碍到了同伴的学习自由,更在于他们侵犯了教师的权威,其背后的逻辑是"教师讲课时,学生应该做的就是竖起耳朵安静听讲"。在这个案例中,如果这位教师能够考虑到学生"交头接耳"的真实意图,并允许他们在课堂中表达和分享自己对《三国演义》的见解和认识,那么教师不仅充分保障了这两位学生的自由表达权利,同时他们的声音也不再是与课堂无关的"噪声"和"废话",而是转化成为一种有效的课堂资源。因此,教师对学生表达自由的限制需要出于"保障学生自由",而非仅仅是"维护课堂秩序"的目的。如果教师只关注后者,就会使课堂教学陷入只有秩序而没有表达自由的境地。这种境地其实也给教师教学带来了疑惑和困境,访谈中有教师这样表达了自己的遭遇:

我们班级纪律很差,基本上每次上课我都要花十分钟给学生讲课堂纪律,因此我就强调上课时不要随意讲话。但这带来了一个问题,就是学生上课不怎么说话,但也不怎么举手回答问题。(T-BCM-5)

由此可见,当教师过分强调课堂纪律和秩序时,就必然造成把学生不妨碍他人自由(表达)的行为也置于课堂纪律的约束之下,导致多数学生丧失自由表达的空间,不敢进行正常的发言和表达。这时,课堂纪律和规范就不是为了学生表达的自由,而是走向了学生表达自由的对立面——压制和控制。正如陈桂

---

① 熊和平.学生身体与教育真相[M].杭州:浙江大学出版社,2014:120.

生先生所指出的:"纪律若失去了'学会自由'的内涵,可能转化为'自由'的反面,成为从小开始的奴化训练。"①这时,教师即使通过课堂纪律使教学秩序得以保证,但却以丧失学生"心灵秩序"为代价,即学生无法从课堂学习中获得心灵上的和谐(学生时刻担心自己因"插嘴""说废话"等行为而受到教师的批评)。同时,在严格的课堂纪律状态下,即使教师允许学生"插嘴",那也只是教师对学生"自由"的恩赐,学生从这种恩赐中也未必能真正学会自由。因此,教师教学需要因自由之故而对学生自由表达权利加以限制,而非仅仅出于课堂秩序。如果教师能从学生表达自由出发制定教学规范和纪律,就会相应地"弱化"课堂纪律,不再一味将学生的"插嘴""交头接耳""说悄悄话"等行为看作违反课堂纪律的不良行为,而能发现学生的表达需要,进而把他们看似"不和谐"的声音化为一种有价值的课堂资源。

另一方面,忽视学生表达自由的限度和缺乏纪律性的教学会阻碍学生理性思维的发展,形成自我放纵和任性。让学生享有充分的表达权往往是教学民主的重要象征,"允许学生上课插嘴"也被看作教师角色转变的重要表现,"是教师自己从一个'布道者'的角色,转移到一个'激励者''合作者'的角色上来了"②。由此可见,课堂教学中允许学生插嘴、质疑,充分保障学生的自由表达权利是转变和调整课堂权力结构的重要途径。这里,学生作为学习主体的地位被重新重视,作为一个有独立思想和见地的活生生的个人被重新发现。但是,对学生自由表达的权利完全不加以限制就是正义的吗?允许学生上课不举手就发言和插嘴是对学生个人表达自由的保护,还是对其他学生表达自由的侵犯?访谈中有教师强调:

> 上课不举手就发言是需要条件的,就是学生知道自己在课堂上什么时候说什么话是合适的,但是目前很多学生还没有这样的自觉性,所以作为教师就有必要强调课堂纪律的重要性,不然课堂就乱套了。(T-CHE-4)

---

① 陈桂生. 从"上课不举手就发言"谈起——关于学生"自由"与"纪律"的思考[J]. 河南教育,2000(8):6-7.
② 郑金洲. "上课插嘴"引起的思考[J]. 河北师范大学学报(教育科学版),2001(3):19-22.

课堂观察也发现,如果课堂缺乏有效的纪律规范,就会出现学生在同伴表达观点时随意插嘴(即使有时学生是出于帮助同学的好心),以及还未等其他学生完全陈述完观点就举手发言的情况,这很大程度上侵犯了他人的表达自由和权利。由此可见,义务教育阶段教学有必要建立一定的教学规范,对学生的表达自由加以限制。学生(尤其是小学生)由于理性判断能力还未完全形成,因而他们不能合理使用甚至为了"表现"而滥用他们的表达权利,教师作为成人需要加强外在干预,避免学生对他人表达自由的妨碍与干涉,"这是对集体学习条件下大众自由表达权的保护,也是为了更好地培育'未来公民'的社会规则意识与适应能力"①。若教师放任不管,反而会使学生养成专横和野蛮的作风,也无法培养他们在公共生活中合理表达的能力。须知,学生正是在有限的约束中学会了自由,即从外在约束到养成自我约束,学会在没有外在约束的情况下能够合理正当地表达自我观点,最终在学习运用自由权利的过程养成自由、自主表达的能力。正如陈桂生先生所强调的:"课堂是学生公共生活的天地,允许'上课插嘴''不举手就发言'之所以引起争议,正是由于这些行为触犯的是学生公共生活中最简单不过的纪律,连如此简单的纪律都可有可无,学生如何'学会自由'?"②

综上所述,班级授课制下,教师教学有必要建立一定的教学纪律和规范对学生表达自由加以限制,以保障所有学生平等享有自由表达的权利。但是,教师建立教学纪律和规范的前提是为了保障学生的表达自由,即限制自由的前提是为了保障每个学生自由权利的实现,而非为了课堂管理和秩序维护,进而避免将课堂纪律和规范推向学生自由的对立面,出现"课堂更有秩序和纪律但学生丧失心灵自由和和谐秩序"的不正义局面;同时,"为了学生自由"不意味着对学生自由不加以限制,由于义务教育阶段学生还缺乏一定的理性判断能力,因而教师作为成人有必要对其课堂表达行为加以引导和约束,避免学生养成任性

---

① 王丽琴.为了学生的精神自由[D].上海:华东师范大学,2008:59.
② 陈桂生.从"上课不举手就发言"谈起——关于学生"自由"与"纪律"的思考[J].河南教育,2000(8):6-7.

和放纵的习惯,并培养其在公共场合中合理正当表达的能力。总之,教师制定的教学纪律和规范要始终指向保障每个学生的表达自由,即使对少数违规学生表达自由的限制也是为了让他们更好地使用表达自由的权利,这样才能避免"控制"和"放纵"两种极端,保障每个学生在表达观点过程中始终处在人为限制最少又平等无伤的自由状态,这也是一种中道状态。

第三节　制造差异与才能至上：基于平等原则的教师教学正义审思

由于课堂发言是学生表达自我观点的主要途径,也是学生在教学过程中是否真正得到公平对待的重要指标,因而本书着重考察课堂教学中学生发言机会分配的平等性。虽然有学者指出,用学生发言机会分配平等这一指标来衡量教师教学公平性失之偏颇,因为"教师课堂行为往往是在一瞬间完成的,较少有及时反思、立即调整的空间"[①],但是,如果教师不具备对每节课学生发言机会分配问题的觉察和反思意识,他们就不会对自己的分配行为产生新的认知,也就不会改进自身的分配行为,进而实现教学公平与正义。由于在义务教育阶段课堂教学实践活动中,学生课堂发言机会一般包含两种形式:回答教师提问和自主提出问题。因此,本书主要聚焦于学生"回答教师提问的机会"和"学生自主提出问题的机会"两方面探讨与分析学习机会分配平等问题。研究发现,功利性的教学互动通过人为制造学生差异阻滞了部分学生平等参与课堂互动的机会,同时"才能至上"的提问机会分配方式也消解了部分学生的学习热情。

一、"制造差异":功利性教学互动阻碍了部分学生的平等参与

教师提问作为课堂教学中师生互动的主要形式,是教师在精心设计问题的

---

① 王丽琴.为了学生的精神自由[D].上海:华东师范大学,2008:59.

基础上,通过创设良好的问题情境,在教学中生成适切的问题,引导学生主动思考,进行质疑和对话,全面实现预期教学目标,并对提问进行反思与实践的过程。① 回答课堂提问是学生表达自我观点、享有表达自由的重要途径。虽然,从原则上来看,每个学生都应享有回答问题的机会,但在班级授课制下,回答机会分配问题既是个体问题,又是群体问题。就个体而言,课堂教学中每位学生都应享有答题的机会;就群体而言,班级授课制下要保障每个学生都能享有答题机会,存在着如何公平分配的问题。虽然访谈中很多教师都表达了让每个学生平等享有答题机会的必要性,如"理想的课堂教学应当是让每个学生都有机会回答问题"(T-AHC-16)、"我认为正义的课堂教学就是让每个学生都有机会参与的教学,所以我上课都会有意识地让班上每个学生都有机会站起来发言"(T-BLE-5),但在实际课堂教学中,教师往往很难做到一视同仁,进而引发不公平的问题。

首先,教师反馈学生观点的态度、内容和等待时间上存在不平等对待的问题。一是教师对优等生错误观点的反馈较为积极,而对于学困生错误观点的反馈则较为消极。有学生访谈时这样描述:

> 成绩好的同学回答错了问题,老师会让他/她直接坐下,或者再重新提问他们一遍;但对待成绩不好的同学,老师往往会让我们继续站着,等别人回答正确了,或者下一道题目回答正确了才能坐下,而且老师也不会给我们重新回答这道问题的机会。"(S-B-2)

> 老师会请学习成绩差的学生回答问题,但如果他们回答不上来,老师有时候就会很厌烦。(S-A-4)

二是教师对成绩好的学生的反馈内容更倾向于对知识点的进一步澄清和解释,而对于学困生作答内容的反馈会变为对其课堂不良行为的纠正甚至批评和指责,而对学困生回答内容本身不置可否。这也验证了墨菲的研究发现:课堂教学中教师往往将独立思考能力通常留给高能力组,而服从行为(conforming

---

① 卢正芝,洪松舟.教师有效课堂提问:价值取向与标准建构[J].教育研究,2010(4):65-70.

behaviors)则在低能力组得到强调。① 因此,学困生不仅不能在回答问题中获得认知上的发展,其学习自信心还会遭受进一步的打击。三是教师存在等待学生作答时间分配不公的问题。教师更倾向于给成绩好的学生更多的思考和补充回答内容的时间,而成绩差的学生时间分配则较少。罗威(Rowe)将等待时间分为两种:一种是在提出问题之后到学生回答问题之间的时间;另一种是在学生回答之后到教师做出评论之前的时间。同时,他发现大多数教师在这两种等待时间上的时间都少于一秒钟,且对于成绩差的学生的等待时间则更少,而延长等待时间对学生学习具有积极影响。② 为此,教师在等待学生作答时需要提供更多的时间和耐心,并且对成绩差的学生需要分配更多的等待时间,以满足他们思考的需要。

其次,一味给积极表达的学生或学生小组加分等奖励会对其他学生(小组)造成不平等对待。新课改强调学生的主体地位,强调教师要把学生的表达权还给学生,避免应试教育下的"一言堂"和"满堂灌"等问题。在此背景下,教师会想尽办法鼓励学生积极回答问题和表现。课堂观察后发现,义务教育阶段教师会采用学生个人加分和小组加分并兑换相应奖励的方式,以调动学生上课的积极性。这种方式看似能激发学生学习动力,但也忽视了该行为所带来的不公平对待及其危害。因为与积极回答教师提问相对应的是,学生应当在课堂上学会安静地倾听他人的回答和意见,"言论自由在其狭义上主要指以语言表达思想、意见的自由,它包括说话的自由和聆听的自由"③。由此我们也可以发现:学生不积极表达自己的观点,有可能是在聆听其他同学的观点和意见;而那些抢着积极发言和表现的学生有时恰恰没有尊重他人的发言自由,他人的观点也没有成为其重要的学习资源。此外,教师除了要保障学生因思考而沉默的权利,还要尊重学生"因性格内向、心情不佳、害怕暴露自己的隐私,甚至只是因为害怕

---

① Murphy, J. & Hallinger, P. Equity as access to learning: Curricular and instructional treatment differences[J]. Journal of Curriculum Studies, 1989,21(2):129-149.

② Rowe, M. B. Using Wait Time to Stimulate Inquiry[A]//Wilen, William W. (Ed.). Question, Questioning Techniques, and Effective Teaching. Washington, D. C.: National Education Association, 1987:95-106.

③ 周兴国. 教育与强制——教育自由的界限[M]. 福州:福建教育出版社,2012:146.

第三章 基于分配正义理论的教师教学正义分析

和恐惧而保持沉默的权利"[①]。为此,在教学实践中,教师给积极回答的学生或小组加分时需要结合考虑学生回答问题的质量及其他沉默学生的权利和需要,避免学生为了追求得分而忽视深度思考、重复回答和不倾听他人观点等问题。同时,教师还可以指导学生(小组)按这样的方式陈述自己的观点,例如"上一位同学的观点主要是……我认为他/她的观点还存在……的问题,因此,我的观点……"总之,教师利用外在奖励手段激发学生表达积极性时需更为谨慎,否则就会侵犯那些或因为认真思考、或因为性格内向、或因为害怕答错等而保持沉默的学生的表达自由,造成不平等对待。

最后,部分教师出于功利性的道德动机提问学生。在访谈中发现,有些教师会出于对大部分学生学习机会的保护,而不得不给予少部分学生参与课堂互动交流的机会,这种功利的提问动机实际是对少部分学生学习机会的歧视。访谈中有学生反映:

> 我们老师上课也经常提问那些学习成绩不好的学生。因为不提问这些学生,这些学生就会在下面做各种小动作,影响其他同学的学习。所以老师向他们提问,就是让他们安静安静。同时,老师总不关注这些学生,那这些人的低分就会拉低整个班级的平均分。(S-C-2)

由此可见,部分教师在课堂教学中虽然赋予了学生同等回答问题的机会,但是出于"防止学生上课捣乱"或"降低班级平均分"的功利性目的。功利性目的虽然也能导致教师平等分配学生学习机会的行为结果,但这样的行为的道德水平是非常低的,处于科尔伯格所提出的道德认知发展水平中的"朴素的利己主义阶段",处在这一道德认知发展阶段的个体对某种行为是否符合道德要求的判断标准是能够满足自己或者他人的需要。如果教师出于满足其他同学学习的需要,或者提高班级成绩的需要,而向部分学生分配课堂参与机会,虽然不能认为这个教师就不道德(只是道德水平发展比较低),但这样的行为动机显然是不够的,且容易引发教师区别对待学生的不公平行为。

具体而言,如果仅仅出于功利目的,教师向学生提问时就是一副权威模样,

---

① 李政涛.教育学的智慧[M].合肥:安徽教育出版社,2008:243.

提问内容水平基本是"复述老师所讲内容"和"到课本中找答案",这样的提问无法激发学生兴趣,只能简单充当班级管理工具。如果学生不能回答这样简单水平的问题,教师也不会进行追问或者给予提示,而是直接批评,把应当对学生进行答疑解惑的时间变成了批评学生不当学习行为的时间;但对待学习成绩比较好的学生,即使是同样的提问,也会有不同的表现。正如某学者指出的:"问题答错时,教师对待好学生不断启发提示,充分给予其鼓励支持或思考时间,促进其发展;对待成绩不好、厌弃的学生则常常表现出不耐烦甚至鄙弃,致使其更加没有信心等。"[①]通过对比发现,那些出于"功利目的"分配学生课堂参与机会的教师缺乏教学责任感,进而也无法调动学生的学习兴趣。正如鞠玉翠教授所指出的:"无论对教师还是对学生而言,若他们因为没有实际权力和参与而缺乏责任心和积极性的话,就无法发挥其主观能动性,他们的教与学也会随之成为一个被动、毫无生趣也缺乏效率的过程。"[②]因此,教师要意识到自身教学存在的问题是导致学生学习行为问题的重要原因,而不能将学生行为问题全部简单归结为学生自身能力不足,如缺乏学习动力和注意力持续时间短等,从而将其功利性的教学分配行为合理化。已有研究发现:"虽然低能力群体的学生往往很难发展和维持课堂既有教学结构的观点是有道理的,但课堂条件和教师行为的结合是低能力群体学生行为问题产生的重要原因,如教师对学生行为的期望较低,教师更愿意用教学结构来换取学生的服从,课堂教学任务导向降低,对课堂活动缺乏明确的目的和重点,对学生参与的适当模式感到困惑,以及无差别的教学格式等。"[③]因此,教师在对能力不足学生进行提问时要对其抱有同样的学习期待,要出于促进其智识发展目的而分配机会,并在提问过程中给出明确的任务要求与及时的引导和帮助,鼓励学生积极发言,表达意见,从而真正发挥机会平等原则的价值。

---

① 杨建朝,樊洁.教师课堂教学行为公正:缺失与应对[J].现代教育管理,2011(1):66-68.
② 鞠玉翠,吴怡然.学校民主氛围营造——在平等理智参与中学习联合生活[J].教育发展研究,2016,36(Z2):81-88.
③ Murphy J. & Hallinger P. Equity as access to learning: Curricular and instructional treatment differences[J]. Journal of Curriculum Studies,1989,21(2):129-149.

二、"才能至上":提问机会分配的偏失消解了学生的学习热情

如果一个空间要有利于学习,它应当鼓励学生们发出自己的声音;当学生不能真实地表达自己的想法和困惑甚至是偏见时,真实的学习是不会发生和存在的。因此,教师教学中,只有当学生们都能够说出自己的想法,提出自己的问题,教学活动的育人价值才有机会得以产生和实现。学生提问是如此重要,以至于麦克米兰(Macmillan)和盖瑞森(Garrison)提出"提问教学的概念"(an erotetic concept of teaching),认为"教某人某物就是回答那个人关于学科知识的问题。教师应该回答学生提出的问题,而且这种'应该'不是道德上的应该,而是一种认识论上的应该"[1]。为此,课堂教学中,教师需要平等赋予并保障每个学生自主提问的机会,充分彰显学生的学习主体地位,促成和保障每个学生自主参与学习活动和获得认知发展。但在我国义务教育阶段教学中,中小学生主动提问行为非常少,"只占课堂谈话不到1%的比例"[2],"学生不问"现象的发生是由于他们陷入"不知问""不想问""不敢问"和"不会问"等困境[3],这导致学生在师生互动中始终处于被动回应,而非主动提问的地位。虽然学生提问能力和提问意愿会影响其提问的积极性,导致其不愿在课堂上发问,但不容忽视的是,教师对学生自主提问机会的不平等分配也是造成学生不想提问的重要原因之一,且教师对自主提问机会的不合理分配行为会直接影响部分学生的提问意愿,阻碍学生提问能力的养成。

首先,教师为了教学的流畅性,更容易无意识地倾向于给予成绩好的学生、上课积极表现和表达能力较强的学生更多提问和互动的机会。[4] 因为这些学生

---

[1] Macmillan, P. & Garrison, J. W. An erotetic concept of teaching[J]. Educational Theory, 2010, 33(3-4):157-166.

[2] 邱微,张捷. 课堂教学师生言语行为的实证研究[J]. 东北师大学报(哲学社会科学版),2006(5):133-138.

[3] 焦德宇,郑东辉. 学生课堂提问困境的新制度主义分析[J]. 全球教育展望,2017,46(3):67-74.

[4] 这是笔者通过观察三所学校课堂教学所发现的普遍存在的问题。但在教学过程中,由于不同老师受到的学生性别、所教学科、任教年级等因素的影响程度不同,因而呈现出不同的不平等提问机会分配方式。例如有些数学教师更喜欢让男生提问,有些教师更偏向于让自己的学科课代表提问等。

能够很好地配合教师的教学、积极回应教师的问题,进而高效地实现师生互动和对话,满足教师的教学期待,使教师收获教学的成就感,这种成就感反过来又促成教师和这群学生的进一步对话和互动。教师访谈进一步发现,部分教师认为自己这样的行为既是追求教学效率的一种有效手段,同时也是一种"公平"行为。

> 一堂课的教学时间是有限的,教师不可能保障每堂课都让所有学生提问题,为了让几个人提问题,课堂上一直跟他们耗下去,这样的行为对其他学生也是不公平的。(T-CFM-9)

> 我们班有47个学生,我不可能每节课都做到让所有学生都提问题,这是不现实的。我能做到的就是上课不总是点那么几个人提问,也要去关注学习成绩一般和较差学生的问题,但一般而言,还是谁有能力谁就可以提问题。(T-AZM-32)

注重教学效率的分配逻辑导致教师忽视了:给予低学习能力者提问机会不仅能够给这部分学生提供表达、表现和发展的手段和资源,而且这些学生的发言及其教师对这部分学生的指导会成为班级共享的资源,是巩固和促进所有学生学习的重要资源。当教师忽视了低学习能力者获得提问机会的价值和重要性,只看到教学效率后,这部分学生的真实学习状态已经被教师所忽视。另外,"谁有能力谁就提问"的分配逻辑显示出,教师虽然意识到了指定某位或某些学生提问的缺陷,但忽视了那些缺乏一定思维能力、表达能力或者性格内向学生提问的权利和需要,从而使他们在这种"优胜劣汰、适者生存"的机会竞争战场上不断被边缘化,丧失了师生互动的机会,也逐渐丧失了发出自己声音的机会和权利。这种现象很符合罗尔斯所指出的"一切向才能开放"的机会平等(即强调起点平等)取向。在这种取向下,虽然互动机会是向所有学生开放的(教师没有直接指定某个学生来提问),但没有考虑到每个学生能自主提问和参与师生互动的资源和手段。

其次,一味追求和鼓励"高水平"提问的课堂导致低学习能力者的失声。一般而言,学习能力高的学生比学习能力低的学生享有更多自主提问的机会,且教师觉得这是"自然竞争"的结果,并非自己分配不公导致的问题,访谈中教师

第三章 基于分配正义理论的教师教学正义分析

如是说：

> 虽然我上课，鼓励学生有问题可以随时提问，但真正能提出问题的学生一般还是那些学习能力较强的学生，因为这些学生具有更好的表达能力、思考能力，提问时也能清晰、准确地陈述问题；相反，那些学习能力一般的学生，他们一般不会提问题，即使你让他站起来提问题，他支支吾吾大半天也提不出来，提出来的有时也是很简单的问题，这些问题一提出来，有时大家都问，怎么这么简单还不懂？他也觉得不好意思，就更不提问了。（T-BWC-15）

虽然这里教师没有人为地限定低能力学生不能提问，但是课堂中教师对"高水平"提问的期待导致了低学习能力者不敢提问，因为自己提出的问题往往由于简单、低效而招致教师的批评和学生的嘲笑。简单和低效的提问往往只涉及知识性或经验性的问题，缺乏对学习内容的深入消化和理解，而高水平和有效的提问往往具有"较高的知识关联度""较高的预设明确度""较高的信息综合度"和"较高的思维参与度"等特征[①]，因此，当学生尤其是中学生上课时提出"是什么"或者简单的"为什么"的问题时，教师会认为学生是由于上课不认真听讲，或者故意跟自己"抬杠"而提问，进而忽视、无视甚至批评这部分学生的提问行为。

在一次课堂观察中，研究者发现一位学生在教师课前布置完一篇课外阅读任务后举手提问："老师，为什么我们要读这篇课文？我们需要完全背诵还是只要复述？"这位学生的提问明显反映了其对教师布置阅读任务的目的和需要达成程度的疑惑，但教师却很不耐烦地回应道："让你读你就先读，就你每天问题最多！怎么没见其他学生问这种问题呢？关于课外阅读任务的目标我开学就告诉你们了，只要复述，不需要背诵，怎么到现在还记不住呢？"教师回答后，这位同学头埋得很低，这节语文课也没看到他再举手回答问题。从这一案例中，我们能发现教师往往会忽视提问本身对学生的价值，学生"敢于提问"的行为就值得鼓励，因为他敢于表达自己的疑惑和问题；而且案例中这位学生的提问对

[①] 杜爱慧.学生有效提问的特征及策略分析——以物理课堂教学为例[J].中国教育学刊，2013(10)：69-71.

他的认知发展十分有价值——他可能想了解这篇文章与之前阅读内容的关联,或者这篇文章和将要学习内容的关系是什么,或者我们需要对这篇文章掌握到何种程度才算达标。可以说,教师对他的回应是非常野蛮、无理和粗暴的。教师应当表扬这位学生的提问行为,明确地向学生反馈和澄清阅读任务的目标和价值,并进一步引导和培养他在完成阅读任务后提出更具思维含量和挑战性的问题。总之,作为教师,要"把学生当作有良好意图的学习者,理解学生之所以问问题,是因为他们想要真正理解。同时也要意识到学生表面上愚蠢的低层次提问通常引发有价值的讨论。当教师不能确认学生问题的动机时,她让学生有质疑的权利,作为回应,她应当把重点放在问题可能从哪些方面作出回答"[①]。换言之,教师教学要善于发现和肯定每位学生提问的价值,而不是用自己所认为的"高水平"提问标准压制那些看似简单、幼稚甚至存在错误的提问内容,剥夺低学习能力者的提问机会。因为只有赋予学生质疑的权利,给予学生不断提问的机会,并引导他们敢于提问、善于提问,才能培养学生勤学善问的意识和习惯,不断提高学生的提问能力,最终发挥出思想自由和师生互动交流机会的价值。

最后,小组合作提问异变为"一人独唱",从而使部分小组成员丧失了自主提问的机会。因为自主提问对学生个人综合能力(如思维能力、表达能力)提出了更高的要求,因此,课堂教学中教师常常鼓励学生以小组为单位对问题进行讨论,在集思广益后再提问的方式,且教师们认为这样的方式既公平又高效。

  小组合作提问既让每个学生都有了提问的机会,也避免了很多同质性的提问内容出现,所以在课堂教学过程中,我一般都是鼓励小组合作后再进行提问。(T-BCM-5)

但研究者通过课堂观察后发现,在实际操作过程中,部分学生的提问机会还是被剥夺了。一方面,小组讨论中有些学生,特别是小组长依然充当发言的"主角",进而导致部分学生的声音被淹没了,这无意中就剥夺了这一部分小组成员的发展机会,更"使得他们在潜移默化中养成顺从、依赖、没有责任感等不

[①] 古德,布罗菲.透视课堂[M].陶志琼,译.北京:中国轻工业出版社,2009:231.

良品质"[①],这对这部分学生而言显然是不正义的;另一方面,即使小组成员进行了充分的讨论形成了集体共识,但有时"发言人"较强势,他会在做总结和汇报时,将集体意见置换为个人意见,导致其他小组成员的提问内容被忽略和遮蔽了。因此,要保障小组合作提问的有效性和平等性,教师有必要制定相应的规则,如"小组成员每人至少提出一个自己的问题""小组发言人应当耐心倾听和认真记录其他小组成员的问题"等,同时教师还需要给小组发言人表达集体共识形式以指导,如"关于这个话题,我们小组成员 A 的问题是……成员 B 的问题是……成员 C 的问题是……经过小组成员的综合讨论,我们小组最终的提问内容是……"只有教师给予学生小组合作提问以相应的行为规范和提问指导,才能培养学生耐心倾听他人意见的习惯和尊重他人意见的品质,学生才能既有能力、又有诚意地表达由自由讨论所形成的集体意见。这时,课堂教学不仅保障了每个学生平等享有提问机会,而且还发展了学生尊重他人的品质、与他人进行讨论和协商的能力,正义的教学自然也就形成了。

第四节 时间困境与错误补偿:基于差别原则的教师教学正义审思

罗尔斯是从"最少受惠者"的地位来看待和衡量任何一种不平等,并竭力想通过某种再分配使社会中的所有成员都处在一种平等地位,这种资源分配方案确实体现了对最少受惠者的偏爱。这种偏爱也迎合了大众对义务教育阶段教学性质的期待。义务教育为所有适龄儿童平等提供了受教育的权利,保障了起点平等。同时大众还期待每个适龄儿童在平等享有受教育权利和教育机会(入学机会)的前提下,那些处在社会不利地位的受教育者还能获得一定的补偿,以消除他们因不利自然禀赋和家庭背景等因素所导致的不利地位,进而获得结果平等。一般而言,课堂教学需要关注的处在不利地位的学生是那些由于学习能

---

① 邵江波.以公正审视学校教育[D].上海:华东师范大学,2008:25.

力不足造成的"学困生",家庭经济贫穷的"贫困生",以及存在先天缺陷的"特殊学生",这些学生由于不可控的客观因素而陷入不应得的劣势地位。在补偿内容方面,教师不仅需要对他们进行物质类学习资源的补偿,更要对他们给予发展类学习机会的补偿,因为发展类学习机会(如教师提问、评价、互动等)具有"增值"作用。① 同时,教师课堂教学中也应给予他们更多的关心与关怀,对他们的未来发展前景抱有同等的期待,通过补偿手段保障和提高这部分学生追求幸福生活的可行性能力。研究发现,教师教学实践中常常陷入"时间困境",这造成部分学生处在弱势地位,且无法及时享有教学补偿;同时,"补差"和"培优"之间的两难抉择过程中的错误补偿行为也消弭了其正义性。

一、"时间困境":弱势学生的教学补偿遭遇多元掣肘

首先,课堂上学习时间的停滞和无效致使部分学生处在弱势地位。在中小学教师眼中,弱势学生一般是指学业成就低、学业表现差的学生。这些学生也是教师教学重点补偿的对象,访谈中教师们认为:

> 我们毕竟是义务教育的小学阶段,在公办体系内,还有一个跟学生年龄特别有关,他们还那么小,虽然他们成绩差,但是我们觉得不能放弃。(T-AHC-16)

> 如果你不多关注这些人,一些人的成绩会落得很后面,然后有问题的也是这些人,比如说批改作业,好的同学做一次就清掉了,差的人五六次地来。但是没办法,这些人如果你不补一下,就彻底废掉了。(T-CFM-9)

虽然教师普遍反映他们有弱势补偿的意识和行为,但他们却忽视了恰恰是在实际的教学过程中,由于他们的区别对待,致使一部分学生因为无法从有限的课堂时间中获得实际的成长和发展而处在弱势地位,而这又导致教师需要更多的时间和精力来进行补差的恶性循环。具体而言,课堂教学时间虽然看似对每个学生都是相同的,但在相同的时间中,由于每个学生所获得的教师对待是

---

① 殷玉新.优秀教师课堂教学公平策略研究——以美国68名"年度教师"为例[J].比较教育研究,2019,41(1):39-44.

不相同的,因而课堂时间对不同学生而言有"质"的不同,一般而言,学生在课堂教学中会经历感觉"生命力急速爆发的'正(爆发)时间'""生命力停滞的'零时间'"和"生命力处于衰退的'负时间'"[①]。正义的教学应当是教师让所有儿童都在有限的课堂教学中尽可能多地获得"正时间",减少"零时间"和"负时间"的产生。但是,由于教师的区别对待,很多学困生无法感受到"正时间",课堂时间只能带来极其漫长且痛苦的体验。对此,古德曾列举了18种教师区别对待优生和差生的行为:(1)差生回答问题时,教师等待的时间比较短;(2)教师更倾向于告诉差生答案或是叫其他学生来回答,而不是尝试改进差生的回答;(3)不恰当的强化:奖励差生的不恰当行为或不正确答案;(4)对差生的失败经常批评;(5)对差生的成功很少表扬;(6)对差生在大家面前的回答不置可否;(7)不太注意或是很少与其产生互动;(8)叫差生时一般不是让其对提问做出反应,或是只叫差生回答容易的、不用分析的问题;(9)把差生的座位安排得离教师远远的;(10)降低对差生的要求;(11)与差生交往私下多、公开少,密切监视和组织他们的活动;(12)对差生的管理、考试打分、作业布置方面都区别对待,在情况不明的时候,是优生而不是差生得到好处;(13)很少与差生友好往来,诸如很少对差生笑脸相待或以其他表示支持的非言语行为相待;(14)对差生的回答所做的反馈非常简短而且信息含量少;(15)很少正视差生或以其他非言语的交流表示关注和回应;(16)在时间有限的情况下,对差生很少用有效率的但耗时的教学方法;(17)对差生的见解很少接纳和采用;(18)让差生学索然无味的课程。[②] 虽然古德指出的这些现象不是也不可能在同一课堂教学过程中都会发生,但是这些现象是普遍的,有些教师甚至并没有意识到自己对部分学生采取了区别对待的行为。例如上文所提及的差生在回答问题时,教师给予的等待时间更少。而正是教师的区别对待行为,导致学困生课堂学习时间的无效,进而制造出了很多教师眼里所谓的"弱势学生"。这一现象其实也从侧面重申了罗尔斯分配正义体系中的"平等的自由原则"和"公平的机会平等原则"相较于"差别原则"的优

[①] 桑新民,陈健翔.教育哲学对话[M].石家庄:河北教育出版社,1996:317.
[②] 古德,布罗菲.透视课堂[M].陶志琼,译.北京:中国轻工业出版社,2009:43.

先性。换言之,教育教学首先要平等保障每个学生基本学习权利和学习机会,这样才能避免因区别对待而人为制造弱势学生。

其次,教师常规教学时间的有限性造成其利用课后时间补差的困难。毋庸置疑,教师课堂教学需要关照和补偿因为自然禀赋和社会背景等偶然因素及长期不公平待遇而造成的处在弱势地位的学生,因为这部分学生的弱势地位是他们不应得的,教育教学需要通过补偿原则使这部分学生享有他们原本应得的平等对待。在教师访谈中教师表达了对弱势补偿原则重要性的理解和认可,但同时也表达了实践中的困难,其中对教师补偿行为影响最大的因素就是"教师可用以弱势补偿的时间太少"。访谈中,教师这样描述他们利用课外时间进行补偿的困难:

> 我们班有个小孩家住得特别远,每天早上要坐车1个多小时才能到校,所以她每次都是第二节课才到教室,长此以往,她就落下了很多课,再加上她本身学习能力也不强,所以她的成绩一直很差。作为老师很想帮她补习,但落下得太多了,每个老师又都很忙,基本的时间都被排满了,所以就只能让她继续这样了。(T-BCM-5)

> 补差的时间,课堂上肯定是不行,就只能利用我们老师的课后时间,比如说(我们)空课的时间,但是又要考虑到小朋友,比如说他需要休息,或者他的副课时间,我们说副课他们肯定还是要去上,也不能全占用他们这些时间,所以在时间上是很难把握的。(T-ALC-26)

> 课后属于学生休息的时间不能占用,其他上课时间你也不能占用,同样,放学后学生都要回家,你也不能强行把某位学生留下。所以只能利用我的自习课给他补差。但由于自习课有时我会安排做习题和讲解习题,所以也不是都能补差的。(T-CCE-14)

由上述教师描述可知,由于常规教学时间被安排得"满满当当",所以教师没有多余的时间给学生进行课后辅导和补差。康奈利(Connelly)和柯兰迪宁(Clandinin)识别出学校中的一些时间常规,包括年、月、周、工作日、假日、教师日、报告时间、课堂教学时间等。① 常规的教学时间形成了力量强大的成规②，受到这样强大力量的控制，教师享有极少的时间使用自主权，用教师自己的话来说就是"时间都被排满了"。一般而言，这些常规教学时间大都被备课、上课、批改作业、个别学生辅导、同事交流合作、处理家校问题和准备各类检查材料等工作内容所占据，而在这些工作内容中教师可以对弱势学生进行额外补偿的就只有"个别学生辅导"，且义务教育阶段的个别辅导不仅包含"补差"，也涉及"培优"，这就导致弱势学生能获得的教师额外辅导的时间更少了。

最后，"满满当当"的学生学习时间造成教师为了补差而侵犯学生的课间休息权利和正常参与教学活动的权利。一方面，教师会占用课间学生休息时间进行补差。"休息权是受教育者的一项重要权利，它与受教育者的受教育权密切联系，其意义在于有助于保护受教者的身体健康、有助于提高受教育者的学习效率、有助于受教育者有充分的时间实现身心全面发展。"③学生课间休息权是学生休息权中的重要组成部分，因为学生需要利用课间休息时间解决生理问题，并进行适当的活动，使身心都获得充分的调整和休息，以更好的状态迎接下一节课的到来。但是，有些教师无视一部分学生课间休息的需要，继续把这些学生"扣留"在教室内或者单独叫到办公室内进行"补差"，教师这一行为不仅严重侵犯了学生的课间休息权，也侵犯了其他教师正常开展教育教学活动的权利。教师在访谈中抱怨道：

> W老师总喜欢拖堂，还喜欢把学生喊到办公室里背课文，导致上我的课时要么总有几个同学还在办公室没回来，要么就是很多学生请假去厕所，难道就她的语文重要，我的英语就不重要了？（T-CCE-14）

另一方面，部分教师占用学生副课时间进行"补差"。教学实践中，有些教师不仅通过"拖堂"方式来进行"补差"，还会通过占用个别学生的"副课"时间进

---

① Connelly, F. M. & Clandinin, D. J. The Cyclic Temporal Structure of Schooling[A]//Ben-Peretz, M., Bromme, R(ed.). The Nature of Time in Schools: Theoretical Concepts, Practitioner Perceptions. NewYork: Teachers College Press, 1990:36-63.

② Cambone, J. Time for teachers in school restructuring[J]. Teachers College Record, 1995, 96 (3):512-543.

③ 褚宏启.学生易受侵犯的十种权利[J].山东教育科研,2000(3):31-33.

行"补差"。虽然随着《关于全面加强和改进新时代学校体育工作的意见》和《关于全面加强和改进新时代学校美育工作的意见》等政策的颁布,义务教育阶段体育和美育的功能与价值得到了前所未有的重视,但由于受到"以考定教""不考不教"的应试逻辑的长期影响,义务教育阶段音乐、体育和美术等课程的重要性依然远低于语文、英语、数学等课程,这就直接导致了有些语数外等主课教师无视学生接受体育和美育的权利,一味地追求知识和成绩上的补偿和提高。

  因为小学音乐没有考试的要求,所以有些教师(在我的音乐课上)就会把几个成绩不好的或者昨天作业没有很好完成的学生单独喊过去。这当然是老师负责的一种表现,但这些行为会潜意识地给学生植入这门课不重要(的印象),他们也少了一部分接受美育的时间。我可以无所谓,但是会影响学生跟进教师的整体教学进度。(T-BWm-3)

  教师占用学生副课进行"补偿"的方式是不公平的,因为教师不能因为学生某些学科上的不良学业表现,就剥夺其接受美育和体育的权利;同时这一方式也不符合教育教学的价值和目的。因为教师这一补偿行为本质上还是强调"分数至上","补偿"的最终目的只是提高学生分数,而非学生的全面发展;同时,以侵犯学生正常学习权利(如上体育课、美术课和音乐课等)的方式"补偿"也是不道德的,因为剥夺学生进行审美活动和体育活动的权利和机会无疑会造成学生审美体验的匮乏、审美能力的低下和身体机能的羸弱。

二、"错误补偿":"补差"与"培优"之间的两难抉择

  在"时间困境"中,教师不仅会遭遇由于时间不足导致的难以将弱势补偿付诸实践的行为困境,还会遭遇"补差"和"培优"之间的两难抉择。具体而言,由于课堂教学时间的有限性,因而高学习能力者(往往表现为特殊才能的学习者)的学习需求不能得到充分的满足,教师就需要针对这部分学生开展"培优"工作;但还有另一部分学生因为学习能力较弱,连最基本的知识和技能都没有掌握,教师也需要针对这部分学生开展"补差"工作。但教师的自由支配时间是有

限的,它不仅是一种稀缺资源,而且是一种排他性的位置性善物(positional goods)[①],这意味着一部分学生在占有教师的时间时,另一部分学生就无法占有这部分时间,因此教师有必要平衡"培优"和"补差"两者之间的关系。最理想的状态是教师能兼顾两者的需求,同时做好"补差"和"培优"两项工作,正如教师所强调的,"两边都要抓,因为不顾及任何一方的需求对他们来说都是不公平的"。但对部分教师来说这很具有挑战性,因而他们会考虑优先性的问题,而对优先性的考虑,就反映了教师的正义取向。

首先,"培优"先于"补差"的观念反映出教师功利主义取向的时间分配观。虽然访谈中没有教师赞同这一观点,但这并不意味着这一观点在教学实践中就不存在,因此有必要进行澄清。功利主义强调保障最大多数人的最大幸福,这种取向下的资源分配强调要把有限的资源分给那些最能获得获益的人和物,最大化地发挥有限资源的价值。在此逻辑下,教师更倾向于把有限的时间和精力花在优等生身上。因为从当下的教学成效来看,获得更多指导时间的优等生能够快速地提高成绩,进而提高全班的平均成绩,这比"补差"带来的成绩提高效果更立竿见影;从学生未来发展来看,教师会认为这种行为也符合经济生产力最大化的要求,即这些学生进入社会后也能创造出更大的社会价值。但是这样的分配逻辑显然是存在问题的,即它忽视了学困生的艰难处境和同等尊重人的需要。一是功利主义和利益最大化原则的瑕疵在于"在力争某种结果最大化时只留意结果的平均数量,但不留意结果的分布。因此,只要造成剥夺和痛苦的决定导致平均值的提高,它就能为种种重大剥夺或者重大痛苦辩护"[②]。换言之,教师把更多的精力和时间分配给优等生,这些学生可能在学业成就上表现得更为突出,进而最大限度地提高班级平均成绩水平,但这里的平均只考虑到了利益的最大化原则,即结果的平均数量,却没有考虑到人人受益的需要,即结果的分布。功利主义取向的时间分配或许会带来班级总体学生平均成绩的提

---

① 程亮.何种正义?谁之责任?——现代学校过程的正当性探寻[J].教育发展研究,2015,33(2):6-13.
② 斯特赖克,索尔蒂斯.教学伦理[M].黄向阳,王丽佳,译.上海:华东师范大学出版社,2017:88.

高,但是那些学困生的成绩是"被平均"的,而且他们可能因为得不到任何补偿资源而越来越差。显而易见,这违背了义务教育所追求的教育结果平等,即义务教育阶段的课堂教学不仅要实现班级总体最大化的发展,而且要实现班级每个学生实质性的增值发展。为了避免功利主义结果论取向的时间分配观对部分弱势学生群体的利益造成伤害,教师应当从非结果论,即"同等尊重人"的视角思考个别辅导的时间分配。"同等尊重人"彰显出教师教学对每个儿童个体价值的尊重,并且"同等尊重人"正是通过弱势补偿才得到检验的。正如索尔蒂斯等人所强调的:"我们怎么来决断我们是不是对每个个体的价值表现出了同等的尊重呢? 我们做出这种决定,所依据的是我们能够表明我们社会中处境最不好的人如他们所能那样处境良好。"[1]根据同等尊重人的原则,教师就应当优先补偿那位因为家住得太远而每天无法按时到校上课的学生,因为家庭住址是这位学生无法控制和选择的,出于补偿的要求,教师需要花更多的时间给这位学生补课,以使其恢复到没有遭受家庭住址困境时应得的对待,进而彰显教师教学对每个儿童个体价值的尊重。

其次,"补差"优于"培优"的观念反映出教师对平等的追求旨趣,但在实际教学中,教师的"补差"行为往往没有发挥改善弱势地位学生境遇的正义价值,反而侵犯了优等生的平等学习权利和学习机会。其一,无论是从学生发展还是提高教学绩效出发,很多教师都赞同"补差"较于"培优"的优先性,但实际"补差"结果却不尽如人意。访谈中有教师指出:"'补差'比'培优'更重要,因为弱势学生更需要获得教师的关注和指导。"(T-BZE-14)"课后不把他们拉过来补一补,那(成绩)只能越来越差。"(T-CHE-4)一般而言,"补差"优先于"培优"是符合正义原则的。虽然这种时间分配会造成不平等对待,因为对于优等生来说,获得教师的辅导也是他们的权利,但它是正义的,教师用于课后辅导的时间作为一种教学基本善物,给予优势学生是"锦上添花",而分配给处在弱势地位的学生则是"雪中送炭",它符合弱势学生的发展需要。正如罗尔斯所强调的,"根据差别原则,它只有在这种期望的差别有利于那些较差状况的代表人时才是可

---

[1] 斯特赖克,索尔蒂斯.教学伦理[M].黄向阳,王丽佳,译.上海:华东师范大学出版社,2017:90.

辩护的"①。但研究者通过观察后发现,教师会消极对待"补差",这大大削弱了补偿的正义性,没有实质性地增进学习者的福祉。

教师的消极性补偿行为主要体现为两个方面。一方面,教师通过"题海战术"等低效率的教学方法进行"补差",而非实质性地促进学生认知发展。一般而言,教师会在办公室内对个别学生进行"补差"工作(例如背诵课文和单词、订正数学错题等),但"补差"过程往往不是针对学生认知上的困惑进行讲解,而是把学生留在办公室独立完成更多的练习。但显而易见,这种"补差"方式是无效的甚至是有害的,它不仅无益于学生认知能力的发展,反而会给这部分学生造成严重的课业负担。访谈中从事数学教学工作32年的Z老师也不免发出这样的担忧:

> 一般这些孩子(学习困难生),数学老师来找他,语文老师也会找他,科学老师也会找他,英语老师也会找他,他的作业完成的效率都是比较低的,不是一门学科低,各个门学科都低,他每一门都补,最后肯定要被压垮了。我最害怕的就是把孩子压垮,他再也不想学我的数学了,我觉得这是最失败的,这个才是对孩子不正义。(T-AZM-32)

另一方面,教师情绪化地进行"补差",对弱势学生进行言语上的攻击和羞辱。由于教师办公室是一个封闭空间和一个"熟人圈子",在这个无人监管和约束的空间下,教师会更无顾虑地发泄对这部分学困生的不满。具体表现为,在进行"补差"时,教师往往会用严厉的甚至羞辱性的言语批评和指责学生的错误,攻击学生的人格,这更严重地打击了这部分学生的自信心和自尊心,使其丧失了学习的动机和信心。正因为到办公室"补差"往往意味着被教师指责和羞辱,所以很多学困生排斥"补差",也消极应对教师的课后辅导。

同时,由于义务教育对实质性教学结果平等的追求,这导致教师在课堂教学中更关注学习困难生,忽视了高能力学生的学习需要和学习权利。"义务教育的结果公平意味着所有儿童在完成义务教育阶段教学后都能达到国家规定

---

① 罗尔斯.正义论[M].何怀宏,等译.北京:中国社会科学出版社,1988:78.

的,较高的学业成就标准(基本标准)。"①且国家会通过学业水平测验的方式来检验所有儿童是否都达到基本合格。教师在教学活动中为了确保所有人大体都能达到合格水平,会更偏重学习困难生的学习。访谈中,教师们谈道:

  学习成绩好的学生在学校课堂教学中的收获和发展是很少的,他们发展的优秀资源很多都是家庭给的。(T-ALY-26)

  老师课堂教学中把更多的时间花在了那些成绩一般和很差的学生身上,反而是那些成绩很好又特别乖的孩子得到更少的关注和机会。(T-CCE-14)

  但显而易见,教师这样的教学方式是不正义的,因为它没有平等保障优等生的学习权利。正义的补偿不能违背"帕累托最优原则",这一原则强调"一些人的境况变得更好不应使其他人的境况变得更糟","按照这一原则,对课堂中弱势群体和个人的补偿,不能以减少或牺牲其他学生的学习机会和资源为代价"②。因此,教师课堂教学中要始终确立"平等的自由原则"的优先性,即对所有学生的一视同仁优先于弱势补偿。

  一种能帮助教师平衡"补差"与"培优"关系的方式是"鼓励能力较强的学生帮助能力较弱的学生"。这不仅能破解教师因时间不足而无法及时实施个别辅导的困境,而且这一做法也符合学生的公平观念。索基尔德森(Thorkildsen)曾调查了学生对异质课堂中五种课堂实践公平性的看法:加速(acceleration)这一做法强调加快所有学生的学习进度;学得更快的人坐着等待(fast worker sit and wait),这一做法是指快速学习者完成学习任务后坐等慢的学生赶上,且不能去做其他任何事情;快速学习者实施同侪辅导(peer-tutoring by fast learners),这一做法强调快速学习者完成课堂学习任务后去帮助学习进度慢的学生,且帮助的过程不是告诉他们答案,而是着重帮助他们理解,以保障课堂教学结束时所有人都能掌握这部分知识;丰富快速学习者的知识(enrichment for faster learners),这一做法强调快速学习者完成课堂任务后可以进行自由阅读

---

① 冯建军.课堂公平的教育学视角[J].教育发展研究,2017,37(10):63-69.
② 冯建军.课堂公平的教育学视角[J].教育发展研究,2017,37(10):63-69.

和学习;所有人都在前进,但慢的人永远赶不上(all move on, slow ones never finish),这一做法是指教师教学只关注快速学习者的学习进度,而学习能力弱者的学习任务越来越多,一件也完不成。研究发现,学生们普遍认为"同侪辅导"和"丰富快速学习者的知识"的做法是最公平的。而"所有人都在前进,但慢的人永远赶不上"是最不公平的,但学生们认为教师却最经常使用这种做法,这一差距是学生感到不公平的一个重要来源。[1] 基于研究发现,教师课堂教学中虽然要关注学困生的学习进度,但不能一味让学习能力较强的学生坐等学习能力弱的学生。在课堂教学过程中,教师要鼓励他们去帮助学困生,并允许他们在完成课堂任务后进行自由阅读和学习。而这一措施也非常符合"差别原则",罗尔斯也曾强调"在天赋上占优势者不能仅仅因为他们天赋较高而得益,而只能通过抵消训练和教育费用和用他们的天赋帮助较不利者得益"[2]。

第五节 基于分配正义理论分析教师教学正义的局限

分配正义要求的平等原则是基于人的相同性基础上提出的,旨在强调每一个人平等获得社会基本善物的权利。同样,保障每个学生在教学活动中都能平等享有学习权利和学习机会等教学基本善物,也是实现教学正义的必要外在条件保障。但这一正义理论在实际教学应用中往往会因抹杀学生差异而造成不正义的问题。正如冯建军教授所言:"以往对教育公正的研究只着眼于人的相同性,所以,公正就是平等,教育公正就是不分性别、种族、身份地享有教育的权利、教育计划和教育资源,等等。在这里,人性的相同性成为公正的基础,相应

---

[1] Thorkildsen, T. A. Justice in the classroom: The student's view[J]. Child Development, 1989(60):323-334;Thorkildsen, T. A. Those who can, tutor: High-ability students' conceptions of fair ways to organize learning[J]. Journal of Educational Psychology, 1993,85(1):182-190.
[2] 罗尔斯.正义论[M].何怀宏,等译.北京:中国社会科学出版社,1988:102.

地,差异性往往变成导致不公正的'祸根',有意地回避,或者人为地抹杀。"①同时,教学基本善物的公平分配只能保障每位共同体成员平等获得"自尊的基础",但"自尊的基础"不等同于"自尊"本身,因而分配正义原则难以完全保障儿童个体尊严的实现。

一、源自个性禀赋的差异:教学平等难以触及的藩篱

平等身份和资格是达成和实现平等原则的前提和保障,因为只有每个公民都能够获得平等身份参与公共事务,才能达成正义的社会契约。"无知之幕"和"原初状态"确保了人们在分配活动中避免自然和社会因素的影响,遵循理性的指引承认每个人的平等身份进而达成公平分配原则。同样,"无知之幕"的遮挡也会在一定程度上有利于教师在教学基本善物分配中主动抛弃由学生背景造成的偏见和歧视,从而实现分配正义,"如若教师能够试着刻意地将自己赶往'无知之幕'的背后,主动清除对学生的刻板印象,抹去有可能造成偏见的背景知识,回到与学生初见时的原初状态,以一种'化熟为生'的状态去介入学生的课堂生活,那么课堂的正义就不会因为各种成见的干扰而显得那么艰难了"②。但是,"无知之幕"和"原初状态"下个人都是抽象主体(这样人与人之间才能实现先验上的平等),教学面对的还是真实的、具体的学生(经验上的差异是无法忽视的),因此"无知之幕"在给学生带来同等身份和地位的同时,也会遮蔽教师对学生差异个性的认知,从而使教学陷入僵化、标准化的境地。此外,为了追求同一,教师会将学生间差异看作一种"不足",进而对某类学生产生偏见、刻板印象甚至歧视等。

一方面,平等要求会造成教师教学忽视学生差异。出于完全平等的要求,受教育者一旦迈入教学场域,便获得了平等享受教育资源的资格。"资格"所遵循的是身份逻辑,受教育者凭借自身在教学场域中的"学生"身份而获得了教师

---

① 冯建军.基于个体发展差异的教育公正原则[J].教育研究与实验,2008(4):7-10,65.
② 宗锦莲.正义的课堂与教师的转型——基于罗尔斯的正义原则[J].教育发展研究,2013,33(Z2):101-105.

第三章 基于分配正义理论的教师教学正义分析

平等对待的资格,且被赋予相应的学习权利,而公平享有教学基本善物即是这一权利的具体体现。也就是说,每一位受教育者都是教育共同体中的一员,都能够凭借自己受教育者的身份平等地享有学习自由和学习机会。一旦受教育者平等参与的权利遭到了削弱或者侵犯,他/她将面临被边缘化与不公正对待的风险。教师为了保证每位学生都能享有同等的权利和机会,继而就会完全一致地对待具有不同个性和能力差异的学生,而这种同一教学最终会导致标准化教学,对学生个性发展造成消极影响。具体而言,标准化教学下,无论学生间的个性和发展差异有多么巨大,进入学校和班级后,教师都是按照一样的教学进程、教学内容和教学办法对其施教,最后学生获得的评价方式也是一样的,归根结底就是分数,且分数在评价学生发展上获得了绝对性甚至是唯一性的地位。"这种测量不看你的起点、背景、个人性向、学习偏好、努力程度等因素。至于那些不能被分数化的品格,要么通过荒唐的方式分数化,要么被忽略不计。"[1]由此看来,以资格为支撑的教师对受教育者的身份认同实质上去除了具象化的个体特质,转而在同一的价值理念下寻求教育共同体所有成员的一视同仁,并且这种一视同仁不承认教育资源分配中的任何差异性对待。由此,一些教师在资格观念驱使下,将"平等分配教学基本善物"与"学生获得同质的教学善物"直接等同起来,无视不同学生间的差异性诉求。而且这一问题不仅导致教师无视学生的差异个性,还会造成学生间相互漠视与自己意见不一的声音,排斥差异。正如艾丽斯·M.杨所指出的:"罗尔斯提出的原初状态的局限在于排除了原初状态参与者之间的所有差异,也取消了他们的对话。无知之幕移除了存在于个体间的分异化特征,并由此保证所有人都从同一假设出发、以同样的普世观念展开说理与辩论。要求原初状态参与者相互之间没有利益冲突,这就取消了相互倾听他人对自己欲望和诉求的表达,参与者之间更不可能形成影响。"[2]除了艾丽斯·M.杨对平等原则的质疑外,就连推崇平等至上的阿瑟·奥肯(Arthur Okun)也发现,"权利的分配强调平等,甚至不惜以牺牲公正和自由为代价。统

---

[1] 高德胜.论标准化对教育公平的伤害[J].教育科学研究,2019(2):5-12.
[2] 杨.正义与差异政治[M].李诚予,刘靖子,译.北京:中国政法大学出版社,2017:122.

一地对待人们不同的能力、兴趣和爱好,至少,按照某些标准来衡量便是不公正的"①。由此可见,先验上的平等原则一旦进入经验领域,就充满了各种不确定性,而人们为了追求一种确定的事实平等,就必然会落入漠视和扼杀差异的怪圈,因为追求事实平等实际上需要以不平等为前提,即对受不同自然禀赋和社会因素影响的个人采取不同尺度的标准来权衡资源的配给,只有形式平等被打破才有可能改变先天条件不同等的人使用同一标尺所必然造成的差距。②但显而易见的是,形式平等难以被打破,如何在不打破形式平等前提下实现实质性的结果平等,是实现正义面临的问题。

另一方面,平等分配会将学生差异视为一种不足。具体而言,追求平等的旨趣会造成教育教学将学生差异看作一种不足,进而产生歧视心理,且这种歧视和不足在标准化考试中借助教师对学生评价的分配被充分地体现了出来。同时,由于这种标准化测试所提供的是文化上和规范上中立、客观地衡量个人能力的方法,因而它所造成的不正义不易察觉,但其确实压制甚至抹杀了学生的差异。"看上去,标准化测试似乎是符合绩效评估的要求,因为其通常是程序公正,也不带任何种族、性别和族群偏见。它们是'客观'的,因为当我们用标准化测试对个体进行测试时,我们可以确定所有评价依据的都是同样的标准,同样的分数对任何人都是一样的。"③但这一标准化评估体系通过对个人特性的抽象化进而造成了对个人特性的漠视甚至贬低,由于标准化测试将所有个性都简化为一套共同的衡量标准,而"规范化标准通常是由中产阶级白人男性建构的,后者又往往不自觉地将其自身生活方式和意义视为'正常的',妇女、黑人、拉丁裔、穷人和工人阶级的技能和能力就常常被视为一种较低等的技能"④。艾丽斯·M.杨指出的问题虽然是在西方社会评价制度体系背景下提出的,但在我国标准化测试中,这样的问题也是常有的:教师常以自身态度或者官方主流话语体系为标准,限制学生个性化的表达;抑或是以城市文化为主流文化,贬低学生对农村

---

① 奥肯. 平等与效率[M]. 王奔洲,等译. 北京:华夏出版社,1987:7.
② 刘同舫. 罗尔斯教育公正理论情结及方法论原则批判[J]. 教育研究,2012,33(1):40-45.
③ 杨. 正义与差异政治[M]. 李诚予,刘靖子,译. 北京:中国政法大学出版社,2017:251.
④ 杨. 正义与差异政治[M]. 李诚予,刘靖子,译. 北京:中国政法大学出版社,2017:253.

文化的表达；等等。

二、在资源分配中的正义：个体尊严在教学中的隐匿

在《正义论》中，罗尔斯强调"自尊"是一种社会基本善物，而且是最为重要的基本善物，因为"没有自尊，那就没有什么事情是值得去做的，或者即便有些事情值得去做，我们也缺乏追求它们的意志。那样，所有的欲望和活动就会变得虚无缥渺，我们就会陷入冷漠和犬儒主义"[1]。换言之，社会个体如果丧失了自尊，自然也就失去了追求权力、机会、职务和财富等基本善物的动力和欲望。同时，丧失自尊的个体也自然丧失了对自我实现幸福生活能力的信任（因为自尊总是在个人能力之内而言的），失败的挫折和自我怀疑进而阻碍了个体应用自由、权利、机会、职务和财富的能力。然而，分配的对象需要具备可分配的属性，即分配总是对可分配的事物（例如社会利益和负担）进行分配，自尊是否具有可分配的属性是存疑的，因为自尊作为个人的精神体验的确不是通过外在分配获得的。这一点罗尔斯本人也注意到了。在《作为公平的正义》一书中，罗尔斯进一步区分了"自尊"和"自尊的基础"两个概念，把"自尊的社会基础"而非"自尊"作为基本善物，并指出自尊的社会基础包括"公民拥有平等的基本权利这样的制度性事实（institutional fact），也包含对这一事实的公共承认，还包括每个人都赞成的差别原则"[2]。由此可见，罗尔斯想通过正义制度保障自由、权利、机会、职务和财富等社会基本善物的公平分配，提供和保障个体生发和运用自尊的物质基础。但是，自由、权利、机会和财富的获得就能确保个体过上有尊严的生活吗？相应的，在课堂教学生活中，儿童只要获得了学习自由、学习权利、学习机会等教学基本善物就能获得自尊吗？这一点是值得怀疑的。

教学交往关系中的身份歧视问题不能通过公平分配得到完全解决。教学基本善物的公平分配只能保障儿童避免遭受权利剥夺的不公正对待，但它们对学生遭遇的情感冷漠、羞辱和歧视却无能为力（这一点从上文所提及的教师消

---

[1] 何怀宏.公平的正义：解读罗尔斯《正义论》[M].济南：山东人民出版社，2002：442.
[2] 罗尔斯.作为公平的正义[M].姚大志，译.上海：上海三联书店，2002：96.

极补差带来的不正义后果就可以看出)。因为师生间关系不正义是由于等级化的社会地位导致的,身份不平等和歧视而非分配不公构成了交往不正义的核心。因此,公正的分配并不足以充分地消除身份歧视问题,也不是所有的身份歧视都源于不公正的社会分配。正如南茜·弗雷泽(Nancy Fraser)指出的:"许多分配理论家欣赏身份的重要性在物质福利之上,并寻求以他们的解释来适应身份。……然而,事实上,如我们所见,并非所有的错误承认、也非不公加法律歧视都是分配不公的副产品。以非洲裔美国人、华尔街银行家无法叫到一辆搭载他的出租车为例。"[①]同样,教学即使能让所有儿童平等获得学习自由、学习权利和学习机会,也只能保障儿童去除权利剥夺的不公正体验,但对化解羞辱和冷漠及其带来的消极道德体验却无能为力。例如,随着"两为主、两纳入"政策的推进,保障了农民工随迁子女在流入地城市学校接受义务教育的权利和机会。但是随迁子女在城市学校接受教育教学的过程中,往往会因身份的污名化而遭受歧视和排斥。"外来工子弟被误认为不仅学习成绩差,而且学习态度与生活卫生习惯也差,影响班级与学校整体教学质量的提高。被'污名化'的农民工子弟在公办学校中受到排斥和歧视,处境艰难。"[②]在这里,随迁子女遭遇的教学不正义就不是由不公分配,而是由身份歧视引起的。类似于随迁子女问题的例子还有很多,如全纳教育下残障儿童遭受的身份歧视问题等。因此,保障随迁子女和残障儿童受教育的质量,不仅意味着随迁子女与城市学生、残障儿童与正常儿童同等获得学校中的"一个位子",还意味着享有同等的尊重。为此,教师要在班级生活中营造相互尊重和友爱的良好氛围,真正悦纳和包容这些学生,让他们真正享有有尊严的学习生活。

---

① 弗雷泽,霍耐特.再分配,还是承认?——一个政治哲学对话[M].周穗明,译.上海:上海人民出版社,2009:22.
② 胡友志.实现有尊严的教育生活:一种教育正义论框架[J].苏州大学学报(教育科学版),2019,7(2):46-54.

第四章　基于道德应得理论的教师教学正义分析

第四章　基于道德应得理论的教师教学正义分析

"应得"是正义问题所涉及的重要概念。关注"道德应得"是因为当我们以分配正义观分析社会正义问题时,我们需要通过考察"待分配的善"所依据的道德理由进而选择相应的分配正义原则,因为"分配正义总要分配什么,我们通过'待分配的善'入手来分析正义原则背后的德性理由。对'待分配的善'所依据的理由分析批判,我们来比较这些理由的充足程度,从而为哪种分配正义原则应该成为在正义问题中首要考虑的原则提供支持"[①]。面对这些善物的分配,正义原则的推理一般有两种面向:一方面是"向前看",着重分析这些善物分配对个体未来生活的影响;另一方面是"向后看",着重分析这些善物与人们过去行为的密切关联。[②] 而"应得的归属是部分地向后看,部分地向前看的。它向后寻找它的基础,向前提出对相应的利益或伤害的要求"[③]。基于此,本章首先需要通过"向前看"和"向后看"的道德推理方式,向后寻找待分配教学善物的道德基础和依据,向前寻找这些教学善物分配对学生发展前景的影响。为此,本章首先明晰了教师教学中道德应得涉及的"品质应得"和"能力应得"内容和要义;其次基于此揭示和分析教师在分配教学善物过程因依据错误的道德基础或给予学生不应得的利益而造成的教学困境和问题;最后进一步反思道德应得理论分析教师教学正义存在的局限。

[①] 王立.应得正义观之道德考察[J].浙江社会科学,2015(6):36-44,156.
[②] 王立.正义的推理:向前看还是向后看[J].吉林大学社会科学学报,2014,54(4):120-127,175.
[③] 凯克斯.反对自由主义[M].应奇,译.南京:江苏人民出版社,2003:163.

第一节　个性潜能的充分释放：基于
道德应得的教师教学正义主题

当以"道德应得"的视角分配教学善物和利益时，我们需要充分考虑道德应得的主体、应得的依据和应得的对象，且这三者是紧密相关的。费因伯格(Feinberg)把应得的基础形式化为这样的逻辑命题：S deserves X in virtue of F，即主体 S 根据 F 而应得 X。其中，S 代表主体，X 代表对待的内容和模式，而 F 则是指与主体 S 相关的事实。[①] 根据这一逻辑命题，教学实践"道德应得"逻辑强调教学善物的分配要充分考虑儿童的个人特性。这里强调应得主体是儿童个人，而非教师或其他因素。同时，待分配的教学善物要与儿童的个人道德品格和能力相称，进而激发儿童独特个性的卓越发展。

一、教学善物的分配需要充分考虑儿童个人特性

教学善物的分配需要充分考虑儿童个人特性，正如学者所言："在教育教学实践活动中，无论是教育资源的分配还是教育方法的运用，都应当以受教育者的潜质和特点为依据。只有了解、尊重受教育者的特点，给予每个受教育者适合其发展的教育，才能切实地使受教育者获益，使其各得其所、各尽其才，从而体现教育的公正性。"[②]质言之，正义的教学应当在分配教学善物时充分考虑个人特性。

首先，道德应得的主体应当是受教育者个人，具体而言是受教育者自身的内在因素，而非教师个人的情感偏好或者外在制度要求。因为从应得主体本身出发，应得物 X 和应得的依据 F 都应该跟应得主体 S 具有内在相关性。应得的

---

① Feinberg, J. Doing and Deserving[M]. Princeton: Princeton University Press, 1970: 58.
② 何菊玲. 因材施教原则的教育正义之意蕴[J]. 华东师范大学学报(教育科学版), 2018, 36(2): 110-116, 157.

第四章 基于道德应得理论的教师教学正义分析

基础和依据应当来源于主体 S,正如学者所指出的:"主体具有某种属性且这种属性是他自己固有的而非其他主体具有的,这是他应得 X 的基础。"[1]强调应得的依据来源于主体 S 有重要意义,这决定了差异对待的正当性。当 F 是内在于主体时,就说明主体间确实存在着客观差异,进而需要差异地对待,这就符合了亚里士多德强调的"不同者不同对待"。换言之,如果 F 不是内在于主体的因素,而是人为制造的外部差异,就不应当进行差异对待。正如彼得斯强调的:"正义的基本观念是如果存在着确当的差异,就应当有差异地对待,如果没有确当的差异,就不应当人为制造差异,或者说,不应在不确当的差异基础上制造差异。"[2]由以上论述可以推出,教师依循道德应得原则分配教学善物时,应当充分考虑儿童间的差异性因素,并根据儿童间客观存在的差异而给予不同的对待。同时,当正义教学规定道德应得的基础是儿童个体因素时,还意味着教师不得以个人情感偏好作为儿童应得对象质量的标准,同时教师也不能以某种外在制度作为儿童应得对象的依据。道德应得的基础应当是"前制度"性的,而非制度规定性的。对此,米勒强调,"应得的基础是前制度性的,即使特定的应得判断也许会包含具有制度依赖性的成分,而除非所说的制度已经是很得体的,否则就不能做出那种形式的判断"[3]。换言之,虽然通过某一套制度和规则,个体会具有获得某物的资格,但这种资格和应得某物不是一回事儿。例如,某种工作条例规定,男人比做同样工作的女人多得 25% 的报酬,但这并不意味着男人就比女人应得更多的报酬。同样,在义务教育阶段课堂教学中,由于某种班级制度的规定,成绩好的学生有资格得到更佳的座位安排,但这个座位不是学生应得的,就像其他学习困难生不应得那些劣势座位(例如,教室后排的座位,教师讲台两边的特殊座位)的安排一样,因为座位的安排和学生成绩的高低之间没有必然的联系。

其次,道德应得的依据是受教育者个人的道德品质和独特能力。亚里士多

---

[1] 王立. 正义与应得[M]. 北京:中国社会科学出版社,2019:144-145.
[2] 彼得斯. 伦理学与教育[M]. 朱镜人,译. 北京:商务印书馆,2019:143.
[3] 米勒. 社会正义原则[M]. 应奇,译. 南京:江苏人民出版社,2001:171.

德强调,"人的德性就是既使一个人好又使得他出色地完成他的活动的品格"①。这里的品格不仅仅是现代意义上的个人道德品质,也包含个体的能力,即通过实现个体能力,践行德性要求的行为,个体获得了相应的德性。所以克雷尼格将应得的基础和依据进一步明确为"应得能够被归因为以某些人拥有的特质为基础或者某些人做过的事情为基础……这意味着应得是以主体过去的行为或主体自身的某种内在品质和能力特征为基础"②。此外,教育教学场域强调按个体品质和能力差异对待也是符合逻辑的。教育教学具有鼓励、激发每一个受教育者追求卓越品质的使命,因此,教育教学回报和奖励那些道德表现优秀和卓越的学生是自然的。同时,能力作为应得的基础,也部分来源于因材施教的必然要求。因材施教强调课堂教学资源分配中教师要依据不同学生的能力、个性、学习愿望和动机等因素进行差异分配,根据每个学生的个人差异性因素提供适切的教学资源。

二、品质应得:在发展学生卓越品性中呈示教学正义

"教育制度、学校实践和教师行为具有鼓励人追求道德品质优秀的使命,学校不仅具有通过一定的教育内容进行道德教育的任务,也可以通过一定的方式鼓励受教育者自我培养道德品质。"③由此可见,品质应得作为发展学生道德品质的一种重要途径,在教育教学中具有一定的合理性。根据道德应得的逻辑"S deserves X in virtue of F",教学中品质应得的逻辑应当是"学生"依据"品质"应得 X。"学生品质"作为品质应得的依据是无疑的,且根据应得主体(S)与应得依据(F)的内在关联性,"品质"具体表现为个体自愿的道德行为。亚里士多德也曾强调只有当行为者自愿实践道德行为时,他才会获得相应的品质。具体而言,自愿性道德行为包含以下三方面内容,"首先,他知道他所做的事;其次,他是基于一种明确的意愿抉择并且这种抉择是全然为了这件事情本身而故意行

---

① 亚里士多德. 尼各马可伦理学[M]. 廖申白,译. 北京:商务印书馆,2003:45.
② 王立. 正义与应得[M]. 北京:中国社会科学出版社,2019:148.
③ 金生鈜. 教育与正义:教育正义的哲学想象[M]. 福州:福建教育出版社,2012:254.

第四章　基于道德应得理论的教师教学正义分析

动的;最后,他是坚定地和毫不动摇地行动的"[1]。在确定了品质应得的依据后,需要对品质应得对象进行进一步讨论。

从伦理上来讲,应得物 X 与应得主体相称。"相称既是一种性质上的相称,也是一种数量上的相称。"[2]与品格相称的对象是公共荣誉,"应得原则起作用的领域最明显的一个是公共荣誉的分配。公共荣誉包含社会奖励和惩罚,社会在分配奖励时,包括奖金、奖品、奖章、嘉奖和桂冠,采用了应得作为分配标准"[3]。以此推之,在教学场域中学生凭借美好的品质应得相关荣誉。且由于义务教育的非竞争性和基础性的特点,学生品质应得的对象应当是象征性的荣誉,以及鼓励和表扬,而非物质性的奖励,因为"奖励和道德的本性并不匹配。道德出于人的自觉、自愿。它是基于对他人或公共需要的感受而产生的对于个人责任和义务的认同"[4]。而物质性奖励作为学校德育活动中最常用的强化物,即使强化物本身没有负面影响,它也会销蚀学生内在对个人责任和义务的认同,甚至滋生不道德动机和行为。它会将道德行为变为某种交换物,如为了得到教师表扬做出伪善甚至虚假的道德行为(如用各种"巧妙"的手段宣传自己的好事等)。为了避免外在物质奖励对学生自愿道德行为的销蚀,教学领域中作为学生道德行为的应得物应当是象征性的,进而避免学生道德行为的功利化,即学生将道德行为作为获得外在利益的手段,仅仅为了获得外在性的奖励而做出符合教育期待的道德行为。

由此,我们可以得出教学场域中品质应得的逻辑为:"学生"依据"自愿性的道德行为"应得"象征性荣誉、表扬和鼓励",且当教师能够依据品质应得的逻辑分配象征性荣誉等教学善物时,其分配行为过程和结果都会帮助学生发展卓越品质,并影响和促进班集体成员共同向善。首先,教师分配教学善物的行为方式会直接影响学生公正感、学习动机和幸福感的形成。"人们努力得到他们认为应得的东西,而当实际的分配模式符合(fit)应得的奖励时,基于感知到的公

---

[1] 亚里士多德.尼各马可伦理学[M].廖申白,译.北京:商务印书馆,2003:45.
[2] 王立.正义与应得[M].北京:中国社会科学出版社,2019:146.
[3] 杨放.关系、意义与利益:多元正义模式[D].长春:吉林大学,2016:62.
[4] 陆有铨.教育的哲思与审视[M].北京:人民教育出版社,2016:266.

正规则，公平感可能会出现，进而可能会提高个体的满意度、效率和对他人的承诺。相反，当实际的奖励和应得的奖励之间存在差距时，个人（或群体）将感到不公平，这可能导致愤怒的感觉和道德上的愤慨（moral outrage），最终导致反社会行为、疏远和抗议。"[1]因此，教育善物的正义分配方式很可能会影响学生的学习动机和幸福感，塑造他们关于一个正义或不正义的社会认知和世界观。学生通过观察教师在各种教学场景中的公正分配行为，在共同体的生活中也潜移默化地习得了正义行为，发展了正义的思维判断能力和正义品格。其次，遵循"道德应得"的教学善物分配结果有利于培养学生的道德品格。当学生自愿做出道德行为时，其道德行为就是值得赞赏和鼓励的，而当学生得到了外在他人对其道德行为的赞赏和鼓励时，就会感受到个体的尊严和价值，这种尊严和价值感会进一步激发和巩固学生形成道德行为的内在动机，进而形成自律的道德能力。最后，"道德应得"不仅能够培养学生的道德品格和能力，更有助于班集体成员品质的提升。亚里士多德强调正义德性不仅是一种个人德性，更是关涉他人的公共德性，因此，公民道德应得的依据来源于雅典城邦共同体制定的共同奋斗目标和共享的德性标准，那么，能够对这个奋斗目标贡献更多的个体自然就应得更多的善物。同理，学生个人的道德行为维护了班集体公共利益，其行为符合班集体成员的道德期待，学生也通过自愿的道德行为得到教师和同伴的鼓励和表扬，这不仅完成了学生这一个道德主体与教师的心灵沟通和行为认可，而且这一应得行为也能鼓励其他学生去追求和践行符合班集体成员期待的道德行为，因此学生的道德行为本质上具有促进班集体成员共同向善、促进班集体公共生活繁盛（flourishing）的重要道德价值。

三、能力应得：在考量学生个性潜能中彰显教学正义

满足不同能力发展水平学生的学习需要，保障每个学生依据能力得其应得进而获得充分发展是正义教学的目标。依据"S deserves X in virtue of F"的应

---

[1] Jasso, G. A new theory of distributive justice[J]. American Sociological Review, 1980, 45(1): 3-32.

第四章 基于道德应得理论的教师教学正义分析

得逻辑,教学中能力应得的逻辑应当是"学生"依据"能力"应得 X。"学生能力"作为能力应得的依据是无疑的。能力具体包含"自然禀赋"和"努力"两种因素,前者是影响儿童能力发展的先天客观因素,是儿童主观意志所无法改变的;后者是影响儿童能力发展的后天主观因素,是儿童依靠主观意志可以改变的因素。由于应得主体(S)与应得依据(F)应当具有内在关联性,因此,正义的教学应当更鼓励"努力应得"。但是,由于教学无法忽视每个儿童的自然禀赋,而且自然禀赋对学生能力的影响也是巨大的,因此,教师不能忽视依据"自然禀赋"的应得,而是要慎重对待和处理(这部分内容将在本章第四节和第六章相关部分展开详细论述)。

虽然缩小能力强和能力弱学生之间的发展差距是所有教师的道德责任,但是缩小差距并不意味着要无视学习能力较强学生的需要,这显然是不正义的。因此,不同能力水平的学生应得教学资源的数量和质量是不一样的,且这样不同的分配也是公正的,符合亚里士多德比例平等的原则。以吹笛子为例,按照亚里士多德对分配公正的理解,"一方面每位演员都要发给笛子,但另一方面,吹得好的人发给好笛子,吹得差的人发给差笛子"[①]。在教育教学领域,冯建军教授依据这一比例平等原则也提出"对相同的人应该给予平等的对待,对不同的人应该给予不平等的对待"[②]。鉴于此,教师在分配教学善物时,学生应得与其能力发展水平相称的教学善物。由于相称意味着数量和性质上的相称,因此,学生能力强,教师应当向其分配数量更多和难度更高的知识内容和学习材料;学习能力弱,教师则应当向其分配数量较少和难度较低的知识内容和学习材料。且从教学角度来看,学生是不断发展中的人,他们的能力时刻处在变化之中,因此,这里的"低"难度并不意味着这些知识内容对学习能力较弱的学生不具有挑战性,"低"是相较于高能力学习者的"低",它的难易程度依然处在低能力学习者的最近发展区,低能力学习者通过学习这些知识依然可以获得自身发展。总体而言,"能力应得"的逻辑体现为"学生"依据"能力(尤其是努力)"应

[①] 黄显中.公正德性论——亚里士多德公正思想研究[M].北京:商务印书馆,2009:204.
[②] 冯建军.教育公正需要什么样的教育平等[J].教育研究,2008(9):34-39.

得"不同难度和数量的知识内容和学习材料"。

"能力应得"的分配方式对促进不同能力层次学生的充分发展具有重要意义。一方面,只有按照"能力应得"的逻辑分配学习内容,教师才能打破标准化教学思路,优化其教学设计,提供更多样化的教学内容和教学策略,且兼顾不同能力水平学生的需要,避免教学只照顾中间水平能力学生的需要,忽视了两端的学生。按照这样的分配逻辑,每个学生的能力才能都得到发展,且这样的发展不是压低部分学生能力发展空间的"齐平"发展,而是保障所有学生的能力均获得增值发展,避免教育教学造成集体的平庸。另一方面,依据能力应得的分配逻辑不仅能够让每个学生都能在课堂教学中获得自身能力的发展,这种能力发展还能成为其他学生的重要学习资源。在课堂学习过程中,学生能力的发展是以人际境脉的方式展开的。具体而言,其他学生的视角、观点是主体理解知识和获得认知发展的重要资源,"学习者是在向他者传递自己见解的过程和在吸纳对方见解的过程中,认识到自己理解的不充分、详细地分析自己的理解程度、梳理自己的思考、从多样的视点出发进行矫正等"[1]。于是,不同能力的学生都能从对方表达的观点中对知识产生新的认识和理解,发展自己的思考和理解能力,并通过课堂讨论,在与他人意见达成共识的过程中培养和发展合作能力。因而,依循"能力应得"的教学善物分配方式能够激发每一个学生的学习积极性和主动性,提升整个教学的效率和水平,促进班级共同体整体能力的卓越发展。

第二节　纪律服从与荣誉支配:基于品质应得的教师教学正义审思

学校教育教学具有培养和激发每个学生追求美善生活,养成良好道德品格和道德行为的使命;同时,学校场域是一个微型社会,学校教育生活中对受教育者的道德品格及行为方式具有特定的期待。因而一个学生在教学活动中做出

---

[1] 钟启泉.深度学习:课堂转型的标识[J].全球教育展望,2021,50(1):14-33.

了符合教育期待的道德行为(例如尊敬师长,关爱同学,遵守课堂纪律等),教师就应当对学生进行表扬和鼓励。但在实际教学中,教师依据"品格应得"分配表扬和鼓励时往往将品质应得的依据——学生内在品质和道德行为——置换为教师权威下的服从行为,"道德"异化为控制和规训的工具,挫伤了他们的道德自主性和积极性;同时,教师将荣誉作为品质应得物分配给学生时,荣誉成了一种支配性善物,获得荣誉的学生不仅可以获得教师的喜爱,同时也获得了更多参与课堂互动的机会和其他发展机会,这破坏了教学的平等性,造成教学场域中的身份歧视、男女生间的不平等对待及学生道德行为的功利化和学习行为的表演化等问题。

一、"纪律服从":规训式的教学规范挫伤了学生的道德自主性

学校作为培养和发展学生道德品格和理性的场所,必然要建立相应的道德行为规范以约束学生的行为。课堂教学中如果没有必要的纪律约束,其必然将走向混乱、破坏和喧哗,因而强调学生主体道德自由的教学也要求伦理规范在场。"人类发展的未完整性、人性的不完美性,以及教学的道德性,客观上都需要适度伦理规范的维护。"①具体到义务教育阶段课堂教学行为规范,其追求的是"学生安静学习""上课尊重教师""不干扰他人学习权利"等内容。访谈中,教师典型的表述为:

> 学校里其实最难搞的就是成绩又不好还整天惹事的这帮学生。课堂里其实也一样,你可能虽然成绩不好但安安静静地跟着大家一起学,那在老师和同学眼里你还是个"好"学生,但如果你自己不学习,还上课搞乱,交头接耳,影响班级其他人学习,那只能招来大家的厌烦。(T-CCE-14)

义务教育阶段课堂教学中,教师以行为规范作为品质应得的依据有其正义的一面。首先,中小学生行为上的纪律服从有利于培养其尊重教师和学业的品格。"能够很好地完成教师交代的事情""上课安安静静地学习""不随意打断教

---

① 刘万海.教学的意味[M].广州:世界图书出版公司,2013:73.

师"等行为都有利于发展学生的品质。杜威曾指出:"儿童应当学会服从,倘若能把人家叫他做的事办得很好,这就是一种很有用的成就了,这正如要塑造人格,就得去完成厌烦乏味的任务是一样的道理。学生一般应该被教会'尊重教师和学业'。"①如果学生不仅学习能力较差,还不能保持安静,那教师无论如何也教不了他任何东西。其次,中小学生行为上的纪律服从也有利于维护课堂中所有学生的学习权利。班级授课制下,教师教学面对的是三四十个甚至更多的学生,为了能够维护正常教学活动的开展,教师应当建立相应的行为纪律以规范学生学习行为。学生个体行为的服从不仅能够使自己顺利完成学习活动,也能维护其他学生的学习权利,学生上课捣乱其实是在干扰其他学生学习,这本质上侵犯了他人的学习权利,因而是一种不道德行为。

教学行为规范作为品质应得的依据有其前提条件,即教师需要让学生理解行为规范的理由,在不强制的基础上引导学生遵守纪律。换言之,行为规范不是为了限制学生的行动自由,而是为了更好地帮助其实现自由。为此,教师需要通过对课堂教学纪律进行合理性的解释,让学生真正理解课堂纪律存在的价值——保障所有学生的学习权利,从而促进学生的道德判断能力水平从他律走向自律。正如杜威强调的,"儿童对自己在干什么应当有积极的认识,以便从他必须做什么的立场判断自己的行为"②,除了要解释课堂教学纪律的正当性,教师还需要让学生明白这种正当性来源于集体环境,而非教师个人的要求。杜威就曾提醒教师:"完全不要给他(笔者注:学生)命令,绝对不要……要使得他及早明白,在他高傲的颈脖上,有一副大自然强加于我们的沉重的枷锁,这是必须经受的沉重的枷锁,在它之下任何人都必须低头屈从。让他从事物而不是人的任性中认识到这种需要,让他了解这种抑制是环境的力量,而不是权威。"③质言之,课堂教学中学生服从行为的正当性来源于集体意志,而非教师个人权威。教学规范作为"品质应得"依据的合理性来源于学生主体认识到自己应当尊重

---

① 杜威.学校与社会·明日之学校[M].赵祥麟,等译.北京:人民教育出版社,2005:281.
② 杜威.学校与社会·明日之学校[M].赵祥麟,等译.北京:人民教育出版社,2005:142.
③ 杜威.学校与社会·明日之学校[M].赵祥麟,等译.北京:人民教育出版社,2005:281.

教师,认真学习,维护课堂公共秩序,不侵犯他人的学习权利,且这些认识来源于集体环境的要求,而非教师作为课堂权威的简单要求。

然而,在实际课堂教学中,纪律和规范往往无法培养学生良好的道德品质和行为习惯,而是通过规范化的训练技术把人"零敲碎打分别处理,并施加微妙的强制"①。这种规范化的训练技术本质就是规训,它"通过纪律这一巧妙的方法,制造出驯服的、训练有素的肉体,驯顺的肉体,它是外部强加于肉体的权力力量"②。而这种对肉体的权力控制在义务教育阶段教学过程中无处不在。通过课堂观察和学生访谈后发现,教师经常借助眼神和肢体行为发出指令,访谈中有三位学生就谈及:

当我们上课不认真听讲时,我们英语老师经常用恶狠狠的眼神"盯"着我们。(S-A-2)

我们数学老师喜欢用粉笔头砸那些上课做小动作的同学,提醒他们认真上课。(S-B-4)

有次我上课跟同桌讲话,被语文老师用指PPT的激光笔指了一下眼睛。(S-C-4)

如果说,低年级小学生由于自律能力较弱,需要教师以适当的言语指令规范其行为,那么到了高年级,学生自主意识和能力不断提高,如果教师还是一味地以自己的权威牵制、控制和规训学生上课行为(上文中的"盯""砸"和"指"都是教师权威的体现),那么学生就无法养成自律的道德行为;同时,在教师权威控制下做出的规范行为也不能作为品质应得的依据。因为后者的语言表述主体是教师,即教师应该给予学生服从行为以一定的奖励,这里就把"应得"和"应当拥有"进行了概念上的置换,进而也把"学生作为道德行为和应得的主体"置换为"教师的权威和要求"。正如学者所指出的,"应得"(deserve)和"应该拥有"(should have)两者由于表达的意义十分相近,因而存在区分上的困难。具体而言,当"应得"和"应该拥有"都是基于主体 S 的内在属性和相关特征来判断主体

---

① 福柯.规训与惩罚[M].刘北成,杨远婴,译.北京:生活·读书·新知三联书店,1999:155,175.
② 钱晓敏.教育制度伦理学视域下的班规制定与执行[J].现代基础教育研究,2017,25(1):74-78.

S应当拥有什么时,两者表达的是同一个意义;但是,如果关于"应该拥有"的判断不是基于 S 自身的内在因素,而是与之无关的其他因素时,这表明的只能是价值判断的主体想表达的某种价值取向,但此时绝对不是应得。① 同时,在现实教学实践中,规训式教学规范的不正义不仅在于将道德应得的依据从学生主体性道德行为置换为教师个人权威,还在于教师将个人权威置于班级集体意志之上,并借助个人权威,利用班级同学维护集体利益的意识达到自身专制的意图。例如,"北京朝阳二小老师发动全班学生霸凌学生"这一案例就是极好的说明。2021 年 12 月 31 日下午,微博话题"北京朝阳二小老师发动全班学生霸凌学生"在网络社交媒体上迅速刷屏,视频中一位小学一年级女生由于不满同学"表演性"和夸张的诗词背诵,痛苦地捂上耳朵,这一幕刚好被教师看到,愤怒的教师立即命令这位女生坐到班级后面的位置,但这位女生没有听从教师的"安排",教师继而采用暴力性语言,如"讨厌""废什么话""去滚""全班同学都讨厌你"等胁迫和强迫女生换位置。这里,我们暂时不讨论女生捂耳朵的行为是否真的危害了班级其他同学的感情和利益,但我们通过视频可以确证:教师的语言暴力行为严重伤害了女生的心灵,同时,教师利用个人权威对女生和全班学生实行"道德绑架",利用学生维护班集体利益的意识达到专制的目的,也严重阻碍了班级学生道德判断能力的正常发展。正如高德胜教授在评析这则新闻时所说的:"教师在这里所犯的错误是'群体道德绑架',即将该女生置于全班利益的对立面,让班级同学都误以为她损害了全班的利益",其行为的危害不仅将女生"置于'全班都讨厌你'的受害位置",更在于误导和"利用全班同学维护集体的意识达到自身专制意图,让多数同学在教师权威、维护集体利益的双重力量作用下,失去是非判断能力"②。这一案例深刻地折射出中小学教师将教学规范中的"集体意志"置换为"个人专制权威"的野蛮和粗暴行为。基于此,我们深刻地发现:基于教师个人专制权威基础上的教学规范不能作为学生品质应得的依

---

① 王立.正义与应得[M].北京:中国社会科学出版社,2019:145.
② 高德胜.两位教师错在哪儿了?——北京朝阳二小事件的教育审视[EB/OL].(2022-01-03)[2022-02-15].https://www.sohu.com/a/514089969_121124301.

据,它不仅不利于学生自律道德行为的养成,更会遮蔽教师行为的危害性,并让学生在潜移默化中形成错误的道德判断标准。

总之,一定的教学规范作为"品格应得"依据的正当性在于教师要剔除对学生的思想控制,行为约束只是作为保障所有学生学习权利的一条"藤鞭",其目的不在于控制学生,而在于学习引导和德性教化,教学的最终目的是要学生在没有这条"教鞭"的监督下,也能自主自发地勤学乐思和尊重他人。

二、"荣誉支配":不合理的道德奖励机制破坏了教学的平等性

当学生做出符合教学价值期待的品质行为时就应获得一定的奖励,这些奖励是道德主体行为的应得对象。一般而言,在义务教育教学过程中,学校和教师对学生道德行为的奖赏物一般是荣誉、赞赏和奖励等,"荣誉"作为应得物有其合理性和正当性,它有利于鼓励和促进学生品质的卓越发展。金生鈜教授就曾指出,"教育中的赞赏、奖励和荣誉等形式,作为教育的基本善事物,对于儿童获得自我发展和追求更优秀和卓越的动力具有重要的价值"[①]。同时,"荣誉"作为一种教学善物,其分配应当遵循的是"道德应得"原则,即只有表现出符合教学共同体期待的道德品质,才应得一定的"荣誉"。正如程亮教授所指出的,"'优秀学生'荣誉称号与学生是否需要或平等没有直接关系,而应遵守'卓越'要求"[②]。虽然荣誉作为"道德应得"的对象具有正当性,但在实际的教学实践中,荣誉分配往往带来众多不正义的问题,其中最为突出的问题就是,荣誉成为一种支配性善物,即学生可以依凭荣誉获得其他一切善物,这显然是不公平的,也是不正义的。

荣誉本身作为应得物是正当的,即做出相应道德行为的主体应当得到相称的荣誉,这反映了对其人格尊严的肯定和尊重。但将荣誉作为一种支配性善物进而去获取其他善物,就会造成不正义的后果。沃尔泽指出,"如果拥有一种善

[①] 金生鈜.教育与正义:教育正义的哲学想象[M].福州:福建教育出版社,2012:119-120.
[②] 程亮.何种正义?谁之责任?——现代学校过程的正当性探寻[J].教育发展研究,2015,33(2):6-13.

的个人因为拥有这种善就能够支配大量别的物品的话,那么,我就称这种善是支配性的"①。这种支配性善物会造成"所有好的东西就都到了那些拥有最好的东西的人手中。拥有了那个东西,别的东西就源源不断地到手了"②。例如,有了金钱就能继而获得机会、职务、权利等。显而易见,以支配性善物垄断其他一切善物的分配显然是不正义的。同理,在教学领域,将荣誉作为一种支配性善物以垄断其他教学善物的分配也是不正义的,但这种不正义现象在教学实践中大量存在。例如获得"优秀学生干部""三好学生""十佳少先队员"等荣誉的学生,不仅可以在学校中获得更多的机会和资源及更高的地位,而且还能在一些竞争性的机会中获得加分。③ 在教师访谈中,也有教师反映,自己更倾向于跟学习能力强、热心服务班级的班干部互动与交往,因而也会把更多的发展机会不自觉地分配给这部分学生。

  例如"优秀学生干部"这个荣誉,确实是这些学生凭他/她自己得来的。给他们这个荣誉是因为这些同学帮老师做了很多事,很认真,也很热心服务班级,作为老师应该都很喜欢这样的学生。因为他/她跟你打交道更多,因此碰到一些机会,比如学校里面的评奖评优,你就会自然想到他们。在课上可能也会有时不自觉地多关注这部分学生,给这部分学生更多的表现机会。(T-CHE-4)

虽然学生可以凭借自身服务班级的能力和品质应得相应的荣誉称号——"优秀班干部",却不应得因为这种荣誉所带来的更多机会和资源。正如金生鈜教授所强调的,"以道德表现为基础分配教育资源、机会和条件等外在利益的模式,是一种外在利益的道德应得,这样的应得观念包含了通过道德表现而区分或分层教育者的等级制思想,也包含了通过道德行为而获得报酬的工具性观念"④。由此可见,"荣誉"作为支配性善物垄断学习机会的平等分配,不仅销蚀

---

① 沃尔泽.正义诸领域:为多元主义与平等一辩[M].褚松燕,译.南京:译林出版社,2009:10.
② 沃尔泽.正义诸领域:为多元主义与平等一辩[M].褚松燕,译.南京:译林出版社,2009:10.
③ 金生鈜.道德应得在教育中的界限——基于"五道杠少年事件"的追问[J].探索与争鸣,2011(7):63-65.
④ 金生鈜.教育与正义:教育正义的哲学想象[M].福州:福建教育出版社,2012:256.

第四章　基于道德应得理论的教师教学正义分析

了学生"荣誉"本身的道德性,还进一步销蚀了学习机会的平等性,最终导致"荣誉"变为教育场域中学生等级身份的标志,处在荣誉等级顶层的学生群体往往获得更多教师的情感支持和发展机会,而那些处在荣誉底层的学生群体则被视为低劣的存在而被排斥在课堂教学之外。因此,正义的教学虽然强调"荣誉"作为学生德行的应得对象,但获得荣誉的学生不应得更多的学习机会,后者依循的是平等原则,而非道德应得原则。如果教师依循道德应得原则分配学习权利和学习机会,即把学习权利和学习机会作为学生道德行为应得的对象,就会造成更广泛的不正义后果。

一方面,会造成男女生之间的不平等。在义务教育阶段,由于女生相较男生而言更为听话和文静,因而更容易受到老师的偏爱。已有研究发现,"在相对低的年级段中,女生往往由于心理发展上的优势而显得顺从、刻苦,往往更受教师的欢迎,从而在教师教学行动中得到更多的发展机会"[1]。国外学者也有同样的发现:在真实的教学中,女生获得的课堂评价分数正在比男生的分数高得越来越多,且女生获得更高分数的部分原因在于女生更听话,因而更容易受到老师的偏爱,这种偏爱之下的分数差异也让男生感到更大的被剥夺感。[2]

另一方面,会造成学生道德行为的功利化和学习行为的表演化。首先,外在的机会赏赐带来功利性的道德行为。以机会作为品格应得对象,易造成教师将学生的道德动机引向外部利益的追求。例如,部分学生出于获得班级中更高的"地位"(学生职务带来的"官位")、更多发展资源和机会的目的才竞选班干部,而不是为了服务班级。毋庸置疑,这一分配将使道德完全工具化,销蚀了儿童道德行为的内在价值追求。同时,以外在机会和资源作为品质应得对象,还会使学生为了获得更多机会而做出伪善的道德行为。其次,外在的机会赏赐会带来学生课堂行为的"表演"化。正如教师访谈中所提及的"成绩不好上课又不安静的学生是最令人头疼的",那么为了获得教师的喜爱、关注和发展机会,学

---

[1] 傅淳华,杜时忠.教师教学行动的公正性反思:"道德应得"的视角[J].教育发展研究,2013,33(8):30-33.

[2] Dalbert, C. & Maes, J. Belief in a Just World as a Personal Resource in School[M]. Cambridge, UK: Cambridge University Press, 2002:370.

生会提高成绩和表现得乖巧。而对于很多学生来说（尤其是学习能力较弱的学生），表现得乖巧比提高成绩更容易，所以他们上课时积极配合老师的教学行为，哪怕他们在课堂上根本没听懂，但为了给教师留下好的印象，也会装作认真听讲和思考，做出虚假性和表演性的学习行为。研究者在C初中观察F老师数学课堂教学时就曾遇到这样一个场景：

> 这是一堂初二数学课，所教内容主要是一元二次方程。在讲完一元二次方程的一般公式、方程的解和根之后，老师给学生们布置了三道数学题，让学生们进行自主练习。我坐在最后一排，看到左手边的一位女生一直"卡"在第一道题目上，以至于没有来得及做其他题目。待数学老师讲完题目，这位女生工工整整地在练习本上抄下了解题步骤。下课后我问这位女生有没有真的理解一元二次方程的解法时，她表现得支支吾吾。我问她听不懂为什么不举手提问，她说感觉其他学生都会了，自己问了会让同学和老师觉得自己很笨。

我们可以看到，这位女生上课非常乖巧安静，但这堂课她的收获是非常小的。为了获得教师和同学们的认可，她不举手提问；为了表现得很认真，她把解题过程都完完整整地抄写了下来，但在这堂课上她思维水平到底提高了多少呢？虚假的学习行为不但无益于学生思维的发展，而且其本质上也是不道德的，它是对学生自身的一种不道德行为，因为这一行为剥夺了学生成为"人"的机会。迈克尔·欧克肖特（Michael Oakesshott）认为，"只有在学习过程中才能进入、拥有和享受这个世界……因为进入它是成为人的唯一途径，在其中居住就是成为人"①。而当学生为了获得发展机会而做出虚假学习行为时，学习没有使其进入、拥有和享有这个世界，因而也没有发挥使其"成人"的价值。

---

① 转引自：高德胜.论学习与道德的关系[J].山西大学学报（哲学社会科学版），2020,43(2)：92-98.

第三节　成绩至上与分层偏失：基于能力应得的教师教学正义审思

"能力应得"主要是指以能力为依据,强调不同能力水平的学生应得不同性质的且与其能力相称的教学内容和教学方法等教学善物,能力高的学生应得难度较高、数量较多的教学善物,能力低的学生应得难度较低、数量较少的教学善物。"能力应得"的正义内涵指向给每一个受教育者提供适应其能力发展水平的教学,以促进每一位受教育者获得增值发展。然而研究发现,"能力应得"逻辑在现实义务教育阶段教学实践中存在以下三方面的问题:第一,以分数作为衡量学生能力的重要甚至唯一的标准,以分数的提高代替了人的发展,加剧了教育竞争;第二,忽视努力应得中学生自主性的重要地位,将努力异化为鼓励学生参与学习竞争的手段,造成部分学生的习得性无助;第三,忽视所有学生潜能发展需求的分层教学打击了高能力学习者发展的积极性,也妨碍了学习能力不足者的自我实现。

一、"成绩至上"："增分"僭越"育人"致使教育竞争异化

学生学业成绩和努力是能力应得的重要依据。"能力本身不能轻易地算作应得的基础,反之,应得是通过业绩和努力的某种混合体得到估价的。"[①]在教学实践活动中,学生成绩和努力也是能力应得的主要依据。随着新课程改革的不断推进,应试教育中出现的"唯成绩"论的学生评价观已得到极大的改进,特别是在小学阶段,学校越来越重视学生的全面发展和个人兴趣爱好的培养。但不可否认的是,在义务教育阶段学校和教师眼中,"分数""成绩"依然是评价学生能力的重要合理性依据。第一,考试是最容易衡量学生能力的测评工具,学生

---

① 米勒.社会正义原则[M].应奇,译.南京:江苏人民出版社,2001:80.

有没有学会、学得怎么样,考一下就都一清二楚了。第二,成绩也是能力的客观反映,在教师看来,由于学生获得考试成绩的过程是一种无他者参与的独立过程,且标准化的测试本身是客观的,它不带任何种族、性别和族群的偏见,对任何人的打分都采用同一标准,因此,分数能够比较客观地反映学生能力,那么依据个人客观的实力获得相称的教学善物也是应当的。第三,成绩是学生努力的结果。教师一般认为高成绩的获得是学生自身主观努力的结果,而教育教学是鼓励学生努力学习的,因此,更努力的学生应得更多、更优质的教学资源。

一方面,教师应当按学生能力给予相称的分数,拒绝打分或者随意打分是不正义的教学行为。由于考试评价的可操作性和程序公平性,成绩往往自然成为反映和评价学生能力的重要标准。在教育领域内,分数不仅仅是教师对学生现阶段能力评估的表现形式,更对学生有着重要的工具性和社会—心理性的双重影响。第一,分数充当了"守门人"(gatekeepers)的角色,提供或阻碍了学生进入能力小组(ability group)和阶层(classes)的机会。第二,它们提供有关学生价值的反馈,影响他们的自我形象和动机,以及他们父母的期望。第三,它们也可能影响学生的社会地位和在班上的受欢迎程度。同时,打分还有一个潜在的功能,即在更广泛的社会中灌输流行的重要价值观和行为规范。[1] 基于分数的重要性,分数成为教学领域内的重要教学善物,给学生打分也成为教师的一项基本职能;同时,"分数应当被有差别地进行分配(allocated differently),且它的分配方式主要遵循精英原则(rules of meritocracy)(强调个人成就)"。[2] 换言之,考试中教师依据学生实际的表现给予相应分数是公正的;如果教师拒绝给学生打分或者给予学生与其能力不相称的分数,不仅是失职的,也是不正义的,而教师的一次不公正的打分会给学生幼小心灵带来长久无法抹去的伤痕。例如在小学五年级所遭遇的一次不公正打分,会让已经就读大二的学生在回忆这

---

[1] Deutsch, M. Education and distributive justice: Some reflections on grading systems[J]. American Psychologist,1979,34(5):301-401.

[2] Ingersol, R. M. The problem of underqualified teachers: A sociological perspective[J]. Sociology of Education,2003,78(2):175-178.

第四章 基于道德应得理论的教师教学正义分析

段往事时仍然心中充满委屈和愤懑。①

但另一方面,虽然分数是反映学生能力的重要依据,但教师把分数作为学生能力应得依据时存在一定的边界。分数本身的可靠性是有限的,纸笔测试不能完全反映学生的综合能力。分数的有效性不仅来源于评价程序和评价结果的客观性,还来源于它对评价对象能力状态反映的准确性,即分数作为评价结果要能准确反映学生能力的真实情况,如果考试结果不符合学生的真实情况,即使程序再公平,这种评价也是不合理的。也正因如此,当下中考改革强调要将学生学业水平考试与综合素质评价相结合,学业水平考试作为一种终结性评价,其功能和目的重在筛选和淘汰;综合素质评价本质是过程性和表现性评价,重在对学生日常行为的养成和典型事件的描述,只有将两者相结合,"不同类型的学校在招生录取时才能在合格性考试、升学加试、各方面素质基本达标、个性特长四个要素之间采用不同的组合,对学生的素质提出不同的要求"②。因此,单纯以考试成绩作为衡量学生能力水平的唯一依据显然是不正当的。但是在日常教学中,成绩仍然是衡量学生能力的标准,用老师的话来讲,"中考主要看的还是成绩,其他一切都是次要的"(T-CFM-9)。

成绩作为能力应得的唯一依据还会加剧教育竞争,将课堂教学变成一个"竞技场"。一方面,以成绩作为能力应得的唯一依据的实质是教学合作的异化。在经济领域中,"贡献应得"是正义的,因为它符合等价互惠与交换逻辑——个人通过劳动创造的绩效为社会合作体系贡献了效益,那社会合作体系就需要根据其贡献的数量相应地提供劳动者所需的善物,如酬劳、职位和荣誉等。在教学领域,教师只根据学生考试成绩的高低向其提供相应数量的教学善物,如各类机会、荣誉和其他物质性奖励,本质就是异化了"教学合作的性质",将教学视为学生成绩产出的"合作"机制,因而成绩越高的学生对班级和学校升学率的贡献越大,应得越多的教学善物;反之,成绩越低的学生就应得越少的教

---

① 参考案例详见:鞠玉翠.学校道德氛围建设:学习共同生活[M].北京:北京大学出版社,2016:73-74.
② 肖磊.关于我国中考改革的几个基本问题——基于改革开放40年的经验反思[J].西南大学学报(社会科学版),2018,44(5):67-76,190.

学善物。这种将学生成绩作为一般等价物,并以此来交换机会、荣誉和地位等利益的思维会从根本上抹杀教学活动的真、善、美。正如学者指出的:"学习成绩好的学生就像拥有大量货币的商人会有相对多的投资机会……把学生的学习成绩比为'学业资本',这种思维习惯主要关注教育所带来的利益,必然导致仅仅强调知识的刻板掌握,对已有的旧知识极端重视,而对教育的精神层面和真理层面严重缺乏关注。"[1]另一方面,当成绩成为能力应得的依据时,分数作为应得标准容易陷入支配地位,即拥有好成绩的学生也就相应拥有了其他一切学习资源,这就导致教学将学生按成绩高低排列于不平等阶级之中,进而造成严重的教育不平等。此外,当分数成为教学领域的支配性善物时,教师自然会以成绩作为唯一标准来要求学生,学生学习的动机和目标也就异化成了取得高分,且为了取得高分就会想方设法地跟其他学生进行比较和竞争,以期比他们更胜一筹,学生之间的纯粹友谊关系变成了竞争关系。同样,教师间的合作同事关系也变成了竞争关系,因为教师之间的物质待遇和职位竞争也都与学生成绩息息相关,这最终导致学校教育和课堂教学从一个发展人、培养人的场所彻底沦为一个优胜劣汰的"战场"和"竞技场"。

与此同时,相较于成绩应得,努力因素作为"能力应得"在教育中显得更为可取,虽然其合理性也会受到质疑:"努力在某种意义上也是一种能力。有些人天生就具有努力的品质,或出生在一个注重培养努力这一品质的家庭里,而这同样是一些超出个人选择的因素。"[2]但是,在教学实践活动中,努力作为能力应得依据具有重要的价值和意义:努力是学生自我选择的,努力应得的逻辑有利于培养学生主体责任意识;同时,努力也使主体依据某种幸运而天生拥有的能力,进而应得某种利益有了正当性理由。因为任何一种天分都需要在克服各种困难的过程中得到锻炼与发展,也正由于个体通过自主选择和自主磨炼所形成的能力才构成应得的依据。杜威认为努力是主体为了获得能力增长而产生的

---

[1] 冉亚辉.成绩好的学生才是好学生:审视基础教育的基本假设[J].当代教育与文化,2014,6(2):14-18.
[2] 张贤明,杨博.应得的基础:分配正义视角的理论分析[J].学习与探索,2011(6):62-66.

一种战胜阻力和持续活动的耐力,"当我们重视能力的增长而提出将努力作为教育的目标的时候,我们所追求的是活动的持久性和连续性,这是一种战胜阻力和冲破障碍的耐力"①。由此可见,在面对困难时,个人为了获得能力增长而选择自愿努力和勤奋,这是与自然因素没有任何关系的主观意识决定的,因此这样的应得才能真正培养学生的责任主体意识。正如所金生鈜教授所指出的:"从努力的这种性质(笔者注:主体的自我控制性)上看,努力的应得显得更公正、更民主。所以努力的应得在教育中更可取,它鼓励每个受教育者为自己负起责任,鼓励为实践生活理想和营造生活前景投入更多的努力。"②因此更刻苦和勤奋学习的学生,就应得一定的奖励以鼓励其更多地发挥自我潜能,而且更努力的学生意味着其花费在学习活动上的时间成本和精力成本也更高,从"补偿"的角度来说他们也应得更多的教学善物。由于努力作为能力应得的正当性来源于"努力是个人自主选择的",那么课堂教学中"努力应得"功能和价值的发挥,就在于教师激发和调动学生内在的学习主动性,鼓励学生主动地运用和发展个人能力进而完成自我卓越。

但是,教学的功利性也在逐渐侵蚀努力应得的正义性。具体表现为,学生的努力常常被教师异化为利用自身优势激发学生参与学习竞争的手段,努力的意义异变为打败同学。如有学生在访谈中提到:

> 教师常常跟我们说中考多考 1 分就能超过一两千人,努力多得 1 分就能 PK 掉很多人,就多了上高中的机会。(S-C-3)

> 现在中考只有 50%的人能去高中,我们要做前 50%,不要做后 50%。(S-C-4)

当教师将努力的内涵变为"超越和 PK 掉同龄人以获得升学的机会"时,学习就变成了竞争,努力也就变成了在分数上超过别人,而不是超越自己,这时,学生努力就可能不完全是自我自主选择的,而是被迫"卷入"的,卷入的目的是

---

① 杜威.杜威全集.中期著作(第 7 卷:1912—1914)[C].刘娟,译.上海:华东师范大学出版社,2012:133.
② 金生鈜.教育与正义:教育正义的哲学想象[M].福州:福建教育出版社,2012:249.

跟其他同龄人竞争以 PK 掉他们。在教育这个永动机上,卷入的学生很累,教师也很累,这就导致当下很多中小学生厌学甚至自杀的悲剧,而教师也发出了"世界那么大,我要去看看"的慨叹。而因为努力不是学生自我选择的,努力也就不会帮助其更深入地反思、琢磨、探究问题,而是使其陷入自我能力的怀疑和贬低,最终陷入习得性无助。杜威认为:"努力或紧张的情绪是在提醒人们去思考、琢磨、反省、探究和调查问题的所在……简言之,也就是去发现和创造。孩子不能搬动想要的石头,他可能既不会继续努力做无用功,也不会放弃其目标,而是考虑其他的办法。"[①]但在只有一条能力发展路径的学习竞争中,学生无法依靠其他路径实现自我能力发展,因此要么主动放弃(放弃学习机会甚至生命),要么适应这条竞争路径。但是这条道路是如此崎岖和危险,"多数人注定在不同高度先后掉队,甚至坠下山崖"[②]。具体而言,不管是成绩好的学生,还是成绩差的学生,在向上"攀爬"的过程中都会面临"掉队""坠崖"的风险,因而都会提心吊胆,特别是那些成绩差的学生,因为有时他们即使付出了更多努力,但依然处在队伍的尾端;同时,因为要保持队伍成员的通过率,这支队伍的领导者——教师只会关注处在队伍前端的学生,表扬他们的能力,奖赏他们的努力,而忽视尾端同学的努力。在个人能力不足和教师忽视的双重作用下,这些低成绩学习者会彻底陷入习得性无助之中,进而被迫放弃自我努力和自我发展。

基于此,义务教育阶段教师教学需要回归"努力应得"的应然之义,破除功利化的价值取向,重视努力对于儿童能力和品质发展的个体意义,发挥"努力应得"的育人价值,避免将"努力"异化为激化学生竞争的手段。

二、"分层偏失":忽视潜能和努力的教学阻碍了学生的发展

由于能力应得强调给予不同能力学生不同对待,因此分层教学理应最符合能力应得的需求。所谓分层教学,即教师根据大纲和教材的要求,针对不同类

[①] 杜威.杜威全集.中期著作(第 7 卷:1912—1914)[C].刘娟,译.上海:华东师范大学出版社,2012:133.
[②] 高德胜.竞争的德性及其在教育中的扩张[J].华东师范大学学报(教育科学版),2016,34(1):14-23,110.

型学生的接受能力设计不同层次的教学目标,提出不同层次的学习要求,并相应给予不同层次的辅导和检测,以使各能力水平层次的学生在各自的起点上选择不同的学习进度,获取数量、层次不同的知识信息。[①] 分层教学对克服班级授课制下教学内容同质化和教学方法单一化等问题,从而促进学生主体性发展,具有十分重要的价值和意义。换言之,分层教学是能力应得的必然对象,也是实现教学正义的重要手段。对此,冯建军教授曾强调,"在大班额的情况下,可以考虑实行走班制,按照学生的需求、个性特征、学习能力等进行分层、分组教学,分类指导,使教学适合不同学生的需要"[②]。还有学者强调,"分层教学体现了新课程提出的'以学生为本'的教育理念,可以最大量地满足学生的发展需求,促进班级学生的共同发展"[③]。这些内容都体现了分层教学的必要性和正义性。但在实际教学活动中,由于分层教学存在偏失,从而大大降低了分层的正义性。具体表现为小学阶段教学往往为了追求"基准平等"而缺乏必要的分类指导,忽视了高能力学习者的发展潜能及其诉求。而初中阶段教学的分层实践却忽视了低能力学习者的发展潜能和努力,不流动的分层、教师的低期待、同伴的歧视等因素最终使学习能力不足者丧失了获得进一步发展的可能性。总体而言,无论是压制高能力学习者的发展潜能以满足"基准平等"的教学行为,还是无视学习能力不足者的发展潜能并将其限定在低学习层次上的教学行为,都是不正义的。

首先,小学教师教学为了保障"基准平等"而忽略了高能力学习者的学习需要。具体而言,由于受到社会和家长的质疑,小学教师虽然有分层的需要,却普遍不敢提及"分层教学"这一概念。教学过程注重所有学生对基础知识的理解和掌握,以至于忽视了高能力学习者的发展诉求。对此,有教师在访谈中指出:

> 在小学阶段,我们教师是不敢提分层教学的,按成绩分层分班教学肯定是不行的,因为家长会觉得你这是过早地给孩子贴"标签"。所以这些差

---

① 高小兵.分层教学分类指导的层次目标和教学过程[J].教育理论与实践,2000(1):58.
② 冯建军.课堂公平的教育学视角[J].教育发展研究,2017,37(10):63-69.
③ 傅彤方,岳卫忠,李志尚.善待学生差异,实施分层教学[J].中国教育学刊,2016(S1):40-41.

异化教学我们只能放到课后的综合实践活动去实现。在正常的课堂教学中,我们一般还是看重同一对待。一样的老师、一样的教学内容和方法,家长就会觉得老师是非常公平的。但作为教师,我们还是觉得在正常课堂教学中采用分层教学方法是非常重要的。因为同学之间就是有差异的,到了高年级阶段,有些学生会在课上"吃不饱",有些学生就是"吃不进",但现在担心出现"不公平",只能"一视同仁"。(T-AHC-16)

我觉得教学正义就是要使得每个学生在学习过程中都有所获得和提高,不把时间浪费在大家都会的知识上,但现在的教学我觉得是很难实现这一点的。你要知道,那些学习成绩好的学生,有时不用老师教他们就会了。这些学生在课前认真预习了这部分内容,课上就是来复习巩固基础知识的,有些难点是这些学生通过自学没能理解的,但他们学习能力很强,课上只要老师点一点,也就会了。但那些学习成绩差的学生,通常是课前自己不主动预习,而且这些孩子不仅学习能力弱,学习习惯还不好,课上不能好好学,所以课上我就要花一部分时间来管这部分学生的纪律问题,剩下的时间很多时候只能解决基础知识,你再想要拓展延伸,满足那些优等生的学习需要是很难的。而且我们现在小学每节课的时间只有35分钟,时间还是很紧迫的。(T-BCM-5)

"分层教学"这一概念在小学阶段遭遇的"不能说"的困窘,也从侧面反映了社会和家长对小学阶段教学实现"基准平等"的期待远超"个性发展"的价值期待。同时,反对小学"分层教学"的另一个原因还在于防止教师的不公平对待。正如佐藤学等指出的:"任何一个班级总会有几名优等生,任何一个班级也总会有几名学习困难的学生。这种上位与下位几名学生的存在,特别是学习困难学生的存在,容易导致实施'分层教学'的一个动机。对这几名学生视而不见,听而不闻是一个问题,但是,为了这几名学生而实施'分层教学'却是极其粗暴的举措。"[①]但是,达到家长和社会对"基准平等"的期待并不意味着教师就要在同样的时间,用同样的内容和方法教所有人。正义所要求的教学过程应当是开放

---

① 佐藤学,钟启泉."分层教学"有效吗[J].全球教育展望,2010,39(5):3-7.

第四章 基于道德应得理论的教师教学正义分析

的,即为了激发每个学生的发展潜能,教师教学时要向那些高能力学习者提供更具有挑战性的学习材料和任务,不能以牺牲高能力学生的发展潜能为代价去实现"基准平等"。因此针对上述案例,教师在给大部分学生讲解基础知识时,或者给学习能力不足者补差时,不应当让那些已经掌握基础知识的高能力学习者无所事事,一个较好的解决方案是"教师额外布置一些更具挑战性的任务给高能力学习者",进而让他们也能有学习的参与感,让他们也能从课堂中获得发展,而这就是分层教学的应然之义。在访谈中,研究者发现,A 小学的 L 教师在美术教学中十分注重给不同能力的学生以不同指导,这位老师鼓励学生大胆创新,甚至在一节观察事物线条的课堂上,允许美术能力较差的学生把自己的鞋子脱下来以更好地临摹鞋印和观察线条,这引发了研究者对其进行深入访谈的兴趣。课后访谈中,这位老师谈了她对不同学生美术能力培养的问题:

  对于已经学过美术的同学来说,线条技巧对他来说是没什么好讲的,他都会的,但对于没有这个底子的同学来说,课堂的这三十几分钟,你要把他的技巧练得很好,其实是有难度的,我不要求他那么的棒,我只要求他大概能达到线条流畅就行。我不要求他透视很准确,我只要他(知道)线条从哪儿开始到哪儿结束,他能够给我连上。很多学生是不连上的,这种问题我是会指出的,我觉得连幼儿园小朋友都能做到的你也要做到,但这根线条一定是要这样还是那样,我不要求,因为这是小学阶段孩子美术创作的一个非常大的特征,就是这样拙拙的很可爱,如果他变得那么准确,他就不是小学生了。学生如果能做到把形抓得很准,那本身一定是有基础的,但是他的个性就会弱很多。美术(教学)和数学、英语(教学)不一样,因为它们都有标准答案,但是美术好像没有哦,是一个很开放的东西……不可能每个人都去搞艺术,但基础要求是每个人都具备爱好艺术的这种渴求,具备基本的审美能力,健康向上,所以美术应该培养的是学生健康的审美趣味。(T-ALA-5)

从 L 老师的教学中我们可以发现,她的教学过程不是封闭的,虽然要求所有学生都掌握基本的绘画技能(做到线条流畅),但不要求所有人都做到精确,鼓励和肯定所有学生的个性发展(能力强的学生可以做到很准确,能力弱一点的学生画的线条笨拙但可爱),塑造学生积极的审美情趣,也只有这样的教学才会让每个学生都有所发展。

其次,初中教师教学虽然采取了"分层教学",但由于在实施过程中忽视了低能力学习者的学习需要,将这部分学生"困"在低学习能力组进而失去了流动的机会,进一步扩大了不同能力学生之间的发展差异,加剧了教学不平等;同时,不正当的分层教学还造成低学习能力组学生的能力价值乃至人格遭到贬低,而这是他们所不应得的。具体而言,相较于小学,面对中考带来的升学压力及学生间越来越大的能力差异,学校和家长接受了分层教学的理念和实践。在研究者所观察的初中学校,其采取了数学和科学科目分组的分层教学方法。科目分组(setting)即根据学生在特定科目上的成绩对该学科的教学进行分组分层。[①] 根据学生某一科目的学业成绩来分组的优势在于:学生可能在某个科目上属于高成绩组,但在其他科目上属于低成绩组,这样就避免了分组带来的成绩标签。学校在调研后发现,初中在施行数学科目分组后造成低学习能力组学生遭到歧视、学习成绩和学习自信下降等一系列问题,学科分层非但没有实现"因材施教",反而降低了教学质量,造成了不正义的后果。访谈中,T老师这样描述该校实行的科目分组实践方式和取得的实际效果:

> 我校在初中阶段实行的是理科走班,就是数学和科学课实行分层走班教学。走班的形式迎合了一部分家长的"分班"要求,也避免了在"不得分实验班、快慢班"的政策上违规。具体的做法是甲、乙两个行政班的这两门学科的老师是一套班子,而学生根据理科的能力水平分为A、B两个层次。比如A层是学业水平较好的一半,B层是学业水平较弱的一半;课前预备时,A层的学生都到甲班教室、B层的学生都到乙班教室;第一节课科学王老师在甲班教室给A层学生上课,同时数学李老师在乙班教室给B层学生上课;第二节课数学李老师来甲班教室给A层学生上课,同时科学王老师在乙班教室给B层学生上课。走班的学生名单是流动的,每个学期调整一

[①] 泰勒,弗朗西斯,霍根,等.学校中的成绩分组:对于公平的启示[J].北京大学教育评论,2021,19(2):2-18,188.

次。然而"鄙视链"总是存在的,B层的家长和学生会陷入焦虑。而且初中生的自控能力弱,走班分层后,后进B层的学生在学习习惯、课堂纪律方面的问题会更加多发,且互相影响,后半段学生的成绩和纪律滑坡往往更加明显。(T-CTM-23)

通过上述访谈可以发现,该校的分层实践并没有促进学生(尤其是学习能力不足的学生)的发展潜能,反而制造了高低成绩学生之间的不平等,并使学习能力不足者遭受不应得的歧视,这显然是不正义的。而这一点也与博勒(Boaler)和威廉(Wiliam)通过广泛研究所得的结论相一致。他们在综合不同能力分组的研究结果后发现:"分流没有任何学术收益,而科目分组对成绩好的学生来说学术收益很小,其代价是成绩差的学生遭受到很大的损失。"[1]深究其原因有二:第一,A、B层之间缺乏流动性,B层学生(即低成绩组学生)无法有效地向上流动。泰勒(Taylor)等通过实证研究证实了成绩分组有效性的提高需要做到两方面:一是纯粹基于之前的成就(如,Key Stage 2测试结果,这是英国所有政府资助小学的毕业生均要参加的考试);二是根据内部评估结果,学生定期有机会在组间进行切换。[2] 虽然学校和教师都是按照每学期末的学生数学成绩进行重新分组(即分组标准是同一而客观的),但经过了漫长的一学期,很多低成绩学习者的学习习惯不仅变得更差了,"差生"的身份标签也被固化。第二,教师降低了对低学习能力组学生的期待,这加剧了流动的困难。课堂观察发现,A层上课时,教师对课堂纪律要求更高,希望学生都投入学习,并更多地向学生抛出问题、组织课堂讨论,教学内容基于重难点向外拓展;但在B层上课时,教师对学生纪律要求不高,一般都是老师讲、学生记的模式,偶尔进行提问,且提问的内容都是教材内的基础知识点。弗朗西斯(Francis)曾指出成绩分层中有7个关键因素会不利于学生发展,具体包括:(1)将学生错误地分配到不同的成绩组;(2)小组之间缺乏流动,导致学生被"困"在更低组,无法向上流动;

---

[1] Boaler, J. & Wiliam, D. Setting, Streaming and Mixed-ability Teaching[M]. Maidenhead: Open University Press, 2001:179.

[2] Taylor, B. et al. Why is it difficult for schools to establish equitable practices in allocating students to attainment "sets"? [J]. British Journal of Educational Studies,2017,67(1):5-24.

(3)低成绩组学生接受的教学质量较低;(4)教师对高成绩组学生的期望值较高,对低成绩组学生的期望值较低;(5)低成绩组学生所接受的教育范围有限、要求较低,课程和考试也很差,这反过来造成了组间流动的障碍;(6)学生对"能力"分组的感知和体验及对其学习者身份的影响;(7)这些因素共同形成了一个自我实现的语言。[1] 由此可见,该校的分层教学行为实践符合弗朗西斯所提及的第三、四、五个因素,而且这也间接带来了第六、七个因素。正如教师访谈中所言,"鄙视链总是存在的",被分到B层的学生会遭到"鄙视",其自尊心备受打击。他们会默认"自己属于学习差的这部分人""我不被老师和其他学生重视""我被教师放弃了""我没有希望了"等,这些消极的心理暗示会让这些学生越来越感到无助和被歧视。遭到打击的学生不仅丧失了学习数学的信心,还有可能丧失对学习的全部自信。弗朗西斯等探索了成绩分层对初中生自信心的影响后还发现:在控制了之前的成绩之后,数学成绩最好和最差的学生之间的总体自信差距随着时间的推移而扩大,且数学分层影响的不仅是学生对数学这一门学科的自信,而是对所有学科的自信。[2] 这些因素共同妨碍了学习能力不足者的自我期望和自我实现,扼杀了其激发自我潜能的希望。

第四节 基于道德应得理论分析教师教学正义的局限

依循"道德应得"的逻辑,依照课堂教学行为规范自愿做出相应道德行为的学生应得象征性的荣誉、表扬和鼓励;同时,正当的分层教学和分类指导也是实现教学正义的重要手段,它能够使不同能力的学生得其所得,使每个学生在原

---

[1] Francis, B., Connolly, P., Archer, L. et al. Attainment grouping as self-fulfilling prophecy: A mixed methods exploration of selfconfidence and set level among Year 7 students[J]. International Journal of Educational Research,2017(86):96-108.

[2] Francis, B., Craig, N., Hodgen, J. et al. The impact of tracking by attainment on pupil self-confidence over time: Demonstrating the accumulative impact of self-fulfilling prophecy[J]. British Journal of Sociology of Education,2020,41(5):626-642.

有能力基础上获得增值发展。但仅仅依据道德应得的逻辑分配教学善物也存在困难和局限,这种困难和局限进而会带来一系列的不正义结果。一方面,缺乏平等视角导致学生品质和能力评价结果的等级化;另一方面,应得基础的偶然性削弱了教学资源差异性分配的正当性。

一、缺乏平等视角导致学生品质与能力评价结果的等级化

以亚里士多德"道德应得"理论为代表的古典分配正义与美德观念紧密相连,应得的依据源于个体在实践中表现出的某种优秀品质和卓越能力。但在亚里士多德所处的雅典时代,公民德性与其身份和地位紧密相连,因此原初的道德应得观念在很大程度上是对等级性的地位和身份的阐释和辩护。这种对等级制的维护从亚里士多德的老师——柏拉图的教育构想中就可见一斑。在《理想国》一书中,柏拉图强调城邦中的公民应该根据其德性而受到不同教育,不应该受到完全一样的教育,城邦的教育应当适合不同的公民,且这里的适合是建立在阶层等级划分基础上的。第一,工人和工匠应得具体职业的训练,以便城邦中鞋子有人做,庄稼有人照料;第二,卫国者(士兵)拥有天生的体力和魂魄,因而应得专业水平的身体和道德训练;第三,未来的统治者(哲学王)因为拥有充足的闲暇时光,能够进行沉思生活,因而应当在哲学、数学、文学和历史等方面受到细致入微的教育。同时,柏拉图认为,让不同阶层的人获得不同的教育是正义的,因为这是依其等级性德性的应得。柏拉图提出,个人灵魂天生包含理性、激情和欲望三个部分和其相对应的黄金、白银和铁铜三类元素,灵魂中对应理性的黄金元素更多的公民,其智慧德性就占主导地位;灵魂中对应激情的白银金属元素更多的公民,其勇敢德性就占主导地位;而拥有更多代表欲望的铁铜金属元素的公民,其节制德性就占主导地位。同时,智慧德性占主导的公民配得统治者或哲学家的职位,勇敢德性占主导的公民配得护卫者的职位,而节制德性占主导的公民配得辅助者的职位。当拥有不同德性的公民得到与其德性相称的职务,各司其职,城邦也就实现了正义,因为"国家的正义在于三种

人在国家里各做各的事"①。

　　源于柏拉图和亚里士多德的带有等级思想的"道德应得"观也深深影响了当下的教学实践,造成了等级分化、精英主义等问题。首先,教师按学生间差异性的道德品质和道德发展水平,人为地将学生划分为三六九等,制造学生间的道德等级,并以此作为教学善物分配的基础,但这显然是不正义的。具体而言,学生间道德品质发展的差异并不意味着他们在道德上是不平等的。"不管从儿童作为未来公民进入社会的正义合作来看,还是从他们的道德人格发展的不确定性来看,尽管道德发展水平和道德表现有差异,但他们的道德价值是不可比较的。"②然而,教学实践中教师往往按学生的道德表现衡量其道德价值。如学校和教师常常以"听话""顺从"这样的道德要求对待受教育者,同时认为那些调皮、不能顺从教师要求的学生的道德人格就是低劣的,这显然是不正义的。这不仅在于教师错将学生道德行为与道德价值直接等同起来,依据学生的道德行为就否定了其整个的道德价值,更在于教育教学的本质是一种个性的唤醒与彰显,而不是根据教师的喜好与需求来剪裁学生的个性特质。在此背景下,有学者发出呼吁:"'不乖'的孩子不能与品质低劣画上等号,他们更不应该在道德法场上含冤受苦,而应该在多元与包容中体验美好与幸福。由此,我为'乖孩子'叫苦:他们从小就要在各种大人制定的各种条条框框中讨生活,把天真活泼、好奇好动、好闯好创的稚气和朝气磨掉了。我为'不乖'的孩子叫屈:他们的'不乖'往往是对磨掉上述可贵稚气和朝气的抗争……然而他们也成不了气候,得不到大人的同情,也难得到有胆识的大人的支持。"③

　　其次,缺乏"平等原则"基础的能力应得原则会造成教师教学对学习能力不足者的价值贬低,进而剥夺其发展的机会。按照柏拉图的教育思想,不同能力的城邦公民应得不同形式的教育内容,且在城邦等级制度下,不同形式的教育内容之间是封闭的。这种思想在分班教学形式中显露无遗。由于教育公平政

---

① 柏拉图.理想国[M].郭斌和,张竹明,译.北京:商务印书馆,2012:171.
② 金生鈜.教育与正义:教育正义的哲学想象[M].福州:福建教育出版社,2012:255.
③ 茹荻."乖孩子"的标准[J].瞭望周刊,1991(35):35.

策的不断推进，义务教育阶段中明显的分班教学现象相较于过去已大大降低，教育公平效果初显。但不容忽视的是，分班教学以更为隐晦的方式存在于当下的初中课堂教学中。不似之前初中直接分快慢班或者重点和普通班的做法，现在初中学校一般将（1）、（2）班设为重点班，其他班级设为普通平行班。如果说分层教学是实现教学正义的必要尝试，那么分班教学就是教学不正义的直接体现。因为分班教学追求的不是每个学生的个性化发展，而是学校的升学率、声誉和名声。高德胜教授很早就指出："分快慢班，就是将那些有升学希望的学生集中在快班进行考试训练，最大限度地挖掘这些学生的考试潜能，以更多地考上名校，为学校挣得名声、声望。"[1]学校声望的提高必然会为学校带来实实在在的利益，但学校不能一味追求利益而忘却了办学的初心，教师教学更不能盲目追求绩效而忘却了身为教师的初心和职业使命。当教师一味追求绩效时，其教学也会按照学生成绩人为地设立能力等级区隔，将更多的发展机会都给予高能力学习者，而忽视能力不足者的学习需要，无情地抛弃那些后进生、学困生，剥夺他们的发展权利和机会。同时，在此背景下，不仅学困生的发展需要得不到保障，其实连同优等生的个性化发展需求也被分数和升学所遮蔽。

基于此，教学中的道德应得原则只能是作为平等原则的重要补充。正如学者指出的："不仅在解决权利困境方面应得原则需要平等的视角，在回应责任归因难题和精英主义、两极分化的担忧方面，应得原则也需要平等原则的视角才能有效地证明自身作为分配原则的正义性。"[2]如果缺乏平等原则的视角，"道德应得"逻辑下的教师分配行为很容易陷入对学生品质和能力的等级划分和区别对待之中。

二、应得基础的偶然性削弱教学善物差异性分配的正当性

道德应得的基础源于个体内在因素，这决定了应得的显著特征是个体性，

---

[1] 高德胜.快慢分班与教育伦理[J].江苏教育,2009(29):36-37.
[2] 刘永安.应得、需要与平等主义分配原则的和解——基于分配权利和责任归因的视角[J].社会科学辑刊,2019(2):66-72.

因而强调应得也是认真对待个人道德责任的体现。正如学者所强调的,"众多的偶然性在人身上的体现才能使每个人以不同的身份和面目展现自己,而且,这些所谓的偶然性所构成的本体自我所进行的选择也许才是属于个人的真正的个体选择。承认个体选择的真实性,伴随而来的必然是道德责任的考量和承担"[1]。在教育教学中,强调应得的重要性也在于重视学生的个体性、差异性和发展学生个人道德责任。同时,只有重视学生的能力和道德品质,并给予与其能力和道德品质相称的教学善物,才能激发学生运用自己能力和道德品质的责任感。但不容否认的是,个人能力和品质的发展都受到其自然天赋、家庭背景、所处社会阶层文化等偶然性因素的影响,而这些偶然性因素不能直接作为应得依据,在此基础上获得的基本善物也是不应得的,因为"没有一个人应得他在自然天赋的分配中所占的优势,正如没有一个人应得他在社会中的最初有利出发点一样……认为一个人应得能够使他努力培养他的能力的优越个性的断言同样是成问题的,因为他的个性很大程度上依赖于幸运的家庭和环境,而对这些条件他是没有任何权利的"[2]。由此可见,应得依据的个人因素的合理性和正当性需要在剔除偶然性因素影响后才能得以确立,但由于个人主观因素往往与外在偶然性因素交融在一起,连同最能体现个人意志的努力也会受到偶然性因素的影响,"一个人愿意做出的努力是受到他的天赋才能和技艺,以及他可选择的对象影响的"[3]。由此可见,不受偶然性影响而纯粹体现个人性的因素几乎是不存在的,换言之,偶然性总是存在并影响个体应得的基础,这就昭示着依据应得的分配必然会给个体带来不应得的不平等,无法克服偶然性因素的应得理论指导下的教学善物分配也会造成不应得的不平等。

首先,学生道德品质的养成除了受到个人道德努力影响外,还会受到早期家庭教养方式的影响。一般而言,一个生活在充满暴力并引导孩子以暴力解决问题的家庭中的儿童A,和一个生活在追求和谐并引导孩子尊重他人的家庭中

---

[1] 王立.应得与责任——基于道德主体视角的分析[J].社会科学辑刊,2016(4):187-192.
[2] 罗尔斯.正义论[M].何怀宏,等译.北京:中国社会科学出版社,1988:104.
[3] 罗尔斯.正义论[M].何怀宏,等译.北京:中国社会科学出版社,1988:312.

第四章　基于道德应得理论的教师教学正义分析

的儿童B,他们在进入学校之初所表现出的道德品质和行为是不同的,如果教师一味地依据道德行为给学生A以道德惩戒,而给学生B以道德奖赏,我们可以预见学生A的行为会越来越坏(因为不断的惩戒使他们失去了改正自身行为的自信和动力,反而从父母和教师双方这里习得了以暴力、指责等消极方式处理问题的方式),并被逐渐固定在"坏孩子"这一身份上;而学生B的行为会越来越好,得到的荣誉也越来越多,最终成了班级中人人喜欢的"好孩子""乖孩子"。这里,教学不但没有缩小早期家庭教养方式造成的儿童之间道德行为和道德品质发展的差异,没有激发每个儿童道德发展的潜能,反而进一步扩大了差异。因此,教师在这里就不能完全依据道德应得原则分配奖惩,而是要考虑到平等原则所要求的机会均等原则,即无论是学生A还是学生B都有机会得到象征性的荣誉、鼓励和表扬,且出于弱势补偿的原则,教师给予学生A的鼓励和表扬要多于学生B。教师可能会说,学生A的道德行为如此之差,根本找不到任何奖赏的理由。但是教师们要相信道德行为再差的学生也有其闪光点,况且义务教育阶段学生的道德行为有很大的可塑性,道德品质有很大的发展潜能,因此教师要善于发现学生A的优点和道德行为上的微小改进,并及时施以表扬和肯定。只有这样,学生A才有动力不断改进其道德行为,不断发展其道德品质。

其次,学生高成绩(能力)的获得受到诸多因素的影响,如自然禀赋、家庭背景、社会评价制度和主观努力等,而自然禀赋、家庭背景和特殊的社会评价制度等偶然因素造成的学生成绩优势或者劣势是不应得的,因此学生依据成绩优势或劣势所获得的更多或更少的教学基本善物也是不应得的。一方面,学生自然禀赋和家庭背景是其主观意志所无法决定的,因而学生不应当为其意志所无法决定的客观事务负责;另一方面,成绩能成为应得的依据也由社会某种评价制度所决定,且由于社会制度制定的权力掌握在少部分人手上,因此制度所确立的应得基础可能只是少部分人所具备的能力和品质,他们利用制度优势制造和加剧了社会不平等。例如,之前中考政策中长期存在的艺术和体育特长加分就是极好的说明。因为艺术和体育特长的培养除了需要依赖学生自身的资质外,更多地依赖长期的教育投入,而这是贫困家庭和普通家庭都难以承担的,这就导致部分家庭条件优渥的学生依凭家庭背景在中考中获得了更大的升学机会,而那些家庭贫困和一般的学生则由于没有钱培养自己的特长而被大大降低了升学机会。中考特长加分政策本意在于促进学生个性化发展,但它忽视了特长成绩背后的偶然性因素,同时也忽视了其加剧社会不平等的消极后果。海德(Heid)就曾犀利地指出,成绩作为应得的基础,会再生产和加剧个体和社会不平等,"规定什么样的成绩应当被承认的权力在那些有兴趣让自己的孩子领功受赏的人手中。成绩原则因而尤其有利于该原则'受惠者'的事业,而并不纠正教育机会不平等,反而是加剧了这种不平等"①。

综上所述,从偶然性因素角度来看,由于学生品质和成绩(能力)发展与获得受到了客观存在的自然天赋、家庭因素和社会制度等众多偶然因素影响,这些因素是学生主观意志所无法决定和改变的,因此也削弱了道德应得基础的正义性,进而影响到了差异分配的正当性。

---

① 本纳,彭韬.论教育语境中的正义[J].全球教育展望,2021,50(1):34-44.

第五章 基于承认正义理论的教师教学正义分析

第五章 基于承认正义理论的教师教学正义分析

承认正义视角下的教学正义关注师生主体间交往关系的伦理性,而非分配问题,且教学活动的主体间性决定了教育教学中的承认正义较分配正义更为基础。教学作为一种师生互动和交往活动,其原初状态是交往主体的在场,即参与交往的主体与他者的面对,且这种面对是先于任何知识和经验的直接呈现。在他者面孔向自我呈现的过程中,教学交往活动才得以展开,因此,自我与他者的关系问题应当是教学交往的第一性问题。为此,本章首先基于承认正义理论澄清爱、权利平等和成就赞许三类师生主体间承认关系形式的内容和重要意义,其次依此审视师生主体间交往过程中遭遇的教学困境和问题,最后进一步反思承认正义理论分析教师教学正义存在的局限。

第一节 在尊重中肯定价值:基于承认正义的教师教学正义主题

霍耐特提出,"承认"应当被认为是三种形式的实践态度的合集,且三者分别体现了对对方确定的认可和肯定的基本意图[1],具体表现为爱、基于权利普遍平等上的尊重及基于贡献和荣誉特殊性上的尊敬。在互动和交往过程中,个体只有积极向对方传达这三种认可态度,主体间才能形成承认关系。基于此,教学正义指向师生间认可和尊重关系的建立。教学交往要使个体(包括教师和学

---

[1] 胡云峰.规范的重建:关于霍耐特的承认论[M].上海:上海人民出版社,2015:152.

生)从交往对象这里获得认可和赞成,并通过彼此承认和确认自身的道德价值,即教师意识到"自我"对学生负有道德责任,且"我"具有持续为学生提供积极道德体验的能力。同时,学生通过获得来自教师的肯定性认可经验,也意识到"我"是一个值得被爱、被尊重和被赏识的个体,进而形成积极的自我实践关系:自信、自尊和自重。"自我"本质上是自我实践关系,即"主我"从"客我"关于"我"的形象认识中获得自我形象和自我意识,因此只有当"主我"与"客我"积极同一时,即"我"以他者为媒介,从他者对自我形象的积极反应中获得关于自我形象的积极体验,自我的完整性和同一性才能确立;反之,自我的完整性和同一性结构则会遭到破坏。基于此,教育教学实践中情感关怀、权利承认和成就赏识的重要意义和价值就在于:通过建立主体间承认关系,使师生在互动和交往过程中均获得归属感、尊严感和价值感,形成积极的自我实践关系,克服蔑视和羞辱带来的消极道德体验。具体而言,基于承认正义的理论视角,正义的教师教学主要包含以下三方面内容要求。

一、情感慰藉:正义的教学需要爱与关怀

霍耐特认为,爱是互相承认的第一阶段形式,只有当彼此都感受到爱时,交往双方才能意识到自己在相互依赖和相互需要中相依为命。[①] 在爱的互相承认中,主体作为有生命力的、情感上有需要的存在而被彼此承认。虽然霍耐特这里所强调的"爱"的形式着重于亲子尤其是母子之间的爱,但毋庸置疑的是,教学承认应当包含爱的情感,因为无论是教师还是学生,在学校生活中都有情感归属的需要,因而教师应当关爱学生,学生需要敬爱老师,学生与学生间也要建立友爱的情感联系。教师对学生的关爱会让学生爱自己、爱他人、爱社会和国家,而学生对教师的敬爱会让教师更爱学生和教育。

班级结构类似于家庭结构的特点决定了教师需要扮演"替代父母"的角色,需要教师像父母一样关心、关爱儿童成长。马克斯·范梅南(Max van Manen)

---

① 霍耐特.为承认而斗争[M].胡继华,译.上海:上海人民出版社,2021:131.

第五章 基于承认正义理论的教师教学正义分析

提出,教学的本源就是"替代父母关系",教育教学的本质是师生间真正的情感相遇,且师生间的情感最终指向的是促进儿童的人格发展,"教师对学生的情感,像父母对孩子的情感一样,是在一个更广泛的背景下以成长和变化的价值为前提的,以这种价值对发展年轻人的自我人格和个性所起的作用为前提的"[①]。由此可见,教师要像父母一样对他们所教导的儿童的成长负有责任、寄予希望,最终帮助这些儿童"展翅高飞"。同时,教师对学生的感情或爱更来源于深层次的教育的使命感(vocation),即范梅南强调的"责任的召唤"(calling),这种责任的召唤使教师能够及时感应、回应和满足受教育者的情感需要,教师也只有在满足了学生情感需要时,教学价值才能得以实现,因为"只有当权威不是以武力而是以爱护、情感和孩子内在的接受为基础时,成人才能对孩子或者年轻人施加教育的影响"[②]。教师关爱学生,学生才能同样回馈给老师爱,正如"孩子变得爱父母是因为父母先表示出了对他的爱"一样,儿童对教师的敬爱也是由于他们感受到了教师对他们的明显的爱,他们从教师的关爱中获益,意识到自身情感具备值得被他人关注和回应的独特价值,这种积极的道德体验会驱使儿童同等关爱、敬爱老师和同伴。师爱还能减低学生受到的来自家庭成员的情感伤害。现代社会中,由于父母外出打工、家庭暴力、父母离异及家庭成员酗酒、吸毒等因素,有些儿童无法从父母那里获得持续性的情感支持,因此,教师的"替代父母"职责不仅在于爱学生,还在于通过情感关怀以补偿和减低学生在家庭中受到的情感伤害,保障其心理的健康发展。

其次,班级共同体特征需要师生间、生生间建立友爱关系。班集体作为一个"大家庭",不仅需要教师像父母一样关心、关爱儿童,还需要儿童间像兄弟姐妹般相亲相爱。友爱能成为一种基本承认形式,在于主体间的欣赏和接纳,因为"只有相互抱有善意才是友爱"[③]。友爱是一种对等但不对称的承认关系。友爱的对等强调主体间相互的情感满足,"当一个好人成为自己的朋友,一个人就

---

① 范梅南.教学机智:教育智慧的意蕴[M].李树英,译.北京:教育科学出版社,2001:90.
② 范梅南.教学机智:教育智慧的意蕴[M].李树英,译.北京:教育科学出版社,2001:94.
③ 亚里士多德.尼各马可伦理学[M].廖申白,译.北京:商务印书馆,2003:252.

得到了善。所以,每一方都既爱着自己的善,又通过希望对方好,通过给他快乐而回报着对方,所以人们说友爱就是平等"①。换言之,如果交往双方都想让自己获得更多的快乐,而否定给予对方同等的善意和快乐,那友爱自然也就解体了。但友爱又是不对称的承认关系,"非对称性意味着我对他者的道义和责任,并不意味着我要从他者那里期待回报"②。换言之,友爱不仅是为了自我的情感得到满足,同时也指向满足他者情感需要的道德责任,且这种责任不是外在强加给主体的义务,而是主体完全自愿的行动,是"我"对他者表达或未表达的需要的反应。在此意义上,"友爱更在于去爱"③。基于此,友爱的对等性要求班级成员间(教师与学生之间、学生与学生之间)彼此尊重、关心和接纳,互相给予对方善意和关心;友爱的不对称性要求教师要积极关心并满足学生的情感需要,且教师对学生的关爱应当是不图回报的,因为教师在发自肺腑地关爱学生的过程中,就自然能够得到情感的满足。马斯洛将个人需求按较低层次到较高层次划分为生理需求、安全需求、爱和归属感、尊重和自我实现五类,个体只有在较低层次的需要得到满足后才能发展出更高层次的需要。由此可见,只有班级中的每个成员都获得了情感上的归属感,师生在集体学习活动和交往中才能发展出更高层次的心理需求,最终完成自我实现。反之,如果学生在课堂教学中没有获得爱和归属感,即学生只感受到来自他者的冷漠对待和情感排斥,那么学生不仅会产生一种情感上的无助感,更会造成对教师和其他同伴的冷漠甚至敌意。

师生、生生主体间爱的情感关系建立的价值在于培养学生的自信。亲子间的情感联系之所以能使个体形成积极的自我关系,关键在于:儿童通过获得来自母亲的爱和关怀,不仅能意识到自身对母亲的依赖,同时也会使其发展出一种对他者满足其需要的信赖感,这种信赖感会让儿童逐渐发展一种基本的"独立存在"的能力④,这种"独立存在"的能力就是个体积极自我实践关系的表

---

① 亚里士多德.尼各马可伦理学[M].廖申白,译.北京:商务印书馆,2003:260.
② 孙向晨.面对他者——列维纳斯哲学思想研究[M].上海:上海三联书店,2008:154.
③ 亚里士多德.尼各马可伦理学[M].廖申白,译.北京:商务印书馆,2003:266.
④ 霍耐特.为承认而斗争[M].胡继华,译.上海:上海人民出版社,2021:144-145.

达——自信。换言之,主体间积极的情感联系在于个体通过获得他者的情感支持,进而意识到自己对他者独特的情感价值,这样,主体就获得了心理上的安全感,克服了被抛弃的焦虑和恐惧。同样,在义务教育阶段的教学交往关系中,儿童需要获得来自老师和同伴的情感支持,尤其是教师作为儿童心目中的重要他人,他们对儿童无条件的情感包容和接纳,不仅会让学生对教师产生信赖感(即学生相信教师会持续地满足自己的情感需要),更会让学生意识到自身情感的独特价值,把自己当作一个独立的个体,并最终获得自信。而拥有自信的儿童由于获得了情感上的独立,因此即使当他离开了某位教师,甚至离开了学校,他也能依然保有这份自信,进而与更广泛的他者建立情感联系,克服公共生活中对陌生人的冷漠、恐惧甚至敌意。

二、权利平等:正义的教学需要权利赋予

霍耐特强调,当个体离开了家庭这个有着天然血缘和情感联系的私人空间而进入社会公共生活时,个体只有意识到自己的权利来源于共同体中其他成员的义务要求,即"只有当我们反过来意识到必须对他者承担规范义务时,才能把自己理解为权利的承担者"[①]。换句话说,爱作为一种有意识的对他者的肯定情感,不能超越基本的社会关系领域,因而当我们想要与更多的交往伙伴形成承认关系时,就需要借助法律契约关系。且当个体承认自我和共同体的其他成员都是权利的承担者时,才能确保每个个体超越象征性身份的意义,得到实质性权利,进而真正成为共同体中的一员。

在教育教学领域,由于班级成员的原初关系是一种非血缘亲密关系,他们只是因偶然因素而被聚集在一起进行教与学的活动,且当他们进入班级后就自然成为这个班级中的一员。但这一成员身份只是象征意义上的,只有班级成员间都能相互认可和承认对方是具有同等权利的责任主体时,即个人意识到自己和他人的权利都不可侵犯时,他们才能凝聚为一个学习共同体。因此,权利上

[①] 霍耐特.为承认而斗争[M].胡继华,译.上海:上海人民出版社,2021:150.

的相互承认表达着学习共同体成员间的相互道德承诺,即教师和学生之间、学生与学生之间要相互肯定彼此作为权利主体的存在,不侵犯彼此的平等权利,这样个体才能通过获得来自他者的尊重进而肯定自己作为平等权利享有的主体,形成自尊。相反,如果学生没有被赋予同等的权利,那么这不仅意味着他被剥夺了班级共同体成员的合法身份,被强行限制了行使权利的自主性,更会导致其自尊的失落,因为这种蔑视与这一消极情感相联系,即"我未能享受一个成熟合格的、平等地赋予道德权利的互动伙伴的地位"[1]。这一消极情感会阻碍学生发展与共同体进行平等交往的意愿和能力,进而做出蔑视和侵犯其他学生和教师权利的行为。因此,基于权利承认基础的师生主体间关系内容应当包含以下两点内容。

其一,师生间最基本的权利承认关系是基于自然权利(人权)的平等关系。自然权利是指社会成员不依赖于社会制度的具体安排和个体的社会地位而独立享有的权利,它是社会成员所普遍平等享有的权利,也是个体享有其他社会权利的基础和基本权利。[2] 在教育教学领域,师生的自然权利是其作为一个"人"应当享有的基本权利,如生命健康权等。在"人权"的概念基础上,权利承认关系要求师生间和生生间要平等尊重彼此以下两方面的基本权利:(1)对教师作为社会公民所享有的国家法律所规定的政治权利及学生作为未来社会公民所应当享有的法律所赋予的政治权利的承认;(2)对宪法、教育法、教师法、义务教育法、未成年人保护法等法律所保障的教师和学生作为教育者和受教育者所应当享有的权利的承认。同时,自然权利是其作为公民、教育者和受教育者所应当享有权利内容的产生和存在基础。因为从个体发生的顺序来看,教师和学生个体的自在是先于其组织和群体身份的存在。换言之,教师和学生在没有获得相应教师和学生身份时,他们作为个体是自在的,他们作为"人"拥有鲜活的生命,享有独立的人格和尊严。以此为逻辑起点,教师和学生间权利关系的平等性是建立在"人是目的"这一根本道德法则之上的。基于此,教师在履行自

---

[1] 霍耐特.为承认而斗争[M].胡继华,译.上海:上海人民出版社,2021:151.
[2] 冯婉桢.教师专业伦理的边界:以权利为基础[M].北京:教育科学出版社,2012:39.

身专业教学权利时不得随意打骂、侮辱和伤害学生;同时,学校和学生也不能随意侵犯教师的自然权利,尊重教师首先体现在尊重教师作为"人"的尊严和价值,不能随意侵犯教师的生命权,学校要求教师带病上岗,以及学生随意辱骂和殴打教师等行为均侵犯了教师的生命权。师生间只有建立最基本的自然权利承认关系,教师和学生才都能安心地进行教与学的活动,学生和教师之间才能建立起稳定的信任关系,并在彼此的尊重和认可中确立"我是一个值得令人尊敬的人"和"我能够去平等尊敬他人"的积极自我认同,而师生也只有在享有人的基本尊严的基础上,才能进一步去进行探索知识、养成德行及接受美的熏陶等活动。

其二,师生间权利平等指向共同体所有成员权利和义务之间的对等。一方面,教师权利和教师义务要对等。承认正义强调"当个体意识到自己对他者负有义务时,才能真正把自己理解为权利承担者",这不仅意味着个体要把他者视为同等权利的享有者,更意味着只有在他者积极承担责任时,个体才能享有真正的权利。由此可见,"主体中的任何一个,包括我自己都可以对所有人扮演他者的角色"[1]。正因为他者的普遍性才使共同体中平等的承认关系得以建立,"我们只有采取'普遍化他者'的立场,让他教会我们承认共同体的其他成员也是权利的承担者,我们才能在确信自己的具体要求会得到满足的意义上把自己理解为法人"[2]。基于此,在教学情境中,教师承担教学义务就意味着学生享有相应的学习权利;同时,教师享有相应的教学权利就意味着学生履行自身相应的学习义务。因此,那种认为"教师是所有教学责任的承担者,教师要为学生的学习失败负全责"的想法(例如,没有教不好的学生,只有不会教的教师)是不正义的。正义教学强调的是,教学活动中,教师要积极承担教学义务,履行教学职责;但同样,学生也要履行相应的学习义务,认真学习;同时,学校管理人员、教师同事、学生家长不得无故干涉和侵犯教师的教学权。另一方面,师生间的权利平等指向班集体所有成员间的权利承认,即教师要尊重每个学生的权利,而

---

[1] 戴维斯.列维纳斯[M].李瑞华,译.南京:江苏人民出版社,2006:90.
[2] 霍耐特.为承认而斗争[M].胡继华,译.上海:上海人民出版社,2021:150.

非某个或某些学生的权利。与此同时,学生间也要建立相互平等的权利尊重关系。因为"班级教学中,无论是教师还是学生面对的都不是单一的他者,而是与他人共同形成的一个班集体……自我不能像回应单数的他人一样回应复数的他者"[1]。为此,教师需要尊重的是作为复数的学生他者(即学生共同体)的权利,而学生共同体的形成是建立在学生间权利承认关系基础之上的,这样,教学共同体中每一个人都对其他所有人负责,正义的教学秩序也就得以建立。为此,当班级同学间形成了平等的权利承认关系时,教师教学时对某个学生权利的认可,本质是对班级所有学生权利的认可,因为学生通过来源于他者的肯定性的经验也会间接认同自我权利。

师生、生生权利平等关系形成的价值在于塑造学生自尊。社会成员间的权利平等关系之所以能使个体形成积极的自我实践关系,关键在于:个体通过获得来自其他社会成员的权利尊重,不仅意识到自己具有与其他成员同等的社会权利,还会"把自己的行为看作是对他们的独立性的普遍被尊重的表达"[2],即社会权利的平等赋予还能够引导个体承认他者的权利,把自我和他者都视为能够平等参与公共活动事务和行使权利的责任主体。这时,个体通过获得共同体中每个成员的权利尊重,进而形成"我"是一个有尊严的"人"的积极自我观念,即自尊。在教学领域,每一个儿童都拥有普遍而平等的基本权利。这就要求教师教学要保障每个儿童同等享有基本权利,这不仅肯定和发展了每个学生作为道德责任主体的自主性,更能发展出学生的自尊,即个体把自己理解为"是与教师和其他学生一样拥有权利和尊严的人",这样,学生也才能承认他人拥有的平等权利,并同等地承担起尊重他人权利的道德义务。反之,如果儿童没有同等享有权利,那他就不会发展出自尊,更不会把教师和其他儿童视为与"我"同样拥有权利和自尊的"人"。在这一情形下,儿童不仅会放弃承担相应的道德义务,还表现出侵犯他人权利的行为。例如,上课随意打断教师和其他学生的发言,干扰正常的教学秩序。此外,儿童自尊的养成还对其未来成为一名合格的社会

---

[1] 柴楠.面向他者的教学交往[M].北京:人民出版社,2017:204.
[2] 霍耐特.为承认而斗争[M].胡继华,译.上海:上海人民出版社,2021:164.

公民,以更积极的姿态参与公共生活有重要意义。在教学交往中,儿童不仅作为"人"和"学生"而被赋予了平等的权利,也作为未来社会共同体成员而获得尊重。在此,儿童获得了一种社会性象征的发展,义务教育阶段的儿童虽然还没有形成行使权利的能力,也没有平等参与社会公共事务活动的条件,但他们作为"人"和"学生"的权利能够被他者承认和肯定,他们就会把自己视为道德责任主体,并在承担责任和义务中发展个人的理性精神、实践智慧、判断力、执行力等参与公共事务的重要能力。因此,对儿童作为权利享有者的尊重和承认,不仅能够使其形成积极的自我认同和发展自尊,还发展了儿童参与公共生活的品质和能力,这为儿童成长为一名合格的社会公民奠定了基础。

三、成就赞许:正义的教学需要价值赏识

社会群体对个体的承认还依赖于个人成就的高低,这种依据个体具体品质和能力特征所获得的承认体现的是成就赏识(社会重视)。由于个体之间存在品质和能力的差异,这就导致对每个个体的社会重视程度不同;换言之,不是每一个人都能获得同等的社会对待。社会重视强调有差别的承认,且这种差别是必要的,因为"仅当个人自我认识到因为他们恰恰不以一种和他者无分别的方式共有的成就而获得承认时,他们才能感到是'有价值的'"[1]。具体而言,社会重视强调根据个人所具有的特殊价值对应的成就予以承认,不论这种成就是大是小。因此,主体间的社会重视程度虽然存在差异,但每个人都获得了与其特性相称的(或者说对等的)社会赞许,这会使个体意识到自身价值、成就的特殊价值和不可替代性。相反,如果不考虑个体特性对群体价值的独特贡献,像赋予权利一样平等地赋予群体所有成员以同样的成就,反而会造成不正义的后果,如打击积极性和滋生懒惰。同时,社会重视的正当性依赖于多元、包容的群体价值规范体系,这有利于避免因差异造成的差距和排斥。虽然社会重视差异,但由于群体的价值期望是多元的,即群体价值标准向不同的价值敞开,这种

---

[1] 霍耐特.为承认而斗争[M].胡继华,译.上海:上海人民出版社,2021:175.

多元、包容的现代价值体系就解构了传统等级性的价值结构体系,进而保障每个个体都能凭借其品质和能力获得相称的社会地位或社会声望。因此,差异性的社会重视承认形式强调个性和特色,否定封闭式伦理体系带来的等级分层和相互排斥。正如冯建军教授指出的:"成就模式重视个体的差异,突出个性,但反对优劣分等,因为个性无优劣,只有不同。"①同样,以社会重视为媒介的承认关系也同样需要存在于教学关系之中,因为正义的教学生活和交往应当是能促进学生个性化和多样化成长的过程,教学重视也能引导儿童努力发展群体所期待的品质和能力等社会特性。具体而言,儿童个人独特能力、品质和人格发展需要获得他人的承认,来自他者的承认也能使儿童认同其自我期望和个人努力,进而更有动力追求自我卓越发展。由于社会重视的教育承认形式与儿童的品质和能力及其所认同的价值目标联系在一起,因此社会重视承认形式下的教学正义内容强调以下两方面内容。

其一,教师要认同每个学生独特人格的社会价值,并通过教学交往引导每个学生都发展出自己独特的能力和品质。具体而言,儿童只有获得了他者(教师和同伴)对自身能力和品质的肯定,才能意识到自身能力和品质的独特价值,进而把自己视为对共同体发展有独特价值贡献的道德责任主体,这种积极的自我关系会促进学生更有动力去认识自己和发展自己,最终实现自身个人品质和能力的卓越发展。同时,在社会重视承认关系中,得到价值承认和肯定的学生不仅能够意识到自身能力和品质的独特价值,也能意识到他人能力和品质的独特价值,进而给予与其特征相称的赞誉,这时教学共同体成员间都能相互肯定彼此品质和能力的独特价值,认可彼此对共同体价值目标实现的重要性。这样,教学中的社会重视承认关系就创造了一个包容、接纳的道德氛围。在这样包容、接纳的氛围中,每一位学生,无论其道德品质和能力发展水平高低,都能获得相称的承认和尊重,其品质和能力的独特性都得到了肯定,进而实现每个学生差异性、个性化的发展。

其二,教学要建立教育性价值标准,包容和接纳每个儿童的特性,并挖掘每

---

① 冯建军.承认正义:正派社会教育制度的价值基础[J].南京社会科学,2015(11):132-138.

位学生的品质和能力发展潜能。由于教学共同体对儿童的社会重视程度是依据某种价值标准评定的,因此,制定和建立教育性的价值标准是实现教学正义的重要前提。教育性的教学价值标准强调育"人"目的,反对以育"分"为直接目的的教学。如果教师教学以育"分"为目的,必然导致社会重视的区分化、等级化。具体表现为学生依据成绩高低获得不同程度的重视,成绩高的学生能获得群体的承认,成绩低的学生则会遭受群体成员的排斥甚至蔑视。此外,虽然儿童的价值成就是依据社会群体价值标准而评定的,即儿童只有做出了符合群体期待的行为贡献才能获得相应的社会重视,但这不意味着群体要以预先设定的某种价值规范引导学生的生活方式,正如霍耐特所强调的,"社会重视开始不以集体特性为取向,而是以个体在生活过程中所发展的能力为鹄的"[1]。一味地以预先的价值规范作为儿童能力和品质发展的标准,可能会造成某种特定的价值规范(如乖巧、安静)对共同体成员多元价值取向的压迫和排斥,拒绝给不同品质特征的儿童以承认,反而会造成不正义的后果。因此,教学中的正确价值导向和标准是开放的、包容性的,它尊重所有儿童的独特性,承认他们的品质和能力对共同体的独特价值。由于教学承认面对的儿童是正处于发展之中并具有无限发展潜能的个体,因此,他们对社会的贡献是未定的,这就决定了教师在教学交往中要把每位儿童都视为在未来能对社会共同体产生重要价值的人而予以期望和重视,不能因儿童当下低水平的能力和品质发展就否定其未来发展的可能性,剥夺其通过自身努力获得群体赞许的机会。在教学交往中,教师要善于鼓励和认可每位儿童的努力、微小的能力进步和人格理想,不否定任何人能力和品质发展的可能性。这样,儿童才能把自己视为对群体发展有独特价值贡献的个体,实现自我认同。

师生、生生间成就赏识关系建立的价值在于培养学生的自重。由于对个体能力和品质的重视程度是依据群体价值标准评定的,因此当个体获得来自他者的承认和尊重时,他会认可自己是群体的一员,对群体产生归属感,用霍耐特的话来说就是,"个体认识到自己乃是一个群体的成员,可以集体地完成事业,他

---

[1] 霍耐特.为承认而斗争[M].胡继华,译.上海:上海人民出版社,2021:175.

们对社会群体的价值得到了其他社会成员的一致承认"①。而当群体成员间都能对等重视彼此的价值时,就会形成团结的和谐关系,这有助于个体形成一种积极的自我实践关系——自重,即个体通过获得群体成员的重视,进而认识和认可自我能力和品质对群体的独特贡献和价值,获得自我价值感。在教学交往中,儿童也是通过获得教师和同伴的重视和赞许,并在他者的重视中充分体验到自我价值感,进而对自身独特能力和品质产生认同,即自己也能重视和赞许自身的独特能力和品质。尽管有些儿童在品质和能力发展上存在不足甚至缺点,但由于受到来自群体其他成员的重视(重视程度与其能力和品质是相称的),他们才能承认自己能力和品质的独特价值,进而更积极地以群体价值规范自己的行为,实现自身人格的卓越发展。如果教师忽视甚至歧视儿童人格的独特价值,不承认儿童能力和品质发展的巨大潜能和社会价值,那么儿童也会受到教师消极评价甚至蔑视的影响,进而否定自身人格的独特性和发展潜能;同时,教师对儿童人格的消极评价和蔑视,其实是给儿童暗示了一个关于其自身的低等甚至卑贱的形象,这种形象一旦被儿童内化,就会对儿童心理发展造成巨大且不可逆转的伤害。

综上所述,承认正义视域下的教学正义指向师生间的爱的情感依赖、权利承认和成就赏识。具体而言,师生间、生生间的关爱和友爱满足了师生获得归属感和安全感的需要,权利承认体现了师生间对彼此权利的平等尊重,社会重视则表达了教师对学生能力和品质的认同。同时,正义教学中爱、权利平等及基于能力和品质的社会重视是一体化的,缺一不可。因为教学的本质不是简单教给儿童知识,而是要通过承认来培育人,促进儿童形成完整人格。如果教学无法形成这三类形式的承认关系,那么儿童自然也就无法形成自信、自尊和自重的积极关系,也就无法形成完整人格,教育也不会成为完整的教育。②

---

① 霍耐特.为承认而斗争[M].胡继华,译.上海:上海人民出版社,2021:178-179.
② 金生鈜.承认的形式以及教育意义[J].教育研究,2007(9):9-15.

第二节　心灵失衡与情感冷漠：基于情感慰藉的教师教学正义审思

在教学交往中，爱的承认关系的建立有赖于师生依循情感需要原则，即师生间要相互尊重和满足彼此间爱的情感需要。其中，在义务教育阶段，教师作为和谐师生关系建立的引导者，师生间情感关系的建立更依赖于教师主动关注和满足学生的基本情感需求、积极承担满足学生情感需要的责任，并且以尊重学生的方式（即把学生看作独立个体而非情感占有对象）给予学生归属感和安全感，让学生在无忧于教师的羞辱和蔑视的安全学习氛围中快乐、自信地成长。基于情感需要原则审思师生交往活动的正义性发现，师生主体间在建立情感支持关系的过程中主要遭遇以下两方面的问题与困境。

一、"心灵失衡"：师爱异化，漠视学生的情感需求

当研究者问及学生"教师会不会关心和关爱班级每一个学生"这一问题时，部分学生这样回答研究者：

当我们老师心情好时，她就是爱我们的，即使那天我们犯错了，她也不会骂我们，反正就是比平常要更温柔。（S-A-3）

我的班主任在我们成绩考得好时，就会喜欢我们，还给我们买零食；但一旦我们成绩考得差时，他就会很生气，然后骂我们。（S-B-4）

我们班老师只喜欢成绩好的学生。（S-C-4）

由此可见，在义务教育阶段教学中，师生情感交往过程中教师表现出来的"以自我为中心"是妨碍积极师生情感关系建立的重要因素。因为它不仅将师爱异化为教师控制学生以满足个人欲望的工具，还使班级由完全意义上的公共

领域异化为"夹杂着私人情感和价值独裁的伪公共领域"[1],更贬低了学生情感的独立价值,进而完全消解了师爱对发展学生自信的重要价值。

首先,自私的师爱贬低学生情感的独特价值,并将其异化为满足教师私欲的工具。爱作为主体间承认关系的一种状态,是两种经验的平衡和共生,"一边是独立存在的经验,另一边是融入他者的经验"[2]。基于此,师生间积极的情感关系应当是"自我独立性"和"彼此依存性"经验之间的微妙平衡。一方面,师生间要保持相互的独立状态,即交往主体需要彼此承认对方是一个有着独立情感需要的个体;另一方面,师生间也要积极打破和重建关系界限以实现情感交流。如果这两种关系状态失调,就会导致交往关系参与主体之一既不能走出自我中心状态,也不能从共生状态中独立出来。[3] 因此,在教学活动中,如果教师过于重视自我情感需要的满足,就会陷入"自我中心"状态,不承认学生也是一个独立的、同样需要情感承认的主体,忽视学生的独立性,表现为"我爱你,是因为我需要你"的情感支持逻辑,即只有学生先满足教师"自我"的情感需要时,教师才会考虑满足学生的需要,如上文访谈内容中提及的"学生考了好成绩,教师才会表扬和奖励""教师心情好时就不会批评学生"就是这一逻辑最好的证明:只有学生考了好成绩,教师觉得满意和开心了,才会去夸赞学生;教师心情好时,才会考虑犯错学生的情感需要,采取宽容态度,心情不好时,就会对学生严厉批评(哪怕这位学生没有犯错),通过造成他人的痛苦来发泄内心的不满情绪。"自我中心"的情感状态不仅暴露了教师的自私,还将师爱异化为控制和操作学生的工具,爱和被爱进而也被异化为"利用"与"被利用"的关系,且这种利用关系是相互的,即不仅教师利用学生的情感,学生也会利用教师的情感,如利用教师对自己的喜爱和信赖进而获得更多的机会、资源等。这种扭曲的情感承认关系本质是一种利益关系,即外在主体间性的师生关系。正如冯建军教授所指出的:"外在主体间中的师生关系是一种利益关系,主体间的交往基于自利目的,

---

[1] 吕寿伟. 在形式与实质之间的教育伦理生活——论承认伦理学对教育排斥的解构[J]. 湖南师范大学教育科学学报,2016,15(2):18-24,102.
[2] 霍耐特. 为承认而斗争[M]. 胡继华,译. 上海:上海人民出版社,2021:146.
[3] 霍耐特. 为承认而斗争[M]. 胡继华,译. 上海:上海人民出版社,2021:147.

且交往中每个人都是单子式的利益主体存在,带有明显的利己化倾向。"[1]这种外在主体间性的师生关系最终使教师和学生都变成了"精致的利己主义者",不把对方当作一个独立存在的"人",而是为自己谋取利益、满足自己私欲的工具。

其次,教师自私的爱否定了学生情感的独特价值,进而阻碍学生自信的形成。教师对学生积极的情感支持,不仅会让学生感受到关爱,还会引导学生认可自我对教师和同伴的情感价值。反之,如果教师忽视学生的情感需要,只将其作为满足自身情感的工具,那么学生也会内化这一消极形象,矮化甚至否定自身的价值,进而放弃自我情感需要和表达,完全成为教师情感的附庸,即学生认为只有在满足教师的情感需求(如考好出成绩、做出符合教师期待的行为)时,他们才值得被老师关爱;反之,就不值得被关爱。为此,他们努力学习的目的就是讨教师开心。同时,自私的爱也会打破师生间的情感信赖关系,学生随时都在担心和害怕"不知自己哪次犯错会给老师留下了不好的印象,进而面临被老师和同伴抛弃的风险",这种担忧最终会妨碍儿童形成自信。为此,要克服自我中心,实现积极的师生承认关系,教师需要把学生当作平等的独立个体来看待,即爱生行为应当以尊重学生为前提。换言之,爱不是控制和占有,不是借"爱"的名义使学生成为其情感的附庸。同时,"尊重学生作为拥有独特情感需求的独立个体"要求教师教学中及时认识和体察到学生的情感需求。B小学的W教师提及的案例是很好的说明:

> 今年教师节前,我特意叮嘱学生回去告诉家长,一定不要给教师带礼物,学校广播也通知了,但教师节这天还是有些孩子按照往年的经验带了花。如果我还让他们拿回去的话,就显得很不近人情,我就代收了。收了以后我第一时间就想,没有带花的孩子会怎么想,所以我就在课上故意说今天是教师节,我的女儿去上学,我没有让她送花,但我刚打电话问过我女儿,老师没有对她不好,她还是感到很快乐,所以一般的老师都是这样,其实你们送给我什么东西我都不在意,你没有送花给我,老师也一样喜欢你。

---

[1] 冯建军. 从主体间性、他者性到公共性——兼论教育中的主体间关系[J]. 南京社会科学,2016(9):123-130.

这样，这些没有送花的小朋友就不会提心吊胆，可以安心学习了。（T-BWC-15）

这位教师能站在学生的角度思考"教师节没有送花"造成的恐惧，又通过她女儿的案例巧妙地化解了学生的担忧。由此可见，教师只有真正认识、了解并满足当下儿童的情感需要，师爱才能发挥出真正的育人价值。

最后，扭曲的教学承认除了自私的师爱形式，还有对学生无原则的放纵，具体表现为"溺爱"和"宠爱"的师爱形式。师生间积极的情感关系是"自我独立性"和"彼此依存性"之间的微妙平衡，自私的师爱形式是教师过于强调自我情感需要的满足，而否定了学生情感的独立价值。教师对学生的溺爱和宠爱则是走向了平衡的另一个极端，即教师放弃了自身情感的独立性，转而完全依附于学生情感需要的满足。虽然相较于家庭关系中父母对儿童的溺爱和宠爱，这种扭曲的师爱形式在教学交往中比较少见，但不容否认的是，义务教育阶段的部分教师，尤其是新教师，在师生交往过程中还是会面临"满足学生情感需求"和"严格要求学生"的两难抉择，既不清楚如何把握与学生之间亲密关系的程度，表现为担心对学生过于宽容就失去了教师权威；又担心对学生过于严厉就丧失了学生、家长对自己的喜爱和认可。在此情况下，教师有时为了获得学生的喜爱就纵容学生对感性快乐和欲望的追求，让其任意而为、无拘无束。但这一行为无疑是教师懦弱和无能的表现，这种无原则的溺爱行为不能满足学生的正当情感需求进而指引其朝着精神健康的方向发展，相反"它表达的是一种现代教育的虚弱和慵懒，出于对拥有高贵和美德的无能为力……从而颠倒了支持个体内在自我的价值序列"[①]。同时这一行为也背离了情感承认的实质要求，因为"承认性情感支持"与"放纵"绝对不是一个概念，"尊重不是不管理学生，不批评学生，让学生为所欲为，而是在管理、批评学生时至少不伤害学生的尊严，不讽刺、不侮辱、不体罚，不造成'师源性伤害'……尊重本身恰恰是对纵容的一种限制，也是对理性能力的表现与发展"[②]。总之，在教育教学中，教师只有对学生做

[①] 柳谦.教育承认与自我认同[D].南京:南京师范大学,2008:97.
[②] 鞠玉翠.教育场景中尊重意涵的审思[J].南京社会科学,2012(9):116-121,143.

到严慈相济,他们才不会只注重种种感性满足的快乐而放弃对价值的追求,从而意识到只有努力追求精神卓越,才能真正获得情感的满足和精神的愉悦。

二、"情感冷漠":教学排斥贬黜学生的道德情感

教师对学生情感最彻底的排斥和罢黜形式是以"体罚"形式呈现出来的肉体暴力。虽然师生访谈中教师和学生均反映没有体罚学生或没有遭到体罚,且教师们普遍认为体罚学生是最不正义的教师行为,但这并不意味着这一行为在教学场域就不存在了,因而有必要在此重申体罚对师生间情感关系和儿童成长的危害性。同时,师生访谈反映出教学场域中存在以"冷暴力"为主要表现形式的情感排斥:"如果有同学表现得很差,老师会安排他/她坐在教室最后面。"(S-A-4)"虽然我一般按学生个子高矮排位置,但有时有些学生得到了好位置,但他/她自己不珍惜,不好好学习,更妨碍其他人学习,那我就会把他们安排到后面坐,作为一种惩罚吧,希望他们好好反思。其实有些学生自己也愿意坐在后面,因为这样他们更自由。"(T-BCM-5)这里,教师虽然没有直接伤害学生肉体进而罢黜学生的情感,但是,教师对学生身体的"视而不见"隔断了师生间的正常情感交流,对学生情感形成更隐蔽的伤害。

首先,体罚以暴力形式形成对学生个人情感的根本罢黜。黑格尔强调,"肉体是自由的定在,'我'的自由意志直接存在于'我'的肉体之中,'他人'强加于'我'的身体暴力就是强加于'我'的自由意志的暴力"[1]。因此,对个人肉体的暴力就是对他人自由意志的暴力,这种暴力使主体不仅承受了肉体上的痛苦,更遭受了情感和精神上的打击。正如霍耐特所指出的,对他人的拷打和强暴引起的不只是其肉体上的痛苦,"而且是一种与在他人淫威之下感到孤独无助、无法自卫相联系的心理痛苦,以致个人在现实中感到失去了自我"[2]。由此可见,身体暴力通过直接剥夺个人肉体自由,造成其肉体和心理上的双重痛苦,而使个体失去对他人和世界的信赖,造成其自信彻底崩溃。教学中的肉体暴力直接体

---

[1] 黑格尔.法哲学原理[M].范扬,张企泰,译.北京:商务印书馆,2005:101.
[2] 霍耐特.为承认而斗争[M].胡继华,译.上海:上海人民出版社,2021:184.

现为教师以"改进学生错误认知和不良学习习惯"为目的,而进行的以伤害学生身体为主的体罚,如当众打耳光、打手心、扯耳朵等行为。但显而易见,体罚行为对学生认知提高和行为改进并没有任何益处,反而会使学生丧失学习兴趣甚至恐惧学习,而且学生为了反抗教师的体罚,会做出更多破坏行为。同时,体罚会给学生带来巨大的伤害,它不仅伤害学生的身体,给学生带来肉体上的痛苦,还会造成精神和情感上的痛苦体验,且这种心理上的伤痕和痛苦要比肉体的伤痕和痛苦更难以愈合。痛苦情感体验不仅来源于学生对教师否定行为的感知,还来源于同伴对自身形象的否定,经常被教师体罚的学生还会受到来自同伴的嘲笑、排斥、冷落甚至霸凌。无论是肉体痛苦还是情感痛苦,最终都会给学生带来消极的道德体验,并摧毁其基本自信。总之,身体暴力行为会给学生带来对丧失自主支配和协调身体权力的羞耻感和无助感,同时也会造成学生对他者随意侵犯、支配和贬低自己身体完整性的道德愤怒和怨恨,这会进一步导致师生间情感关系的破裂。也正因体罚存在种种严重危害,所以各类教育法律法规明确指出"严禁教师体罚和变相体罚学生"。在承认正义视角下,禁止体罚学生不仅仅是对教师遵守法律规范的要求,更是教师对学生负责的道德承诺,其本质表达了教师对儿童的尊重和关爱。

其次,教师对儿童的身体疏离和冷漠割断了师生间的情感交流。如果体罚通过显见和直接的肉体暴力带给儿童身体和精神上的伤害和痛苦,那么教师对儿童的身体疏离就是一种隐蔽的"冷暴力"。罗洛·梅(Rollo May)指出:"恨不是爱的对立面,冷漠才是爱的对立面。"[①]课堂教学中,教师对学生的爱表现为对学生情感需要的积极关注,而身体疏离和冷漠则表现为对学生情感需要的退缩和视而不见。"承认的德语单词 Anerkennung 的意思是某人认为其他人有价值(being worth something),承认的最低水平要求一个人仅仅被注意到或看到(being merely noticed and seen)。""最糟糕的羞辱是看不到或注意不到另一个

---

① 梅.爱与意志[M].冯川,译.上海:国际文化出版公司,1998:22.

人。"[1]课堂教学中教师看不到某个学生的情形是常见的——通常是坐在教室最后一排的学生,教师只要求他们不干扰其他学生上课,其他做什么事情都可以,因而他们可以随意睡觉、看小说和漫画等,教师也不闻不问,双方似乎达成了一种默契。这些学生虽然身在教室里,但他们实际被共同体排斥出去了,"身体的疏离意味着交往的他者的主动退场以及自我不得不接受由他者退场所造成的交往中断这一事实"[2]。这一事实导致"我"的语言和诉求无法被他者聆听,在此境遇下,自我的共同体生活丧失了公共性,而被强行限制在私人化的生活领域。在课堂教学中,教师把那些不愿意学习或者学习成绩不好的学生安排到离他视线最远的地方——教室的最后一排,就意味着教师把这些学生从他的课堂教学交往的对象中排除出去,或者说教师作为这些学生面对的"他者"主动退场,无视对方的存在。同时,因为这些学生坐在最后一排,他们的身体也被其他同伴所忽视,最终,课堂教学活动里他们是犹如"空气"般的存在。因为拒绝相互承认,这些学生自然也不会对班级共同体产生归属感,他们拒绝与他者进行沟通和情感交流,师生间、生生间也不会生发出关爱和友爱的情感联系,彼此之间只有冷淡和漠视。

第三节 形象标签与权利僭越:基于权利承认的教师教学正义审思

教学交往中权利承认关系的建立有赖于师生依循平等原则,相互承认和尊重彼此的权利主体地位。与分配正义强调共同体成员对彼此利益保持冷漠进而确保每个人都能平等享有基本权利不同,承认正义中强调的"权利平等"是基于共同体成员间对彼此作为权利承担者身份的尊重和认可而形成的。换言之,

---

[1] Huttunen, R. Critical adult education and the political-philosophical debate between Nancy Fraser and Axel Honneth[J]. Educational Theory, 2007, 57(4):423-433.
[2] 吕寿伟. 从排斥到承认[D]. 南京:南京师范大学, 2012:58.

学生对权利的平等享有依赖于共同体成员身份的获得,如果他不被共同体当作其中一员平等对待,那就意味着他不能与其他成员一道享有同等权利,而这种行为本质上是对主体人格尊严的羞辱,因为尊重他者的权利就意味着"我"把"你"当作跟我一样有权利和尊严的人看待,否定他者的权利本质上就是不把"他者"当人看,或者把"他者"当次等人看待。因此,承认正义强调的"权利平等"原则不是解决权利公平分配的问题,而是要解决由于主体间的权利剥夺而造成消极道德体验的问题;同时,承认正义中"权利平等"也凸显了师生间权利和义务的对等关系,因为正如霍耐特强调的,"只有当我们认识到必须对他者承担规范义务时,才能把自己理解为权利的承担者"。为此,在教学中,教师只有把所有学生都同等视为权利拥有者,并积极承认义务时教师才能真正成为权利的享有者;同样,学生只有积极承认和尊重教师和其他同伴的权利主体地位,并积极承担自身的义务,才能真正成为权利的享有者。这时,师生通过教学交往和权利尊重共同享有有尊严的教学生活。基于"权利尊重"原则审视师生交往活动的正义性可以发现,权利承认形式在师生交往中主要呈现出以下两类问题,这两类问题集中体现为由身份蔑视和畸形权利义务关系所引发的权利剥夺。

一、"形象标签":对学生的身份蔑视侵犯了学生的正当教育权利

"身份"不仅仅指外在制度赋予主体的角色、位置和资格,更指的是个体在承担责任并获得他者的承认和尊重时形成的关于自我形象的意识,"意指一个个体所有的关于他这种人是其所是的意识"[1]。同样,在教学共同体中,儿童最基本的身份是"学生",这一身份主要是外在制度赋予适龄儿童的,即适龄儿童只要进入某个学校、某个班级就自然拥有了"某个学校的学生"或"某个班级的学生"这一身份。但此时的"学生"身份只是象征性的,儿童只有通过平等参与学校和班级的公共事务管理、积极参与学习活动,并以"学生"的相关规范要求

---

[1] 邱德峰.学生作为学习者的身份建构研究[D].重庆:西南大学,2018:22.

自己的行为时,才能真正内化"学生"这一身份。此时,儿童的"学生"身份才实现了从外部制度赋予到儿童内在自我认同的转变,而儿童只有形成对"学生"身份的自我认同,才会进一步形成对班级共同体的归属感和安全感。

在课堂教学中,儿童"学生"身份的获得主要在于平等享有参与课堂学习活动的权利,即教师只有平等尊重每个学生的学习权利,儿童才会真正把自己当作学习共同体的一名成员看待,并同样尊重教师的教学权利和其他学生的学习权利。同时,由于现代教学理念强调儿童要成为课堂教学的"学习主体",因而儿童的"学生"身份更具象化为"学习者"身份,即强调课堂教学中儿童不是被动地等待接受知识,而是要成为主动探索和建构知识的"学习者"(learner)。换言之,教师教学中不仅要认可和承认每个学生都是平等享有参与课堂学习活动的权利主体,也要承认和认可每个学生均拥有独立行使学习权利的道德责任能力。为此,正义的教学不仅要求教师尊重儿童作为"学生"平等参与课堂教学活动的权利,更要求教师要承认儿童作为"学的主体"(学习者)拥有的学习权利与教师作为"教的主体"拥有的教学权利之间的对等性,教师不能以自身"教的主体"身份和权利压制和贬低学生作为"学的主体"的身份和权利。但在实际的课堂教学中,儿童作为"学生"和"学习者"所应当拥有的平等权利均存在被"蔑视"的风险,而"蔑视就是不承认"[1]。蔑视的对象不仅是儿童应当享有的权利,还是儿童本身作为"人"的尊严,因为"作为平等者被对待这一权利是根本性的,而平等的对待这一权利是衍生性的"[2]。由此可见,对儿童平等权利的剥夺本质上是对其作为平等者尊严的罢黜,贬低了儿童的人格尊严。在义务教育阶段教学中,教师对儿童权利和尊严的蔑视具体表现为教师通过等级划分"学生"身份,进而剥夺了部分儿童应当平等享有的学习权利;同时,教师还通过物化"学习者"身份,进而剥夺大部分儿童甚至所有儿童主动进行主动思考和表达、想象和创造的学习权利。具体分析如下:

首先,教师等级划分"学生身份"剥夺了部分儿童的尊严和学习权利。学生

---

[1] 霍耐特.为承认而斗争[M].胡继华,译.上海:上海人民出版社,2021:182.
[2] 凯克斯.反对自由主义[M].应奇,译.南京:江苏人民出版社,2003:154.

身份等级化是学生身份再身份化的结果,所谓"学生身份再身份化"就是教育教学共同体出现学生群体分化,进而引发身份的等级化,学生通过不平等的学习活动参与内化和认同自身的不平等身份的过程。依据学生个体自然因素、家庭因素和其他社会背景因素的影响,有学者提出教育教学领域内四种学生群体分化的类型:正常学生与身体残疾、心理疾病、智障等儿童群体之间的群体分化;一般家庭与问题家庭,富裕家庭与经济贫困家庭学生等之间的群体分化;外来人员子女(尤其是农民工子女)与当地学生之间的群体分化;不同民族学生之间的群体分化。[①] 儿童群体的分化并不必然导致"学生身份"的等级化,学生身份的等级化是由于教育教学实践中学校和教师受到外在某种文化价值观的影响,进而人为地将儿童群体差异特征加以"标签化"和"区分化",最终使学生群体间的等级身份取代了教育教学共同体所平等赋予所有儿童的"学生"身份。例如,山西忻州原平市第一小学某位教师按学生背景人为将学生划分为"女学生""家庭离异单亲学生""辍学学生""领导子女""企业老板子女""权势垄断部门子女""家长有犯罪前科的学生""学习不好成绩差的学生""外地来的、各种关系过来的学生""谈恋爱的学生""家长有信仰的学生"等11类,这种行为就是典型的将学生间差异性特征"标签化""区分化"和"等级化",即通过将学生贴上"女学生""家庭离异单亲学生"等11种身份标签,将教学共同体中儿童原本平等拥有的"学生"身份区分为"高贵"与"卑劣"、"主流"与"边缘"等不同层次和等级。这种等级划分学生身份的行为的本质是教师不承认所有学生都是平等享有基本学习权利的道德责任主体,否认每个儿童(不因其个人性别、考试成绩、家长的权势和社会地位等因素)都值得被作为平等者平等地对待和尊重。与此同时,教师对部分学生平等者地位的蔑视会直接表现为基本学习权利的不公平分配,将"劣等的""成绩差的""不值得尊重的"学生或多或少地排除在课堂教学活动之外。有研究显示,教师通常偏向于与那些性格外向、担任班干部职务、学习成绩好、家庭条件优越的学生交往,而与那些性格内向、学习成绩差、自律性弱、能力差的劣势学生互动较少,即使有所交往,也是一种时间短、频次低、不平等的劣

[①] 吕寿伟.从排斥到承认[D].南京:南京师范大学,2012:92.

第五章 基于承认正义理论的教师教学正义分析

质性交往。[①] 当这部分儿童被排斥和贬低时,他们必然会因愤怒和不满而侵犯他人的权利,这种侵犯他人权利的行为更会招致共同体成员的不满、指责、排斥甚至羞辱,而儿童恰恰需要依赖教师和同伴的权利尊重来确证自尊。因此,教学中对儿童权利的剥夺会进入一个恶性循环:教师随意侵犯和剥夺儿童的权利——师生间无法形成互尊的承认关系——儿童无法形成自尊——儿童侵犯教师和同伴的权利——儿童愈加受到教师和同伴的排斥和价值贬低——儿童彻底被边缘化,丧失发展自尊的机会。

其次,教师通过"物化"儿童形象并剥夺其"学习者"身份和自主探索、建构知识的能力,进而使自己拥有绝对的教学权威和分配儿童学习权利的巨大权力。在此背景下,教师作为"教的主体"的权利在师生权利关系中取得支配性地位,而儿童的学习权利(如自主提问与思考的权利、想象和创造的权利等)则会被贬低甚至剥夺。一方面,儿童作为"学习者"的理性认知能力是其作为"人"(区别于"物")的重要象征,即儿童不仅是被动接受知识和储存知识的"容器",更是能够主动理性思考、建构和创新知识的独立的理性存在。教育教学对儿童"学习者"身份的肯定彰显了对儿童人格尊严的认可和尊重;反之,对儿童"学习者"身份的贬低则会打击其认知勇气和作为"人"的尊严和价值。米兰达·弗里克(Miranda Fricker)曾强调向他人提供知识的能力是人之为人的重要象征,因而,对他人主体认知能力的贬低不仅会对其造成认知伤害(epistemic harm),即承受来自他人对个体提供知识的否定性经验可能会使个体对自身整体的智识能力失去信心;同时,更会造成对他人的德性伤害(virtue harm),因为贬低他人的智识能力本质是贬低其人性,"实践中,某人的认知能力被否定,可能使其在职场、法庭等场合遭遇不公;认知上,这不仅会使某人对自身观点丧失信心,还可能令其蒙受长期的自我怀疑,丧失对自身智识能力的信任,阻碍自我实现"[②]。另一方面,实际教学中儿童的理性能力及其作为"学习者"拥有的独立思考和表达的权利,却面临严重被贬低甚至被完全剥夺的风险。在义务教育阶段教学

[①] 徐洁. 教师教学行为的公正困境及其超越[J]. 中国教育学刊,2021(4):85-88,92.
[②] 林玉玲. 培育反偏见德性是对抗认知不正义的有效策略吗[J]. 道德与文明,2023(1):77-85.

中,学生是一个有生命活力的、活生生的,但又在某些方面不成熟、处在成长之中的进行学习的人。学生所具备的这种"不成熟"特征极易导致教师对其学习权利的否定和剥夺,"对个人权利的否定意味着个人不被认为是一个成熟的个体。也就是说,个人不是行为的主体,而是对刺激做出随意反应的对象,道德责任还处于不发达阶段"①。在教育教学中,弗莱雷所说的"银行储蓄式教育观"(banking concept of education)就是这种态度的一个很好的例子。在这种形态的教学过程中,儿童形象被物化为"储蓄知识的容器",教育变成了一种存储(depositing)行为,学生是保管人(depositories),教师是储户(depositor)。教师单方面滔滔不绝地讲,进行知识灌输,而学生耐心地接受知识,将知识归类并存储起来。② 由此可见,被物化后的儿童在课堂教学中彻底丧失了学习主体身份,教师对学生权利分配拥有绝对的控制力,进而造成教师教学权利和学生学习权利之间的不平等关系:教学内容的设计、教学材料的选择、教学方法的选择及教学进度的安排都由教师决定,学生只能亦步亦趋地跟随教师的安排进行学习活动;同时,在"银行储蓄式教学"中,儿童在课堂教学中公开向他人提供智识的机会被彻底剥夺,认知能力和承担道德责任的能力也就自然无法获得发展,而儿童只有具备一定的认知能力和道德责任担负能力,才能真正成为学习权利的享有者,即真正发挥学习权利的实质价值。

最后,教师对儿童作为"学生"和"学习者"身份的蔑视和学习权利剥夺均会导致其自尊的失落。其一,"学生"身份等级化不仅会造成教师对学生基本学习权利的不公平分配,使部分儿童被排除在课堂学习活动之外,更会导致这部分儿童自尊的失落。教师赋予学生的"身份"标签一旦被儿童内化,必然会造成儿童矮化自我形象,否定自身作为独立道德责任主体的价值和尊严的消极后果;同时,教师的不公平分配行为也会导致教学共同体中其他成员对这部分儿童的排斥,即这部分儿童无法从同伴处获得承认和尊重,这样,儿童自然也就无法将

---

① Huttunen, R. Critical adult education and the political-philosophical debate between Nancy Fraser and Axel Honneth[J]. Educational Theory, 2007, 57(4):423-433.
② 弗莱雷.被压迫者教育学[M].顾建新,译.上海:华东师范大学出版社,2001:22-23.

自己视为与共同体其他成员共有普遍基本学习权利的"平等者",这最终导致"儿童对自我尊严和完整人格的否定"。其二,教师对儿童"学习者"身份的贬低和相关学习权利的剥夺不仅会使儿童丧失追求智慧和知识的热情,更会剥夺其自主参与集体学习活动、承担学习义务、表达个人观点等机会,进而导致其丧失获得教师和其他同伴尊重进而享有自尊的机会。在课堂教学中,由于儿童的"未成熟性"导致其表达的观点有时很幼稚甚至存在错误;同时,儿童也还无法自主地以合法化的方式提出相关学习权利要求。因此,教师容易贬低甚至剥夺儿童自主思考、表达、想象、创造的权利,这就导致儿童在公共学习活动中直接感知到自己不受他人重视和认可的消极道德体验,这种消极的道德体验会降低儿童主动求知和探索的积极性,还会使其贬低自身自主承担学习义务的能力,最终导致学生作为"学习者"的自尊的失落。

二、"权利僭越":对学生责任能力的误解造成了畸形的权利义务关系

正义的权利义务关系强调主体间权利的相互承认关系,即主体间彼此都意识到对他者承担义务时,才能保障自身作为权利主体的地位。相应的,在课堂教学中,师生只有都意识到要对他者承担相应的义务时,即教师意识到自身要承担尊重儿童人格和尊严及履行教育教学义务时,儿童才能真正享有其自然权利和学习权利;儿童只有意识到自身要承担尊重教师人格和尊严及承担学习义务时,教师才能真正享有其自然权利和教学权利。换言之,师生中任何一方放弃履行义务都是对对方相应权利的剥夺,最终造成主体间对彼此作为平等道德责任主体的蔑视和贬低。但在教学领域,由于社会对儿童无责任能力的误解导致对儿童权利过分"保护",具体表现为片面理解儿童权利,忽视了儿童在享有权利的同时还要承担相应的义务和责任,导致形成"教师只承担义务,而学生只享有权利"的畸形师生权利义务关系,这最终造成教师合法自然权利和专业教学权利的旁落,使教师无法获得作为"人"和"教师"的尊严。同时,脱离义务的学生权利也是不健康和不正当的权利,且在畸形的权利义务关系中,学生也无法通过师生主体间的权利承认形成"自尊"这一积极自我关系。

首先，教师作为自然人应当享有的"生命健康权"得不到相应的尊重和保障。学生尊重教师的"生命健康权"的底线是"学生不得殴打教师"[①]。"学生殴打教师"虽然看似耸人听闻，但近年来常见报端，例如柳州学生殴打老师事件[②]、15岁中学生用砖头击打老师头部事件[③]。虽然《中华人民共和国教师法》第三十五条对损害教师权利的行为作了规定，强调教师权利遭到侵犯时可以追究相关者民事和刑事责任，"侮辱、殴打教师的，根据不同情况，分别给予行政处分或者行政处罚；造成损害的，责令赔偿损失；情节严重，构成犯罪的，依法追究刑事责任"，但由于"中小学生殴打教师"中的肇事者是未成年人，在教师人身安全没有遭到特别严重的损害下，学校和社会有时出于对未成年人的保护，或者有些领导害怕"惹事上身"，往往就大事化小，小事化了，甚至"私了"。在学校调研中，部分初中教师也反映了人身安全被学生威胁的经历。

我们班有个男生在班级里就是"小霸王"，之前因为他课间打了班上另一个同学，被班主任喊到办公室问话，他当场就跟班主任顶起来了，还要动手，幸亏办公室其他几个男老师拦着，不然我相信他真的会动手打班主任的。说实话，他父母现在都不管他，我们当老师的更管不了，也不敢管。

---

① 不可否认的是，有些学生殴打教师的原因在于遭到了教师的蔑视、侮辱甚至体罚，尊严受到践踏后这部分学生在心理上自然会产生不满、愤怒甚至愤恨，为了发泄和报复，学生采取了公开顶撞教师甚至殴打教师的反抗行为。出于对这部分学生的理解和同情，我们可以把这部分学生殴打教师的行为理解为"积极争取自我权利和尊严"的斗争行为。但理解不代表我们认同甚至放纵学生顶撞或殴打教师的行为。我们必须承认"学生不得顶撞和殴打教师"也是教学正义的底线，教师的人格尊严和生命健康权同样不容侵犯。对于这部分殴打教师（尤其是出于反抗目的）的学生，我们不仅需要给予相应的惩罚，更需要引导其正当和有效地反抗教学蔑视。因为学生反抗教学蔑视的力量总是有限的，而且自身采取的公开反抗行为往往不能消除教学蔑视，反而会进一步带来伤害他人的严重后果，加深自己融入教学共同体的困难，因此我们应当教会学生遇到不正义教学对待时如何向父母或者他人寻求帮助和支持的方法，帮助其运用正当、有力的方法维护自身尊严。

② 2012年12月24日，广州柳州市一中学初二男生小强暴力殴打学校女老师王某。起因是这位女老师按照学校"不允许学生携带食品进入校园"的规定劝说小强把想要带进校园的饮料扔掉，但小强却故意将女老师引向学校男厕所，并在男厕所中对这名女教师拳打脚踢，甚至专门踢这位老师的下体，整个过程持续了3分钟左右。殴打老师事件发生后，学校与小强的家长谈妥，让家长先将小强接回家教育，可是第二天中午，小强家长到学校时称，自己孩子"必须在下周一前返校上课，否则将追究校方责任"。

③ 2019年10月24日，四川眉山仁寿县城北实验中学一初三学生不满教师的日常管理（禁止其在校内骑自行车），在教室内用砖头向其班主任头部狂砸9下，由于该教师是在没有察觉的背景下遭到该生的背后袭击，来不及反抗就直接晕倒在血泊中。

第五章 基于承认正义理论的教师教学正义分析

(T-CCE-14)

我们隔壁班有个男生之前带棍子来上课,这个男生上课也不听,就坐在桌子上,拿着棍子恶狠狠地盯着老师看。有个很"刚"的老教师让校长严肃处理这个学生,否则自己就不上课,但后来这个学生也只是在家待了几天就又回来了。老师的安全谁关心呢?不出人命,根本没人关心的。(T-CLC-7)

在课堂教学中,教师如果连最基本的生命健康权利都得不到尊重和保障,即作为"人"的基本尊严得不到承认,那么他们就会从根本上丧失对自身肩负的崇高育人使命和责任的信赖。为此,社会和学校要认识到《中华人民共和国未成年人保护法》是保护儿童免遭无端的权利侵犯和伤害,而不是一味保护侵犯和伤害他人权利的儿童;相反,对侵犯和伤害他人权利的儿童一定要予以正当的惩罚。正当的惩罚是建立在对儿童的尊重和承认基础之上的,即正是出于对儿童作为权利主体的尊重和承认,因此当他侵犯他人权利时,才需要施加相应的惩罚。放纵儿童侵犯教师的生命健康权不仅会造成对教师身体的伤害和人格的侮辱,这种行为本质上也昭示着对儿童道德责任能力和自尊的贬低——其逻辑是因为儿童不具备承担尊重他人自然权利的能力,所以不需要为自己的行为负责。但儿童道德心理学研究早已发现,儿童在1岁半时就有了自我意识,他们不仅能够明确地感觉到什么是"我的",还会表现出明显的是非感和善恶感;七八岁以后,儿童就能发展出平等的公正感,强调平等原则的重要性,强调规则面前"人人平等";十一二岁的儿童就拥有了"公道感",即公正不是大家"一视同仁",而是要考虑到每个人的不同情况。[①] 由此可见,义务教育阶段儿童完全有辨别和习得社会法律和学校行为规范的能力,并且有能力站在他人的立场上考虑他人的利益。因此,当学生"知法犯法",侵犯教师人身安全时,就应当承担相应的法律和道德责任,一味地"保护"学生反而不利于教学正义的实现。

其次,学生享有的权利被无限放大,导致教师承担过重的义务。一方面,教

---

① 皮亚杰.儿童的道德判断[M].傅统先,陆有铨,译.济南:山东教育出版社,1984:390.

师不仅要承担专业教学义务[①],还要承担照料儿童生活的义务。在访谈中,有教师就反映:

> 因为我们学校学生中午是在教室里集中用餐,所以每天中午学生用餐时作为班主任我都要"看"班。其中,有些家长由于担心自己孩子吃不饱或者不吃,就拜托我要看着他们家孩子吃饭。但是,我认为一个初一学生应该养成自己吃饭的习惯,不应该再依赖家长和教师的帮助了,所以我当时就拒绝了这些家长的要求。但有个家长居然跟校长反映了这件事情,说我作为教师不关爱学生,校长又来找我谈话,我没办法,只能天天中饭时盯着这几个孩子,有时他们吃得太慢了,我自己都错过了吃饭的时间。但我觉得这不是老师应该做的事情,我们又不是孩子的保姆。(T-CHE-4)

如果社会和学校无限扩大教师的义务和责任,把原本家庭应当承担的责任(如培养儿童良好的吃饭习惯)推卸给教师,只会导致教师产生职业倦怠和逃避教育教学责任,因为"教育责任扩大到无限只能消解教育责任,教育责任加重到教师不堪重负只能导致教师逃避教育责任"[②]。另一方面,学生权利的无限扩大还表现在对学生积极履行学习义务的忽视,导致教师专业教学权利被肆意侵犯。儿童作为学习活动的主体应当积极履行自身义务,《中华人民共和国教育法》第四十四条规定,受教育者应当履行"遵守法律、法规""遵守学生行为规范,尊敬师长,养成良好的思想品德和行为习惯""努力学习,完成规定的学习任务"及"遵守所在学校或者其他教育机构的管理制度"等四个方面的义务。在微观教育教学场域,儿童具体的学习义务是"要积极接受教师的指导与教学安排,主动地向教师报告学习中的问题与发展困惑"[③]。如果学生不积极履行自身的学习义务,那么教师的教学权利也就无从谈起。但在当下的教育教学中,由于对学生学习权利的过度保护和推崇,让教师本应享有的专业教学权利反而遭到剥

---

① 教师专业教学义务包含"按照国家和学校规定完成教育教学任务的义务""甄选教学内容和教学材料,保证其对学生发展的适宜性的义务"和"在教学进度和教学方式的安排与选择上,保证最大化地促进学生发展的义务"三方面内容。引自:冯婉桢.教师专业伦理的边界:以权利为基础[M].北京:教育科学出版社,2012:45.

② 胡锋吉.教师的教育责任界限[J].教育科学研究,2008(1):57-60.

③ 冯婉桢.教师专业伦理的边界:以权利为基础[M].北京:教育科学出版社,2012:53.

夺;同时,对儿童无责任能力的误解还导致教师成了学生在校学习的第一责任人,用教师的话来说就是:

> 社会和家长都信奉"没有教不会的学生,只有不会教的老师",那学生没教好,家长可能就认为是老师没本事。但是,有些学生就是自己不想学,家里父母也不管,我作为老师难道要跪着求学生学习吗?(T-CFM-9)

而需要"跪"着教学的教师显然丧失了相应的权利和尊严。为此,当社会和学校强调和重视学生学习权利时,也应当同时强调学生履行学习义务的重要性;当学生不履行义务时,教师也应当有权利和权力进行批评和适当惩戒。这样,学生才能意识到自身的学习义务,积极主动参与到教师组织和设计的教学活动中来,并自行克服学习中的困难,在实现教师学生权利平等的基础上保障教师和学生都能获得自尊。

第四节 价值贬低与成就旁落:基于成就赏识的教师教学正义审思

教学中的成就赏识原则强调教师根据儿童所具有的特殊价值对其成就予以相称的认可和承认,因此社会重视原则与权利平等原则有着根本性的不同,前者指向"对每个儿童特殊个人价值的尊重",而后者指向"对每个儿童拥有的普遍基本权利的尊重"。通过获得来自教学共同体他者的重视和赞赏,儿童才能把自己视为一个具有独特价值、与众不同的个体。基于"社会重视"原则审思师生交往活动的正义性可以发现,以社会重视为形式的教学承认存在以下两方面问题,集中体现为教师教学以单一的、与儿童完整性人格无关或模糊的价值标准评价儿童能力和人格时造成了等级划分和价值蔑视,不仅压制了学生多元才能发展的可能性,也破坏了学生生命的完整性。

一、"价值贬低":基于成绩的能力标准忽视了学生的多元才能

在班级授课制下,学生评价在一定程度上能够帮助教师更好地了解每个学

生当下的能力发展水平,进而有针对性地帮助每个学生确定下一阶段的学习方向和目标;同时,以一定的能力标准评价学生能力价值并给予相应的赞许,能够促进学生朝着教育教学共同体所期待的能力目标发展。但在实际的教学承认关系中,"学业成绩"往往成为教师衡量学生能力价值的唯一标准,这就使学生能力只能以一种封闭式的、单一化的价值标准得到衡量,儿童多样化才能的价值遭到忽视甚至贬低。同时,当儿童学习生活中只有一种单一的价值标准(即学业成绩标准)占统治地位时,必然导致学生按成绩高低被安置在不同的价值等级秩序上,这必然会造成教学对低学习成绩学生的能力排斥甚至人格贬低。

教师把对学生的能力承认限制和归属在"学生成绩"这一标准上,造成了教学拒绝承认儿童其他能力的价值,阻碍了学生多样化才能的发展,更剥夺了儿童通过发展自身多样化才能获得荣誉和他人重视的机会。在班级授课制下,教师面对的是具有多样化才能的儿童,"在我们的孩子中,有些孩子真正具有学术的兴趣和才能,他们发现普通学科非常让人着迷,有些具有修理机械的才能,有些具有艺术的才能,有些具有运动的才能,有些则具有'与人打交道的才能'"[1]。但是,一旦教师以分数作为衡量学生能力的唯一标准时,具有多样化才能的儿童在分数面前全都黯然失色,儿童自然也就失去了通过展现自身多样化才能,为集体创造价值并获得他人赏识和尊重的机会。访谈中有学生反映:

> 我画画很好,所以班主任就让我参与出班级黑板报(的任务)。但是由于我后面期中考试考得不好,老师就不让我出黑板报了,让我把时间多花在学习上。(S-C-2)

这位学生在诉说这段经历时心情是十分沮丧的。在学生看来,能在黑板报上画画,向大家展示自己画画的才能是一份荣誉,但教师因为学生的低成绩就剥夺了学生凭借自身画画才能获得重视的机会,这对这位学生来说是十分不公平的,也是不正义的。因为这位学生很有可能由于这次考试的低成绩面临被同伴排斥的风险,但出黑板报给了她一个"可以凭借自身画画才能获得其他同伴赞许和承认"进而免遭或降低被排斥风险的机会,教师独断、粗暴的行为不仅否

---

[1] 诺丁斯.教育哲学[M].许立新,译.北京:北京师范大学出版社,2008:217.

定了这位学生画画的才能价值,更加深了低能力学习者的不利地位和艰难处境。由此可见,当教师对学生的能力承认限制和归属在"学生成绩"这一标准上时,学生其他方面的突出能力在成绩面前就变得不值一提,有时甚至被教师认为是"不务正业",以致这些学生的多样化能力被消解和贬低。

当"成绩"成为衡量学生能力的唯一标准时,教师只能依据学生成绩而赋予其相应的教学重视,这必然引发教学共同体对低成绩学生群体能力的贬低和排斥,进而导致教师等级分配教学基本善物的行为。同时,依据学生成绩给予不同程度的教学重视,还会造成对低学习成绩者完整人格的价值贬低,导致其无法形成"自重"这一积极的自我关系。

一方面,当学校和教师根据学生成绩赋予其不同程度的重视和承认时,必定造成对低成绩学生的能力排斥,这是毋庸置疑的。因为个体所获得的赞许和承认程度是依据共同体价值标准判定而来的,学生通过展现符合教学共同体所期待的能力而获得相应的认可。而当成绩作为共同体的能力标准时,能力自然是以学生实际获得的学业成绩为象征,这就必然导致低成绩学生因为未达到共同体能力标准而遭受贬低。换言之,低学习成绩学生会因能力不足和局限而受到教师和其他同伴的贬低和排斥。且由于教学承认是依据成绩这一价值标准给予的,因此共同体中的能力排斥不是贬低某个低学习成绩者,而是贬低"低成绩"这一能力特征。为此,由成绩引发的排斥是对差生集体的蔑视和贬低。这样,教师就可以在学生之间进行教学基本善物的等级分配。由此可见,教师依据学生成绩进而采取等级分配和区别对待行为看似只是一种不公平的教学现象,其实反映出教师对低学习成绩者能力的集体性蔑视的不正义本质。

另一方面,依据学生分数给予不同程度的重视还使低成绩学生面临自身价值和完整人格被贬低的风险。正如杜威所指出的,"所有人都在做着同一个工作,并且(在与分级和与选拔相关的背诵或考试中)不是从他们的个人贡献而是从相对的成功这个立足点出发被评价,这种对于其他人的优越感被过分地诉求了,而缺乏自信的孩子们则很沮丧"①。由此可见,当学校和教师依据外在标准评定学生能力时,必定是将所有学生安置在以这种纯客观的标准为基础的等级制度之中,弱者会逐渐丧失效能感,不得不接受一种持续且持久的自卑地位;强者则会洋洋得意,不是为自身的力量而自豪,而是为自己比同伴更强一些而得意。弱者不仅因等级制度而丧失学习上的效能感,更会因为长期身处低等地位而受到价值和人格上的蔑视和贬低。具体表现为成绩高的学生被认为对集体贡献大,因而其自身价值高,在班级中的地位和荣誉也高;相反,成绩低的学生贡献小,自身价值也就低,在班级中的地位和荣誉也较低。而"一个人的'荣誉''尊严'或现代意义上的'地位',是指他或她的自我实现方式在社会传统文化境域中受到社会重视的程度"②。如果共同体以等级制度作为衡量个人价值的依据并赋予相应的荣誉、尊严和地位,那么必然造成把某些个体独特的生活形式和价值当作低劣之物或者残缺之物而予以贬低的不正义后果。此时,成绩低的学生往往不仅被认为能力低下,更会被视为无益于集体价值实现的存在,被随意地贴上"学渣""笨蛋""傻瓜"③等负面个人形象标签和与之相对应的"蠢笨""懒惰""道德败坏"等负面人格标签。相较于能力排斥,共同体生活中教师对低成绩学生零碎且持久的人格贬低和侮辱,不仅会直接给低学习成绩者带来心理痛苦,更会造成儿童对自我能力和特性的矮化和否定,导致其无法形成"自重"这一积极自我关系,因为"对个体而言,社会贬值的经验特别导致了自我重视的失落,即失落了将自己作为能力与特性均得到重视的存在来自我敬重的机会"④。自重的失落会导致儿童彻底丧失发展自我独特人格的勇气和动力。

二、"成就旁落":无关人格的价值标准破坏学生的生命完整性

以"成绩"作为学生能力评价标准并赋予与学生成绩相称的承认和赞许有

---

① 杜威.杜威全集.中期著作(第4卷:1907—1909)[C].陈亚军,姬志闯,译.上海:华东师范大学出版社,2010:221.
② 霍耐特.为承认而斗争[M].胡继华,译.上海:上海人民出版社,2021:186.
③ 这些负面形象标签都是学生访谈时,学生描绘他们所遇到的教师经常会使用的批评学习成绩低者的词汇。
④ 霍耐特.为承认而斗争[M].胡继华,译.上海:上海人民出版社,2021:186.

一定的合理性,但在实际教学中,学校和教师仅仅把"成绩"当作唯一的能力价值标准,并且只承认那些高学习成绩者的成绩(能力)价值,而贬低和排斥低学习成绩者的成绩(能力),进而扭曲了教学重视关系。如果说学校和教师误用了"学生成绩"这一能力标准进而导致不正义师生关系的出现,那么,教学中教师以某种与儿童完整性人格无关或者某种模糊的价值标准作为给予重视的理由,则直接地破坏了教学重视关系,完全背离了应然性的学生品质和人格发展价值要求。

首先,教师以儿童的某种身体特征作为评价标准,进而造成对儿童(尤其是身体存在残疾的儿童)的完整性体能和道德品质的排斥、贬低和侮辱。儿童的身体总是直观地呈现在教师和同伴的视线内,这就容易造成教师或同伴以儿童的某种身体形象和特征先入为主地定义儿童的能力和品质,且这种定义会影响师生交往中教师对儿童个人能力和品质的判断。其中,基于身体特征的体能价值贬低在残疾儿童身上表现得尤为明显。根植于一种文化价值模式,社会和学校都普遍认为身体存在残疾的群体是"非正常的、需要怜悯和同情的、可以免除社会责任和义务的,正是这一来自正常群体的带有人道主义意蕴的观念使得残疾群体不能有尊严地呈现自我"[①]。由此可见,对身体存在缺陷和残疾的群体的所谓"保护"有时反而造成了对这部分群体身体体能的排斥,其排斥逻辑是因为个体的身体存在缺陷,因此其体能的独特价值也是值得怀疑的,即个体是不具备体能价值而是需要他人照顾和帮助的对象。在C初中的课堂观察中,初一某班同学就因为其右腿存在轻微的残疾而丧失了参与体育活动的机会。在他又一次因为没办法上体育课,所以来班主任办公室学习时,研究者向他询问不能上体育课的原因和心情,他回答说:

> 因为我右腿不方便,体育老师担心我上课活动时出意外,所以就没让我参与。但我其实特别想和同学们一起去操场上,不想每次都一个人待在老师办公室,觉得挺无聊的。(S-C-1)

在与这位同学聊天时,研究者能明显感觉到他并不觉得被老师和同学特殊

---

① 吕寿伟.论教育排斥的道德伤害[J].教育理论与实践,2014,34(22):46-49.

照顾是一件很幸福的事情,相反他想让大家像对待正常孩子一样对待他。这位同学在接下来的聊天中还向研究者反复强调:"其实我的引体向上可以做得很好,我的双臂很有力量!""我的定点投篮技术也非常好!"(S-C-1)由此可见,学生不愿意教师因为自己某一部分的身体残疾就全盘否定其全部的体能价值。同时,教师对学生身体体能的歧视和贬低,其本质是贬低儿童个体作为共同体成员的独特价值,它暗示了儿童的自我形象是"不独立"和"无能"的,进而引发儿童对自我体能价值的贬低(自己就是残疾人,是无能的)及儿童对前途产生深深的自我仇恨(埋怨自己的无能和残疾,无法像正常儿童一样活动,怨天尤人)。无论是哪种心理都会伤害儿童的自重体验,导致身体存在缺陷的儿童不仅会否定自身的体能价值,更会否定自身完整的人格价值,把自己当作低人一等的"次等人"来看待,丧失发展自身特性和创造价值的信心。

其次,教师以"个人领域规范"作为评价儿童道德品质的价值标准,进而侵犯学生的独立人格。根据学者艾略特·特里尔(Elliot Turiel)和拉里·努奇(Larry Nucci)对规范的划分形式,研究者曾跟随硕士生导师将"中小学日常行为规范"划分和整理为"道德领域规范""习俗领域规范"和"个人领域规范"三类。其中,"朴素大方、不烫发、不染发、不化妆、不佩戴首饰等规范"都属于个人领域规范,这类行为"一般不涉及是非善恶判断,而只是个人偏爱和自由选择的问题,属于个人所拥有的合理特权"[①]。由此可见,个人领域规范一般是价值无涉的,无关个体道德品质。但是,在日常教学交往中,教师往往以个人领域规范作为评价学生品质的标准。在相关调查研究中,相较于道德问题(小明的恶作剧)和习俗问题(小明的礼貌),中小学教师认为个人领域问题(小明的长发)是最严重的违规行为,需要受到最严重的惩罚。[②] 这一研究深刻揭示了中小学教师将某种与儿童完整性品质无关的价值标准作为给予重视和惩罚理由的不正义。这就难怪中小学生认为"不准留长发""不准带手机"等是学校和教师的不合理规定。如果教师以个人领域规范作为衡量学生道德品质高低的标准,随意

[①] 刘次林,钱晓敏.领域理论与学校德育文化的改造[J].教育研究与实验,2018(3):23-28.
[②] 刘次林,钱晓敏.领域理论与学校德育文化的改造[J].教育研究与实验,2018(3):23-28.

地批评和惩罚"留长发""带手机""谈恋爱""不穿校服"的学生,给他们扣上"道德败坏"的标签,不仅是不合理的,也是不正义的。在本次学生访谈中,当研究者问及学生遭遇过哪些教师不尊重其人格的行为时,学生除了反映教师侮辱性语言对他们人格的伤害外,最典型和常见的不尊重行为就是野蛮侵犯学生的个人领域。

> 我们班主任对我们的发型要求比较严格。她要求我们女孩子是不能留齐刘海的,也不能披头散发,长头发一定要扎马尾。我们班一个女生总喜欢散着头发,有次班主任就当着全班学生的面批评了她一顿。因为这个女生成绩也不是很好,班主任就说她"不把心思放在正事上",花一半的心思在学习上都不至于倒数之类的。另外还说了一些更难听的话。(S-B-4)

因为学生"披头散发"的行为就对学生恶语相向、无故批评,这是非常不正义的行为,因为学生"披头散发"的行为并没有伤害任何人的利益。如果学生的齐刘海会对其视力造成不利影响,老师应该善意地提醒;如果学生因为"披头散发"给他人造成困扰或伤害,如头发散发的异味影响到他人学习,教师也有必要做出相应的提醒和劝诫。但这里的情形显然是教师无理由地批评和嘲讽学生,这对这位学生来说是十分不公平和不道德的。此外,当教师依据个人领域规范强行、野蛮地干涉学生个人事务时,只会导致学生的反感和反抗,这里学生的反感和反抗反而是其自主性和独立性的表现。若学生一味地听任和服从教师对其个人事务的干预,反而不利于其发展出区分"个人领域"和"公共领域"行为界限的意识和能力,也不利于独立人格的养成。

最后,教师以社会所需要的某种模糊的价值标准(以"就业"和"财富"为显著特征)作为衡量儿童人格价值和教学成就的依据,忽视每个儿童独特人格的自身价值。在教学交往中,很多教师用这样的话语来激励学生好好学习,如"好好读书才能考上大学""学这个将来才能好找工作""学这些未来才能好赚钱"等。杜威就曾指出这种为未来就业或者赚钱作准备的观点牺牲了儿童当下特殊能力发展的价值,他强调"用传统一般的期望和要求期待受教育者个人的特殊能力的标准。把以个人的优点和缺点为基础的严格的和明确的判断,代之以模糊不定的观念,预期青年在遥远的将来的成就……这种办法自以为成功的地方——自以为为将来作了准备,实际上正是它最失败的地方"①。"一切为未来作准备"的教学价值标准严格限制了儿童当下独特品质发展的价值,指向未来"就业"和"财富"的教学价值标准培养的是精于计算成绩的"学习狂"和未来精于计算薪酬的"工作狂",把个体整个生命的价值和目的都引向了"提高分数"和"扩充财富"活动上,以至于教师乃至儿童自身把个体生命当作赚取"分数"和"财富"的工具和机器来对待。在此境遇下,学业成绩也会自然而然地成为衡量学生独特价值的唯一标准,因为只有成绩好的学生未来才有希望考上好的大学,考上好的大学才能谋得一技之长,更好地投入生产活动,创造更多的社会财富;同时,好的工作才能确保个人获得高薪,获得高薪才能确保未来过上体面的生活。但在这样的价值标准下,所有儿童(即使是处在成绩优势地位的儿童)都无法形成对自身独特能力的肯定。因为"成绩""就业"和"财富"作为能力价值标准是外在于儿童自身发展追求的,它所突出的只是不同儿童在这一价值秩序中所处的等级位置和角色,因此无论任何人,只要处在等级序列的低层次位置,都会受到排斥甚至惩罚,这就迫使教学共同体中的每个儿童都不得不把自身当作"学习机器",以投入无止境的学习竞争活动。这样的教学重视所鼓励和培养的儿童就不是一个独特、自由和个性的独立存在,而是千篇一律、标准化的"学习木偶"和"学习机器"。同时,这种指向未来的某种模糊的价值标准不仅会埋没学生的独特人格价值,更会异化儿童的品质追求标准。与推崇"学习狂"和"工作狂"的能力标准相一致,以"就业"和"财富"为特征的教学价值标准会把诸如计算型智力、机敏、快速适应、八面玲珑当作优秀品质,把自我牺牲、家庭观念、忠厚、真诚等当作"傻瓜"和"过时"的品质。② 这样的教学标准培养出的势必是"精致的利己主义者",而非尊重他人独特人格价值而又自重的独特个体。

---

① 杜威.民主主义与教育[M].王承绪,译.北京:人民教育出版社,2001:59.
② 柳谦.教育承认与自我认同[D].南京:南京师范大学,2008:100.

第五节　基于承认正义理论分析
教师教学正义的局限

诚然,承认正义理论在分析教师教学正义过程中具有较强的理论与实践效力,它能够从师生自我尊严和价值的视角对师生间的交往活动进行伦理性审思,由此为深层次揭示不正义的教学交往问题(如扭曲的情感承认、心理冷漠、权利剥夺、畸形权利义务关系、价值贬低等)建立有效的理论支撑。但需要指出的是,仅仅基于承认正义理论分析和建构教学正义也存在一定的局限性。

一、主体间承认关系无法完全化解教学分配不公问题

师生主体间承认关系的建立是实现教学正义、化解教学不正义的重要路径,但教学不正义难道只体现为价值蔑视和尊严贬低吗？由教学资源匮乏和分配不公导致的教学不正义也都可以被归为价值承认的问题吗？或者说,获得价值承认就能解决分配不公的问题吗？显然教学不正义必然包含师生交往间的价值蔑视和尊严贬低及其对个体身心造成的道德伤害,且师生主体间的不承认关系也会导致分配不公的问题。但这并不意味着实现主体间的相互承认和尊重就能完全解决分配不公的问题,例如,由优质师资、课程资源和物质性教学设备的缺乏造成的分配不公就不是错误承认导致的,因而也不能依赖建立承认关系进行化解。分配不公不能依赖承认关系得以完全化解是源于两者产生的基础不同：分配问题根植于政治经济结构,而承认问题根植于制度化的文化价值模式。弗雷泽否定霍耐特的承认一元论,她认为分配和承认是两个不能相互化约的社会正义维度。其中,分配不公根植于政治经济制度,如对工人阶级的不公正剥削就根植于资本主义社会的经济结构,这种经济结构安排使工人阶级在那种准许资本家阶级为其私利侵吞剩余生产力的安排下必须出卖他们的劳动力。而错误承认则根植于制度化的文化价值模式,这种模式阻碍了人作为同等

人参与社会生活,"将一些参与者解释成劣等的、受排斥的、整体不同的、或完全无形的"①,进而剥夺了其自我形象和身份的完整性,以制度化的身份服从关系取代了主体间平等承认关系。

(1)承认关系无法解决由宏观政治经济政策因素影响造成的分配不公问题。根据弗雷泽对社会分配不公根源的理解,我们发现教学分配不公同样根源于政治经济结构安排,且相较于政治结构对宏观教育基本善物(如受教育权利、入学机会和优质的物质资源)分配的直接影响,政治经济结构对教学分配活动的影响是通过相关教育制度政策、教育发展经济模式的垄断及强权阶层对基本善物的支配性垄断来间接影响微观教学领域的善物分配,影响形式主要表现为以下四个方面:

第一,教育政策的高等教育偏向。由于高等教育培养出的人才能够直接投身到社会政治经济活动中,同时高等教育中知识和技术成果也能迅速转变为生产力,它的效益是即时性的,因此国家会偏向于对高等教育进行投资,而基础教育获得的教育投资相对较少,这会直接影响教学资源(尤其是物质性的教学资源)的公平分配问题。

第二,精英取向的教育政策。"制度化教育以筛选为本质特征,这种教育体系通常有利于社会上、经济上特权阶级的成员和那些在学业上最富有禀赋的人们,因而破坏或损害了大量学生的前途。"②精英取向的教育政策使初中学校为了升学率不得不办重点班,把优秀的师资和资源都集中分配给有望升入高中的学生;同时,精英取向的教育政策也必然造成教师教学只关注少数优秀学生,忽视全体学生平等发展的需要,甚至以牺牲升学无望学生的学习权利和机会为代价换取更高的升学率;此外,教师为了提高教学效率,也会无视学生个性化发展的需要。

第三,教育发展的经济主义模式。当前,随着市场因素在义务教育中的"渗

---

① 弗雷泽,霍耐特.再分配,还是承认?——一个政治哲学对话[M].周穗明,译.上海:上海人民出版社,2009:22.
② 冯建军.教育公正——政治哲学的视角[M].福州:福建教育出版社,2008:317.

透",民办学校迅猛出现且不断壮大。民办教育办学机制更加灵活,而且它由社会投资,市场敏感性高,它与家长之间是一种软约束的买卖关系,一旦无法达到家长需求,家长就可以弃之而去。因此为了提高自身的教学质量和品质,民办初中学校招生时存在严重的"掐尖儿"问题,这导致公立初中既招不到优秀的学生,也留不住优秀的教师,间接造成普通公立初中不得不办重点班以保障自身的升学率,这更加剧加深了"精英取向"政策对教师分配微观教学基本善物的不利影响。

第四,社会政治经济结构所形成的强势阶层会造成对社会基本善物的垄断,进而影响教学基本善物的分配。"从社会分层角度来看,社会成员除中间阶层外可以分为三大阶层,即以政府官员、公务员为核心的权势阶层;以企业家、银行家、大商人等为主体的强势阶层;以失地农民、下岗工人以及失业人群为主体的弱势阶层。"[1]权势阶层和强势阶层不仅占有了机会、职位和金钱等社会基本善物,同时他们还可以利用这些善物获取教育教学领域中所有其他种类的善物:入学和升学的机会、优质师资和教学资源等。正如沃尔泽指出的:"某个男人和女人群体——阶级、种姓等级、社会阶层、身份、联盟或社会构成——最终享受对某种支配性的善的垄断或近乎垄断;或者,若干群体间的联盟享受这种垄断,等等。这种支配性的善或多或少有规律地转化成所有其他种类的东西——机会、权力和名誉。"[2]教育教学要警惕权力和金钱对教育教学基本善物分配的影响,避免"赢者通吃"的分配不公问题。

(2)承认关系只能化解因不平等身份带来的错误承认进而造成的分配不公问题,而无法完全化解由教育评价制度引发的分配问题。弗雷泽否定了霍耐特将错误承认归结为"对人的自我肯定和完整性的道德心理损害"的观点,她强调错误承认不是精神扭曲和妨碍自我实现的伦理问题,而是制度化的文化价值模式建构的身份服从关系阻碍了人作为同等人参与社会生活的问题,这时错误承认才是正义问题。由此可见,虽然弗雷泽和霍耐特都认为错误承认妨碍自我身

---

[1] 冯建军.教育公正——政治哲学的视角[M].福州:福建教育出版社,2008:317.
[2] 沃尔泽.正义诸领域:为多元主义与平等一辩[M].褚松燕,译.南京:译林出版社,2009:10.

份的建构,但是前者认为它损害的是个体身份认同和自我实现,即个体追求"好生活"的能力;但后者强调错误承认妨碍的是个体同等参与社会生活的地位,而平等参与是实现社会正义的前提条件。以弗雷泽的观点审视教学活动,我们发现教学关系中的错误承认也根植于制度化的师生关系文化价值模式,同时中西方师生关系文化价值取向的冲突更激化了错误承认发生的可能性。

一是中国传统文化中"私亲"的价值观念影响了师生间情感关系和成就赏识。中国传统师生关系文化强调"一日为师,终身为父",这就充分说明了师生关系的"私人性"。因为师生关系是父子关系的延伸,因此教师应当无条件地给予学生情感支持,关心、关怀学生健康生长。但在传统的父子关系中,"子"是没有独立人格的,父子关系延伸到师生之间,学生也是没有独立人格的。因而把师生关系单纯理解为亲子关系,就必然会导致教师公私不分。一方面,教师会在处理班级公共事务时夹杂个人情感偏好,贬低学生情感的独特价值,造成扭曲的教学承认;另一方面,教师打着爱的名义随意侵犯学生的个人领域事务,贬低学生人格。

二是中国传统文化中"尊师"价值理念和西方"教仆"文化深刻影响了师生之间的权力和权利关系。一方面,"尊师"是中国传统文化的重要组成部分,"尊师"源于"遵道",韩愈《师说》中就明确提出"道之所存,师之所存也"。因为教师是"道"的化身,这就赋予了教师极大的教学权威和权力,以至于这一观念被一些人演绎为等级制的教师为尊[①],这时处在"尊位"的教师就获得了体罚学生、侵犯剥夺学生权利的"正当性";另一方面,"教仆"是西方文化传统中教师形象的重要内容。虽然在古希腊时期,教师有"德高望重的贵族担任的教师"和"地位低下的仆人和奴隶负责的教仆"两类,但是"西方文化传统中后来更多保留的是'教仆'的教师身份内涵,即使保留某些尊严,但教仆的经济和社会地位仍然比较低"[②]。这一文化价值导致"教师"在西方社会就是一份普通甚至地位不高的

[①] 单方面的"教师为尊"显然违背了"师道尊严"的内涵要义。因为"尊师"本质源于"遵道",当教师"为师不尊"时,即教师行为违背了"道"的要求,学生也就没必要再尊敬老师了。

[②] 檀传宝.回望"打他,就是看得起我!"——师生关系的中华文化坚守[J].北京教育(普教版),2020(8):26-29.

职业。在"教仆"文化价值冲击下,当代我国教师的"尊严"日益式微,特别是在义务教育阶段,部分家长甚至学校把教师当作陪伴、辅导和监督儿童学习的"仆人",这就必然会导致上文所提及的"师生间畸形的权利义务关系"。

霍耐特提出的"情感需要""权利平等"和"社会重视"三大承认原则能够有效针对解决上述问题,除了能消解个体在不平等交往中遭受的不公正道德体验外,更重要的是恢复教师和儿童的独立平等的身份和地位。但是,师生间的承认问题除了上述由制度化的文化价值模式引发的错误承认外,还有由教育评价制度引发的功利性承认,这种功利性的承认导致的不是对个体身份的歧视和排斥,而是对个体能力的排斥,如上文所提及的以"成绩"作为儿童能力衡量标准造成对多样化才能的打击、以"就业"和"财富"作为衡量儿童完整性品质和成就标准等都是功利性承认的表现。功利性承认的根源不在于制度化的师生关系文化价值模式,而在于教育评价制度安排,其根源在于政治经济结构安排。如果不改变精英取向的教育政策导向,以多元评价标准替代单一的个体知行能力标准,"成就赏识"原则就无法得以保障,高成绩学生必然获得更多的荣誉和资源,分配不公问题必然将持久存在。

二、教学承认关系的建构依赖于公平分配的程序规范

当师生主体间无法形成承认关系(即蔑视一旦形成),重建承认关系就成为实现教学正义的当务之急。霍耐特提出主体遭受的道德伤害经验是促使主体为争取承认进行斗争的巨大道德动力,且斗争对主体挽回和维护自我尊严和人格完整性具有重要意义。但是在教学关系中,被蔑视的群体本身就处在弱势地位,这就决定了以斗争路径恢复承认关系的艰难性,且以斗争的形式重获自尊的路径往往会引发暴力和冲突,使弱势群体愈加被边缘化。在此背景下,一种更为理性的反抗形式——师生间的民主协商则显得更为积极,但是由于蔑视关系存在于民主协商活动之前,这就破坏了民主协商活动得以开展的前提和基础——个体作为共同体成员的平等资格。在此背景下,被蔑视和排斥的弱势群体想要通过民主协商改变制度化文化价值模式进而恢复自身平等身份的机会

就十分渺茫。当无法依赖(暴力)斗争和民主协商路径以直接恢复承认关系时，我们可以寻求一种规范性而非经验性的正义实现路径，借助建立在普遍形式上的公平分配原则提供普遍性规范，破除因具体情境、对象和情感等影响因素造成的情感上的扭曲承认和身份上的错误承认。

首先，以斗争的形式恢复师生主体间承认关系会引发暴力和冷漠问题。霍耐特从道德心理学出发构建其社会批判理论，强调主体所经受的道德伤害经验具有激发个体参与集体反抗和斗争，进而把自身从消极忍受羞辱的悲苦处境中解救出来的积极影响。他指出，"因为个体期待着未来的交往共同体承认他们目前的能力，这样他们在现实环境中虽然未能得到承认，但在将来将获得社会的承认。在这一意义上，个体积极投身于政治斗争，公开证明他对蔑视和伤害的经验能力，这样可以挽回一点失去了的自尊"[①]。在教学交往关系中，进行蔑视的主体往往是拥有绝对教学权威的教师和处在优势地位的学生，处在弱势地位的学生在遭遇蔑视、羞辱和边缘化对待时所形成的不满和道德愤懑是其为捍卫自我尊严进行斗争的心理动力。在面对来自教师或同伴的蔑视时，处在弱势地位的学生主要通过公开辱骂甚至殴打教师和同伴来表达自己的不满和愤懑情绪；抑或是通过学习上的不合作(如消极参与课堂活动、不按时完成学习任务等)和日常学习生活中冷漠的情感表达"无声"地反抗不公待遇。但无论是哪种斗争和反抗都是非理性的，其结果可能会增加处在弱势地位的学生融入共同体的难度，加深其边缘地位。

其次，身份不平等造成学生难以通过民主协商恢复平等地位。相较诉诸暴力和冷漠的斗争形式，民主协商显得更为理性和规范，而且民主协商形式可以通过直接有效澄清文化价值模式带来的身份问题，使不合理的文化价值模式去制度化。弗雷泽指出，"通过公共辩论的民主程序，对话式地和散漫式地运用参与平等的规范。在这些辩论中，参与者争论关于现存的制度化的文化价值模式是否阻碍了参与平等，和有关所倡导的替代选择是否会鼓励参与平等——如果

[①] 霍耐特.为承认而斗争[M].胡继华,译.上海:上海人民出版社,2021:227.

第五章 基于承认正义理论的教师教学正义分析

没有不合理地引导或加剧其他不平等"①。由此可见,只有在辩论和协商的过程中,主体间才能理解彼此的立场和境况,才能对文化价值模式达成一致性理解,将非正义的制度化文化价值模式去制度化,进而恢复主体间的平等身份,保证每个社会成员都被承认作为相互作用的正式群体伙伴的地位。但在蔑视关系中,个体已经被剥夺了共同体成员的资格,这就意味着他丧失了参与民主协商的机会。同时,民主协商需要理性的参与,即参与协商的主体是理性的主体,但义务教育阶段的学生,尤其是低学段的学生的理性发展是不足的。因此,恢复承认关系的民主协商路径也是存疑的。

最后,依据纯粹正义程序进行的公平分配强调儿童获得教学基本善物的平等地位,这种形式正义规定了教学基本善物的分配不以尊重和承认关系为转移,进而也破解了基于承认正义的教学正义过于重视师生个体遭受道德伤害的特殊经验,而缺乏普遍性规范约束的问题。霍耐特的承认伦理学以道德心理学为基础,从主体内在的道德伤害经验出发对社会问题和失序进行诊断和批判。虽然诉诸道德伤害经验的社会批判理论能够"使读者产生移情,增强理论的说服力",但"经验性的东西需要强有力的证明才能令人信服,体验和经历都是内在性的个体化的东西……我们的社会需要向前发展,需要理性的同一性作为支撑,需要社会规范约束力规约人们的心灵和行为"②。同样,基于承认伦理学基础上的教学正义理论关注教学生活的经验性和情感性,关注师生主体的差异性和独特性,关注师生遭遇的不公正的道德体验等。但由于缺乏强有力的普遍规范引导,因而依赖承认原则破解不正义关系的效果也降低了。与之相反,罗尔斯的纯粹程序正义完全是一种形式的正义。他通过设置"无知之幕"使各社会成员的社会地位、阶级事实、经济状况、天生资质、自然能力、善的观念等特殊事实得以遮蔽,各方只能在基本理性能力作用下建立一种纯粹的程序正义。以"无知之幕"为前提,纯粹的程序正义也脱离了个人经验、欲望和利益诉求,"在

---

① 弗雷泽,霍耐特.再分配,还是承认?——一个政治哲学对话[M].周穗明,译.上海:上海人民出版社,2009:34.
② 任彩红.霍耐特承认伦理研究[D].武汉:华中科技大学,2009:159.

纯粹的程序正义中,利益分配一开始就不是对一定的量可用于已知个人的特定欲望和需求的利益的分配"①,而这一纯粹的程序正义的巨大实践优点就是"在满足正义的要求时,它不再需要追溯无数的特殊环境和个人在不断改变着的相对地位,我们避免了将由这类细节引起的非常复杂的原则问题"②。从罗尔斯的纯粹程序正义理念出发,教师关注的是普遍性的规范,既不以儿童个人间的差异因素、个人偏好和欲望、境遇等不同因素为转移,也不受主体间道德经验和体验的影响,而仅仅从教学应当遵循的同一性规范和原则要求出发,设置开放的教学程序,使每个儿童都能获得同等的学习自由、学习机会等教学基本善物。教师教学也依赖公平分配所强调的普遍形式规范,进而确保教学共同体所有成员在规范面前的平等性,破除因具体情境、对象和情感等因素影响造成的扭曲的教学承认和错误承认。正如学者所指出的:"形式性规范是针对道德空间中所有理性主体的……这样一来,具有形而上学的形式伦理便通过对价值选择、成员身份、个体特征等实质性内容的忽略而去除了教育排斥得以存在的基本条件。"③

---

① 罗尔斯.正义论[M].何怀宏,等译.北京:中国社会科学出版社,1988:88.
② 罗尔斯.正义论[M].何怀宏,等译.北京:中国社会科学出版社,1988:88.
③ 吕寿伟.在形式与实质之间的教育伦理生活——论承认伦理学对教育排斥的解构[J].湖南师范大学教育科学学报,2016,15(2):18-24,102.

第六章 教师教学正义化的理论原则和实践路径

第六章 教师教学正义化的理论原则和实践路径

面对教师教学实践中遭遇的正义困境和问题,教学如何走向正义(即教学正义化如何实现)是本章关涉和回应的核心问题。为此,本章从"正义原则构建"和"实施路径建议"两方面入手,以期为教师教学正义化提供相应的原则和实践策略建议。基于此,一方面,本章结合教学正义的三种研究范式——公平分配范式、道德应得范式和价值承认范式——所发现的实践问题,以及三种研究范式在构建和分析教学正义问题上的限度,在深度耦合三种正义理论的基础上建构了一个有教育学立场和目光的"一元三维"教学正义原则体系,尝试为改善教师教学资源分配行为和师生主体间交往行为提供价值判断依据和标准;另一方面,本章还依据教学正义原则内容提出相应的实践路径,以期帮助教师在教学实践中落实这些正义原则。同时,为了增强实践路径的针对性、有效性和可操作性,实践路径的提出结合了此次访谈和观察中教师自身提出和践行的优秀教学经验。

第一节 "一元三维":教师教学正义的理论原则

每个儿童的人性完善与发展是教育的"终极善",也是教学正义核心价值旨归,因而也是教学正义原则体系的"一元"。为什么教学正义原则体系需要有个"一"来作为核心价值旨归呢?这是因为在具体的教学问题上,不同的教学正义原则既存在复杂的关联,也存在潜在的冲突。如之前研究所发现的"初中学校分层走班不仅没有缩小不同能力层次学生之间的差异,反而扩大了差异并加剧了教学不平等"这一现象,就反映了"道德应得"和"公平分配"两种原则的关联和冲突。这里,道德应得原则削弱了平等原则要求,给能力不足者带来不应得的不平等;但平等原则也会带来抹杀差异的危险,削弱个性化发展要求,抑制能者潜能的发展。这时,教学要不要"分层"、怎么"分层"的问题就不能依赖教学正义原则自身给出建议、方案和价值标准,而是要以"每个儿童的人性完善与发展"作为处理不同教学正义原则冲突、考虑其优先性的最终基准和依据。在上述案例中,如果分层教学没有降低部分儿童的学习期望,没有打击部分儿童的自信心和自尊心,反而使每个儿童获得增值发展,提升了每个儿童对未来发展的期望,那这时教师所采取的分层教学组织形式就是正义的。

"三维"涉及具体的教学正义原则。在阐释具体原则内容前,我们首先需要回答"为什么教学正义原则的形式是'多'而不能是'一'"这一问题。多元正义原则的选择源于"历史经验参照"和"教学自身的复杂性"。从历史经验上看,"正义原则很难统一为一个单一的原则,无论是古典的功利原则还是诺齐克的权利原则,出路可能还是在某种综合、某种中道之中。在这方面,罗尔斯的'词典式序列'是一个颇具启发性的观念。正义原则不是单数,而是复数,不是一个,而是一批"①。此外,教学自身的复杂性决定了教学正义研究范式的多元性,这也造成教学正义原则的形式是多维的。教育作为一个独立的正义领域,具有自身目的所内含的正义原则。又由于教育本身是一个多维度的复杂领域,既关联各类教学善物的分配,也涉及师生主体人格,这就决定了教学正义的多元研究范式。在教学正义研究中,"简单地用其中任何一种教学正义范式否定或取代其他范式的做法,既消解了教育领域的多样性和复杂性,又忽略了其他范式的理智资源,因而是粗暴或独断的"②。本书在综合和深度耦合"公平分配""道德应得"和"价值承认"三种教学正义研究范式基础上提出了三个具体的教学正义原则。它们分别为:(1)不羞辱原则。教师教学活动不能以贬低学生和支配学生的方式进行,教师教学活动不能把儿童当作随意处置的对象,进而随意剥夺儿童的正当权利,贬低儿童的人格价值。(2)平等原则。教师教学既要保障每位儿童平等获得学习自由、学习机会和其他教学基本善物,同时师生间、生生

---

① 何怀宏.公平的正义:解读罗尔斯《正义论》[M].济南:山东人民出版社,2002:228.
② 吴煌.教育正义:走向多元综合的范式[J].湖南师范大学教育科学学报,2017,16(2):83-88.

间还要在肯定和认可彼此作为权利主体的基础上建立权利平等关系。(3)差异原则。教师教学既要保障每个学生依据其品格和能力的差异性特质得其应得,并强调处在优势地位的儿童帮助处在不利地位的儿童的道德义务;同时建立教学重视关系,在承认每个学生人格的特殊价值基础上,建立多元能力标准,包容和接纳每个孩子的独特品质和能力。同时,在三个教学正义原则的关系上,三者之间也存在优先序列。不羞辱原则是底线原则,它在教学正义原则体系中处于优先地位;同时,无论是在教学善物分配活动中还是在师生交往互动中,平等原则也始终优先于差异原则。最后,三个教学正义原则共同致力于保障和实现每个儿童的平等道德地位,维护每个儿童的尊严。不羞辱原则旨在保障每个儿童免遭羞辱和不公正的道德体验,避免"支配"和"贬低"行为对儿童平等道德地位的销蚀;平等原则和差异原则致力于提升每个儿童的平等道德地位和尊严,为每个儿童人格完善与发展提供平等条件保障和主体间平等关系保障,并鼓励每个儿童追求卓越,提升其道德人格和追求尊严生活的能力。

总体而言,"一元三维"教学正义理论原则框架就像一个车夫驱策三匹马,三匹马均由车夫所约束。

一、"一元":所有儿童个性化的发展

"每个儿童的人性完善与发展"是教师教学正义的最终目的(终极善),所谓"终极善"即"教育的终极性的价值,是人类教育生活实践追求的根本对象。它是教育应当追求的,而且这种应当体现了正当"[1]。而所有儿童的人性完善和发展最终集中呈示为每个儿童的个性化发展,即"使得每个学生成为其所应该成为的人"[2]。

第一,"个性化发展"蕴含着"人性善"的人性假设。只有基于"人性善"的人性假设,教师教学才会关注和尊重儿童的天性,并根据学生的善良天性寻找相适应的教学内容和方法,进而把儿童内在的善良天性充分地激发和显现出来。

---

[1] 金生鈜.教育与正义:教育正义的哲学想象[M].福州:福建教育出版社,2012:99.
[2] 冯建军.教育公正——政治哲学的视角[M].福州:福建教育出版社,2008:237.

也只有教师教学把儿童的天性充分激发和显现出来时,儿童的差异性才能得以显现。且由于"共同天性"和"差异个性"都是内属于儿童的,因此发展的责任在儿童自身,教师的主要任务就是提供儿童内在发展所需的资源和条件,调动儿童自身的积极因素和能动性。质言之,"个性化发展"是在承认所有儿童善良天性的基础上,引导儿童天性充分发展,进而充分彰显儿童个人人格特质。

第二,"所有儿童的个性化发展"体现了教学实践对每个受教育者个性价值和道德人格的平等尊重。所有儿童的"全员面向"昭示着虽然儿童个性存在差异,但每个儿童的个性都是有价值的。换言之,虽然每个儿童的道德品质和能力存在发展水平上的差异,但教育教学不能以差异水平来衡量儿童个性的价值。这不仅是因为每个儿童都是具有巨大发展潜能的个体,每个儿童个性价值不可估量和衡量,而且是因为儿童的个性价值是平等的。个性价值的平等性源于儿童作为道德主体拥有平等地位,即每个儿童"追求生活理想和人格理想的主体性是平等的,虽然他们的生活理想和生活目标存在差异,但在符合正义的条件下是平等的"①。因此,教育教学要允许每个儿童自主选择人格理想和发展目标,而不能以一种具体目标结构框定所有儿童的发展,销蚀他们追求多元能力的热情。当教育只用单一的目标设定来指导所有儿童的发展时,必然导致教师教学把每个儿童按照规定能力达成程度进行高低排列,进而把他们安置在不平等的能力阶梯中,这显然是不正义的。低龄阶段的儿童虽然还无法自主选择人生目标,但教育实践要尊重儿童的主体选择,为他们提供宽广博大的人格基础。只有这样,每个儿童的才智、品格等人格特质才能从中发展出来。

第三,"所有儿童个性化发展"也是我国教育教学政策的价值追求。我国教育教学政策重视发展每个儿童的独特潜能,强调教学中教师既要平等对待每个学生,同时也要关注每个学生的个体性差异、个性化选择和发展。如《中华人民共和国义务教育法》第二十九条规定:"教师在教育教学中应当平等对待学生,关注学生的个体差异,因材施教,促进学生的充分发展。"《国家中长期教育改革和发展规划纲要(2010—2020年)》要求,"为学习者提供方便、灵活、个性化的学

---

① 金生鈜.教育与正义:教育正义的哲学想象[M].福州:福建教育出版社,2012:214.

第六章 教师教学正义化的理论原则和实践路径

习条件""坚持……全面发展与个性发展的统一""树立多样化人才观念,尊重个人选择,鼓励个性发展,不拘一格培养人才""关注学生不同特点和个性差异,发展每一个学生的优势潜能"。教育政策强调和规定了"所有儿童个性化发展"不是随心所欲的、没有标准和目的的发展,而是基于全面合格基础上的个性化发展,即所有义务教育阶段学生的发展首先需要实现基本全面发展的要求,达到国家规定的基础教育的质量标准,只有儿童全面发展的根基越夯实,个性发展才越有基础和动力。以义务教育质量国家标准为底线,教师教学不仅要保障所有儿童掌握基本的知识和技能,还要关注学生情感、态度、价值观等方面的发展,即学生综合素质的达成。

教育政策中的"所有儿童的个性化发展"需要受到国家规定的基础教育质量标准的检测,而为了检测所有儿童在这一基准上的达成程度,国家就有必要采取会考形式以衡量义务教育促进儿童个性化发展的实现程度。但由于儿童情感、态度、价值等方面的发展水平难以测评,而儿童对基本知识和技能的掌握程度则可以通过基本考试形式加以检测,这就导致学校在实际教学过程中,将国家教育政策规定的"所有儿童全面且个性化的发展"要求异变为"所有儿童学业成绩的基本合格"和"部分儿童的特长发展"的育人目标。毋庸置疑,这一转变会造成极为糟糕的后果,且这些后果已经在实践场域不断显现出来。其中,最为突出的问题是,教学的功利性价值取向加重,"成绩提高"替代了"全面发展"的内涵要义,"个性发展"成为少部分优等生的专属权利,学习能力不足者则被剥夺了发展多样化才能的机会。正如学者指出的,"在现实的教育制度规约中,要么使个性的发展缺少外在的自由,要么使个性发展的自由只能建立在为数不多的少数人利益需求基础之上"[①]。具体而言,为了保障所有儿童达到基本合格要求,教师的"教"和学生的"学"的内容都围绕考试内容,教师"教"的方法和学生"学"的方法也取决于如何能将知识更有效地"装"进儿童的脑袋里,以方便其考试时顺利地提取出来。这里,学生被剥夺了自由选择学习内容和学习方法的权利。而那些考试不会涉及的、不能转化为学生成绩的内容,如学生的审

---

① 苏君阳.公正与教育[M].北京:北京师范大学出版社,2008:128.

美体验、道德涵养、劳动价值观等，教师教学则会选择忽视，甚至牺牲这些内容以换取学生对更多知识点的识记。在此背景下，学生门门功课都要学好，且有些学校教学为了追求自身的升学率，追求学生成绩越高越好，因而这里的"好"已经超出了国家基础教育质量标准对所有儿童做出的基本要求，即所有儿童在具备基本的教育教学条件下通过自身稍加努力就能达到的基本合格水平。"基本合格的基准线"一旦被人为提高，无疑会加重学生课业负担，使学生疲惫不堪；同时，它也压缩和限制了儿童全面个性化发展的时间和空间，使学生沦为一个个学习和考试的"机器"。此外，由于学习能力较弱的学生疲于应付"合格"的考试要求，这些学生的个性化发展需要通常被教师所忽视，个人的特殊才能有时甚至会被有些教师认定为"不学无术"。在此背景下，只有少部分优等生的兴趣和需要被教师所认可，所有学生个性化发展的需要变为了少部分优等生的专属权利，即只有成绩好才有资格和机会发展自己的兴趣和爱好。质言之，功利取向的教学不仅人为提高了基本合格的底线标准，使所有儿童被迫"卷"入学习竞争中，削减所有儿童发展个性的热情、时间和空间；更会剥夺低学习能力者发展个性的机会和权利，其个性发展的兴趣和需要被教师忽视甚至贬低，个性化发展成为少部分学习优秀者的特权。

　　基于此，本书强调正义教学所带来的育人结果难以借助某一价值尺度加以衡量，教学也难以通过某种评价方式检测"每个儿童个性化发展"的平等实现程度，因为每个儿童个性化发展的实现程度都会受到儿童的发展目标和生活理想、儿童的自然禀赋、家庭背景、努力程度、兴趣和爱好等众多因素的影响；反之，如果强调"所有儿童个性化发展"是一种实质性的教学结果平等，那么这必然导致教学是以"考试"和"成绩"作为衡量学生发展的依据，但教学实践中很多不正义的问题往往都是由依据学生成绩进行不平等的资源分配和交往所造成的。正义教学所指向的结果平等应当是"每个儿童的道德地位平等"，虽然这一育人结果难以用某种评价方式得到衡量，但毋庸置疑的是，如果教师教学遵循正义原则，那么就会自然达成义务教育要求的教育结果平等，确保每个适龄儿童在完成义务教育后都能达到国家规定的学业质量标准，实现所有儿童在综合素质发展上的"基本合格"。

二、"三维":不羞辱、平等和差异原则

基于三种教学正义研究范式的研究主题和各自面临的限度,本书在深度耦合三种范式基础之上,提出具体的教学正义原则:不羞辱原则、平等原则和差异原则。

第一,三种教学正义研究范式的主题各有偏重,难以相互替代。当教学活动以"所有儿童个性化发展"作为最终发展目标时,应当要考虑"教学基本善物的公平分配""儿童个人的品质和能力特质"和"师生主体间承认关系"三个方面。其中,"教学基本善物的公平分配"立足于为每个儿童的个性化发展提供平等的条件(如学习自由和学习机会),并排除那些阻碍儿童平等获得教学基本善物的偶然性因素(如自然禀赋和家庭背景)的影响。"儿童个人的品质和能力特质"强调正义的教学应当关注每个儿童的差异性特质,并以儿童的道德品质和能力作为分配教学善物的依据。它关注每个儿童获得教学善物的个体性因素,强调每个儿童应当获得与其独特品质和才能相称的教学善物,进而增强儿童完善自我人格的道德责任感,因为"按他们的应得对待人的方式是把他们当自主的存在物对待,为他们自己的行为负责"[1]。"师生主体间的承认关系"强调正义的教学应当为"每个儿童的个性化发展"提供主体间关系保障——爱的情感支持、权利承认和成就赞赏,并消除蔑视关系带来的消极道德体验对儿童完整人格的破坏和销蚀。综上所述,无论是"公平分配"还是"道德应得",抑或是"价值承认"教学正义研究范式,它们各自关注的教学正义主题是不同的。也正因为这三种教学正义研究范式关涉的侧重点不同,所以这三种研究范式之间并非可以相互取代的关系;相反,它们都有各自的使用范围和边界,都有各自针对的问题。

第二,由于三种教学正义研究范式各自面临相应的限度,因此教学正义的实现不能单纯依靠某个范式的支撑,更应该建立在三种教学正义范式"互补式"

---

[1] 王立.应得正义观之道德考察[J].浙江社会科学,2015(6):36-44,156.

综合基础之上。"三维"教学正义原则就是在深度耦合三种教学正义范式基础上提出的,深度耦合的意义在于超越每种单一研究方式的框架,综合采用各范式之长,整体性地构建教学正义原则。结合本书第三、四、五章的研究可发现,三种教学正义范式存在以下局限性。首先,公平分配范式聚焦"教学基本善物",关注儿童在平等获得课程资源、教师资源和参与课堂互动与交流并获得发展的学习自由和机会,以及更为潜在的获得教学时间和空间的权利和机会,但无法顾及儿童个人差异特质,也无法解决师生间由于身份歧视造成的情感冷漠和价值蔑视问题。其次,道德应得范式关注儿童个人品质和能力的特殊性和差异性,强调教学善物的分配需要与儿童主体因素相称。但由于缺乏平等视角,这一范式容易演变为对等级性地位和身份的维护;同时,由于儿童个体品质和能力的获得很大程度上受到自然禀赋、社会背景和外在制度等不受其主观意志控制的偶然性因素影响,因此这些偶然性因素带来的个体发展上的自然优势或劣势是不应得的,因为不应得的优势或劣势继而获得的有利或不利对待也是不应得的,它会加深儿童间的不平等,进一步扩大发展差距。最后,价值承认范式把握了教学现场中师生的主体间性存在状态,强调儿童积极自我实践关系的形成和自我实现。但承认关系无法化解根植于经济政治制度的教学善物分配不公的问题,同时由于以斗争形式和民主协商形式重塑共同体的价值标准来恢复承认关系存在困难,而且"人们在做出一个行动时,并不完全了解自己正在做什么。动机和行为对每个人而言并不是由个人完全预见的"[①],因此,教学现场中正式的、完全的承认似乎也是一种幻想,正义教学的实现不能完全依赖于师生间承认关系的建立,还需要依凭抽象性和普遍性的形式规范的约束和指导。

基于三种教学正义研究范式的研究主题和各自面临的限度,本书深度耦合"公平分配"研究范式、"道德应得"研究范式和"价值承认"研究范式,提出有教育学自身"目光"的教学正义原则体系。这一原则体系是三种教学正义研究范式"互补式综合"和"交叉矫正"的集中体现,所谓"交叉矫正"即使用与正义的一

---

① 奥尔森.伤害+侮辱——争论中的再分配承认和代表权[M].高静宇,译.上海:上海人民出版社,2009:304.

第六章　教师教学正义化的理论原则和实践路径

个维度有关的方式去矫正与另一个维度有关的不平等,使用分配方式去纠正错误承认,并使用承认方式纠正分配不公问题。① 本书的"交叉矫正"存在于公平分配、道德应得和价值承认三者之间,并通过教学正义不同维度的交叉矫正,最终保障每个儿童道德地位的平等,实现每个儿童的人格完善和发展。

（一）不羞辱原则

不羞辱原则是教学正义的底线原则。这里强调的羞辱是"规范"意义上,而非个人"感觉"意义上的羞辱。换言之,是否受到"羞辱"是集体共识,而非个人感觉、意见或想法,即使在受羞辱者本人并不觉得遭到羞辱时,共同体其他成员仍然可以有理由觉得如此。这是因为"羞辱"本质是对集体共识和价值的贬低与蔑视,因此作为共同体的一员,即使具体的羞辱行为针对的是其他人,我们也有正当理由觉得被羞辱者和自己的自尊均受到了伤害。在教学领域,教师羞辱行为本质上也是对教育教学价值的蔑视,即使教师羞辱行为只针对部分儿童,也昭示着教师其实并不把儿童（普遍和抽象意义上的"儿童"）当"人"对待或者将其当作"次等人"对待,它直接破坏了师生间的承认关系,将儿童置于不平等的道德地位,严重伤害了儿童的尊严,背离了"教育善"的价值追求。同时,教师的羞辱行为不仅伤害了被羞辱儿童的尊严,也伤害了其他儿童的尊严,这也解释了教师公开辱骂、指责或者体罚某一学生时,其他学生都低着头沉默不语的现象。这里,学生并不是简单地被教师的威严所震慑,而是同情同伴的遭遇,对教师行为感到愤怒,也恐惧教师会像羞辱同伴一样羞辱"我"。

不羞辱原则强调教师教学活动不应当把儿童当作随意处置的对象,进而随意剥夺儿童的正当权利,贬低儿童的人格尊严。阿维沙伊·马加利特（Avishai Margalit）指出,"羞辱人"就是不把人充分当人或者根本不当人对待,具体表现为"把人当物品、把人当机器、把人当动物和把人当次等人"等四个方面。② 霍耐特指出,"羞辱"的本质就是不承认,具体表现为肉体暴力、权利剥夺和价值贬低

---

① 弗雷泽,霍耐特.再分配,还是承认？——一个政治哲学对话[M].周穗明,译.上海:上海人民出版社,2009:66.
② Margalit, A. The Decent Society[M]. Cambridge, MA: Harvard University Press, 1996:89.

三个方面。综合马加利特和霍耐特对"羞辱"本质意义的阐释,并结合本书第五章中"承认正义视域下教学正义审思"的具体研究发现,本书提出教学领域中的不羞辱原则具体包含"不支配儿童"和"不贬低儿童"两个方面。

"不支配儿童"强调:(1)教师教学不能把儿童当作有待规训的动物进而随意体罚和冷漠对待,不能否认学生情感的独立性,不能把"关爱学生"当作一种赏赐和恩赐,将师爱异化为满足教师个人私欲和利益的工具。(2)教师教学不能把学生当作"知识的容器"和"考试的机器",否认和剥夺学生作为"学习者"享有的学习权利,"逼迫"儿童被动和消极地进行学习活动。其具体要求为:一是不剥夺学生自由选择学习材料和学习方法的权利;二是不强迫学生服从教师和教材的观点;三是不堵塞学生自由思想和自由表达观点的机会;四是不使学生丧失自我承担学习责任的能力。

"不贬低儿童"强调教师教学不能简单地以儿童的学业成绩、家庭背景、身体特征等因素作为衡量儿童品质和能力的标准,不能把学困生、贫困生、残障学生当作区别于普通儿童的"次等人",更不能给这部分儿童贴上带有负面形象特征的"不名誉标签"。具体要求为:(1)教师教学不能以"成绩"作为衡量学生能力的唯一标准,不能依据学生成绩高低进行能力价值排序,进而贬低低成绩学习者的能力价值;(2)教师教学不能依据学生家庭背景等级划分儿童身份,进而贬低不利家庭背景儿童的尊严,不能剥夺儿童平等拥有教学基本善物的权利;(3)教师教学不能以儿童某些身体特征作为评价其完整性人格的标准,不能把残障儿童当作低于正常儿童的"次等人",贬低残障儿童的人格价值。

不羞辱原则在教学正义原则体系中具有优先性,其优先性地位的确立主要出于以下三方面理由:(1)出于"消除羞辱(抑恶)比尊敬他人(扬善)更紧迫"的道德理由。马加利特指出,"去除折磨人的邪恶比造就可人的恩惠紧迫得多。羞辱是折磨人的邪恶,而尊敬是恩惠。消除羞辱要比给予人尊敬来得优先"[1]。在教学领域亦是如此。"教育对人的压迫、羞辱、排斥、歧视等绝对是一种难以

---

[1] Margalit, A. The Decent Society[M]. Cambridge, MA: Harvard University Press, 1996: 4.

第六章　教师教学正义化的理论原则和实践路径

容忍的恶。"[①]羞辱是一种绝对的"恶",那么消除教学羞辱就不需要其他道德理由作为支撑,因为阻止伤害本身就是道德行为,具有道德合理性。同时,"不羞辱儿童"相较于"尊重儿童"也更为紧迫,因为羞辱行为会对儿童的身心发展产生深远的消极影响。其中,虽然教师体罚行为给儿童身体带来的生理痛苦和伤害会随着时间而愈合,但教师的歧视、控制、贬低等行为给儿童心理和精神带来的伤害和伤痕却不会轻易消失。教育教学中教师对儿童的精神伤害是最大的伤害,而且它不仅涉及弱者(他们是受精神伤害最深、最经常者),更涉及所有儿童(正如上文所提及的,羞辱是对集体价值共识的贬低)。羞辱行为对儿童身心产生的不良影响如此之广、如此之深,决定了消除羞辱的紧迫性。(2)出于"羞辱比尊重更凸显道德动机"的逻辑理由。尊重是一种人际行为的副产品,例如,我向你行礼并不意味着我真正尊重你,我可能只是出于对你权力的服从或恐惧,或者仅仅出于客气或礼貌要求。但羞辱则不同。当你不把别人当人时,谁都有理由觉得你在羞辱他。在教学领域,教师尊重儿童可能仅仅出于师德规范的要求,而非真正把儿童当作跟自己同样拥有权利的"人"。且道德动机是内隐的,我们无法判断教师究竟出于何种道德动机而表现出尊重儿童的行为。但是,羞辱儿童的行为的动机一定是"恶"的,也许教师会辩解称自己羞辱儿童是为学生好,希望儿童能够"长记性""知错就改"等,但这只是教师为逃避道德责任的借口。因为任何形式的侮辱行为都会对儿童的身心发展造成伤害,而不会带来任何益处。因此,强调将"不羞辱原则"作为正义教学的道德底线也是为了防止任何理由和形式的羞辱行为。(3)出于"辨别羞辱易于辨别尊敬"的认识论理由。辨认羞辱比辨认尊敬容易得多,就像生病总比健康显见一样。[②] 同样的,在教学领域,真正让人们难以接受的甚至为之痛心疾首的,是那些显而易见的、赤裸裸的教学不正义。对于教师和学生而言,他们或许不能认识和精确把握到绝对的教学正义到底是什么,但他们一定都对羞辱行为具有道德敏感性和道德

---

① 金生鈜.什么是正义而又正派的教育——我国教育改革的症结[J].教育研究与实验,2006(3):1-7.
② 马加利特.体面社会[M].黄胜强,许铭原,译.北京:中国社会科学出版社,2015:3-4.

判断能力。因此,不羞辱原则虽然不能保证教学是完美和完善的,但它一定能保障儿童的尊严免遭伤害,避免教学走向道德败坏。

(二)平等原则

教学正义的核心是保障和实现每个儿童的平等道德地位,维护每个儿童的尊严。不羞辱原则旨在保障每个儿童免遭羞辱和不公正的道德体验,避免"支配"和"贬低"行为对儿童平等道德地位的销蚀;但教学除了要保障儿童的尊严免受羞辱外,还应当遵循平等原则的要求,为每个儿童平等道德地位的实现提供条件支持,进而提升每个儿童的尊严。本书提出教学中的"平等原则"应当包含"受到平等对待的权利"和"作为平等的人受到对待的权利"两方面内容,强调教师教学既要保障每位儿童平等获得学习自由、学习机会和其他教学基本善物的权利,同时师生间、生生间还要在肯定彼此作为权利主体的基础上建立权利平等关系。

首先,教师在设计和组织教学活动时应当保障每个儿童平等享有学习自由和学习机会,使每个儿童在德智体美全面发展上都获得平等的学习权利和机会。为此,教师教学要自觉将自己赶往"无知之幕"之后,把每个儿童看作抽象的"原子人",不加任何个人情感偏好地平等对待每个儿童,即不论儿童间的自然禀赋、性别、家庭背景、个人兴趣等差异性因素,保障每个儿童作为平等者共同享有学习权利。同时,为了保障课堂互动中每个儿童都能平等共享学习自由体系,教师需要制定必要的课堂教学规则以保护自由表达权利的顺利施行,且教师对部分儿童表达自由的限制只能出于保障所有儿童表达自由之故,而非仅仅出于维护课堂秩序之故。教师教学还要保障促成学生学习活动得以发生的客观/间接条件(如课程内容、教学策略与方法、学习标准等)和促成学生学习活动得以发生的主观/直接条件(如参与学习活动的手段和技能)在公平的机会平等下对所有儿童开放,并对弱势学生进行补偿,保障每个儿童都有达到基本合格标准的相同资源和手段。这一内容不仅要求教师教学的课程资源和机会是对每个儿童都开放的,即没有任何一个儿童缺乏相应的学习资料,也没有任何一个儿童被排除在课堂教学之外;而且要求教师教学要考虑每一个儿童实际同等获得学习权利、机会和其他教学资源的手段、资源的能力。如果教师教学不考虑后者,就会导致第三章所描述的教学中的"才能至上"倾向。在这一背景下虽然课堂教学资源向所有学生开放,但是由于一些儿童自身能力的匮乏而导致其无法参与课堂互动,因此这部分学生会被自动排除在课堂互动之外。

其次,师生间要建立"权利平等"的承认关系,即教学场域中每一位教师和儿童都应当认可和尊重彼此作为独立道德责任主体的平等地位,进而享有作为"人""教师"和"学生"的尊严和平等的道德体验,并在相互尊重的基础上形成积极的自我实践关系——自尊。权利平等的实现前提是教学共同体中每个成员彼此间的相互承认和认同,即教学共同体中的每个成员都学会从"普遍化他者"角度来认识自我和他者,意识到自我权利来源于对他者承担义务的要求。为此,一方面,教师应当尊重每个儿童作为"人"和"学生"所享有的自然权利和学习权利。且在义务教育阶段,教师教学面对的是未成年的儿童,儿童的未成熟性和脆弱性等特征决定了教师尊重和保护其正当权利的重要性和必要性。同时,只有儿童感受到来自教师和同伴对自己权利的尊重,他才会把自己理解为面对普遍化他者(教师、其他儿童乃至更广泛的其他人员)而拥有同等权利和尊严的人,才能同等地承担起尊重他人权利的道德义务,并在行使权利和承担义务的过程中获得积极的道德体验和形成自尊。另一方面,教师还应引导儿童维护他者的权利和尊严,积极承担和履行尊重教师和认真学习的义务。强调教育教学要培养儿童尊重他者权利的意识的理由不仅来源于事实层面不正义现象的出现,也来源于价值层面的需要。由本书第五章的分析可知,在教学实践中,由于社会对儿童无责任能力的误解已经造成师生间畸形权利义务关系大量存在,造成教师合法自然权利和专业教学权利的旁落,教师由于承担过重的道德责任而无法享有作为教师的尊严和幸福感。如果教师没有获得公正的对待,他们也很难在日复一日的教学活动中公正地对待每一个儿童,尊重每一个儿童的正当权利。同时,从价值层面上看,如果教育教学只重视儿童的权利,却忽视培养其尊重他人权利并积极承担义务的责任感,那么这并不是真正意义上的尊重儿童,而是对儿童的放纵,因而也不能帮助儿童形成积极的道德体验。相反,儿童尊重他者的权利意味着"承认他者和自我在人性意义上享有平等尊严",因此,儿童对每一个人权利和尊严的维护,也就是对自身尊严的维护,儿童通过尊重他者最终形成"自尊"这一积极的自我关系。

最后,平等原则所强调的"保障每个儿童平等享有学习权利和机会"和"师生交往互动建立权利平等的承认关系"两方面存在互补式综合关系,两者共同构成了平等原则的实际内涵,前者保障了"儿童受到平等对待的权利",后者保障了"儿童作为平等的人受到对待的权利",两者缺一不可。具体而言,一方面,教师既要遵循理性的指引,避免儿童差异性背景因素和自身道德情感的影响,通过依循普遍性的教学规范,设置开放的教学程序,进而保障每个儿童都能获得同等的学习自由和学习机会。另一方面,教学活动中教师和学生是处在互动关系中且有着丰富情感和道德体验的人,而不仅仅是冷冰冰地执行规范要求和被规范的"原子式"的人,因此,师生间要建立对彼此作为"普遍化他者"的权利平等关系。"普遍化他者"视域下权利平等的伦理诉求要求教师应当自觉成为"为他者"的道德主体,关注儿童的道德体验,克服和化解强权意识。强权意识会将教师异化为控制学生的操作手,将教学异化为规训学生的技术,使教学对学生的教化作用异变为对学生的精神控制和强迫。[①] 由此可见,强权意识会销蚀学生的学习自由和学习机会的获得,加剧不平等的分配。只有教师从道德情感上认同儿童是与其享有平等权利的"他者",才能克服自身的强权意识,保障学习权利和机会的平等分配;同时,"普遍化他者"的伦理诉求也要求儿童应当尊重和承认教师的权利。如果教师没有获得相应的尊重,羞辱的不道德体验会影响他们的理性判断,在此背景下,教师也很难遵循教学规范的要求平等分配教学基本善物。

(三)差异原则

教师教学提升和实现每个儿童平等道德地位的直接手段是依循平等原则,平等分配学习权利和机会,并建立平等的师生权利关系,且两者都是基于"人性意义上的普遍权利和尊严平等"进而得以成立。但同时,尽管教师教学需要减

[①] 周杰.论教师的"他者"意识及其提升[J].全球教育展望,2012,41(3):63-67.

第六章 教师教学正义化的理论原则和实践路径

少学习自由和机会的不平等分配及师生不平等交往对儿童人格完善与发展的影响,但是因儿童自身因素,如自然禀赋、生活目标或理想选择及造诣等方面造成的发展差异很难以平等或者不平等来评价和衡量。[①] 因为个体禀赋之间的差异是自然存在的,生活目标和理想选择也必然是多元的,每个人为实现生活目标所付出的努力程度也是不一样的。虽然这些差异因素难以用平等或者不平等来衡量,但毋庸置疑的是,这些因素的差异性可能影响人的平等道德地位的实现,因此这些差异因素不应当被忽视,教学正义应当包含教师如何正当应对和处理这些差异。基于"每个儿童都是具有独特品质和能力的个体"这一逻辑前提,教师教学有必要遵循一定的差异原则,以引导和规范自身差异对待学生的行为。本书提出教学正义中的"差异原则"内涵指向:教师教学既要保障每个学生依据其品格和能力的差异性特质得其应得,并强调处在优势地位的学生帮助处在不利地位学生的道德义务;同时建立师生主体间教学重视关系,教师在承认每个学生的特殊价值基础上,建立多元能力标准,包容和接纳每个孩子的独特品质和能力。

首先,教师教学应当保障每个学生依据其道德品质和自愿道德行为应得相应的象征性荣誉、表扬和鼓励,并依据每个学生的多样化能力和努力进行分层教学和分类指导,且学习能力高的学生应得更丰富学习资源的道德前提是帮助弱势地位学生发展。品质应得的逻辑命题为"学生依据内在的道德品质和自愿的道德行为应得象征性的荣誉、表扬和鼓励"。其中,鉴于学生的道德品质发展遵循从他律走向自律的道德阶段特征,教学规范作为约束和引导学生品质发展的重要依据具有正当性。但教学规范正义价值的发挥有赖于学生对相应教学规范的理解和遵循,而非对教师权威和教学规范的简单服从,否则,道德应得的分配逻辑会使教师在分配相应教学善物时,将品质应得的依据——学生自愿的道德行为置换为教师和教学规范的权威,进而造成强制和规训等不正义行为。此外,品质应得的对象应当是象征性的荣誉、表扬和鼓励,而非学习机会等教学基本善物。同时,教师将荣誉作为品质应得物时,应避免荣誉成为支配性教学

[①] 金生鈜.教育与正义:教育正义的哲学想象[M].福州:福建教育出版社,2012:202.

善物,避免按学生道德发展水平将其划分为三六九等,进而区别对待的不正义行为。能力应得的逻辑命题为"学生依据标准化测试、综合素质评价及努力应得分数以及相应的分层教学和分类指导"。在能力应得依据的正当性方面,分数作为反映儿童能力的重要依据,需要以标准化测试和综合素质评价结果为依据。其中,标准化测试能较为科学、客观地反映儿童的基本能力,而综合素质评价则可以全面地反映儿童的多样化能力发展水平;同时,努力作为能力应得的依据强调"努力"的育人价值,而非激化教育竞争的手段。在能力应得对象的正当性方面,儿童依凭标准化测试分数、综合素质评价结果和努力可以进入不同的能力小组进行学习,并得到与其能力和努力相称的学习资源。但义务教育阶段学校实施分层教学和分类指导的动机十分复杂,学校和教师或出于因材施教,或出于保障升学率等目的对学生进行分层,在这些动机驱动下的分层教学和分类指导教学实践又受到教师个人专业能力和正义德性,以及家长要求和学生需要等纷繁复杂因素的影响,因而其正义性很难依靠道德应得原则得以保障。这时,能力应得的正义性最终只能依据是否"促进每个学生的人性完善与发展"得到检验,即如果分层教学和分类指导没有肯定每个学生的努力,激发每个儿童的学习动力,促进不同能力层次学生的发展,反而扩大了发展差距,加剧、加深了低能力组学生的弱势地位,那么分层和分类的教学组织形式就是学生不应得的,也是不正义的。同时,学习能力较强的学生应得更丰富课程资源的道德前提是帮助处在弱势地位的学生获得进一步的发展,正如罗尔斯所强调的,"应该鼓励天赋更好的人去获得更多的利益——他们已经从这种分配的幸运位置中受益了——但条件是他们应以这样一种方式来培养和使用他们的天赋,即为天赋更差的人的善作出贡献"[①]。在教学领域,不同学习能力的儿童之间互帮互助不仅是出于友爱和培养学生利他行为的道德要求,还出于正义教学对平等的追求。平等的旨趣要求把个人自然禀赋的分配作为共同体的共同资产,即把人们之间所存在的能力差异看作一种共同的资产,并以合适的方式加以利用,以实现不同才能之间的巨大互补和互惠。因此,出于平等追求,教师应

---

① 罗尔斯.作为公平的正义[M].姚大志,译.北京:中国社会科学出版社,2011:95-96.

第六章 教师教学正义化的理论原则和实践路径

当鼓励学习能力更强的学生帮助学习能力较弱的学生。学生之间的互帮互助不仅克服了由于时间困境所造成的教师难以拥有补差时间的问题,还有助于消除优势学生因为得到更多教学资源而产生的优越感,以及对弱势学生的贬低和歧视心理,增强了他们帮助弱势学生的道德责任感,营造了平等、和谐的教学氛围,降低了学习能力不足者遭受不正义对待的发生概率。对此,沃尔泽也曾强调,"学生互教是一种承认方式,它对'教师'和对学生一样,也是一种学习经验,一种对民主政治真正有价值的经验。学,然后教是优秀学校的实践,它们能够把学生招募到其中心事业中来。其结果是'使学习特殊差者的发生率最低化'"[1]。

其次,师生间要建立"教学赏识"的承认关系,即教师要把儿童视为"绝对的他者",建立多元评价标准,包容和肯定每个儿童的自我期望和理想,认可每个儿童为个人理想所采取的行动和付出的努力,最终促进每一位儿童个人独特的能力、品质的发展。"教学赏识"强调师生主体间的尊重是一种差异性尊重,它的逻辑前提是每位儿童均是具有独特品质和能力的个体。因此,师生交往建立差异性尊重关系的前提是教师把学生看作相异于"我"的独立存在,是"绝对他者"。所谓"绝对他者",即"'他者'是'我所不是',这个'他'终究是不能还原到'我'的。'他者'不是'我'的影像,而是不同于'我'的'他者',是超越于存在之外的'他者'"[2]。学生"绝对他者"的面孔要求教师承担相应的道德责任,保护其特殊性和差异性,并禁止教师以"自我"的思维框架、认知范式和价值体系去"同一"和"消解"学生的差异。基于此,"教学赏识"承认关系的建立首先要唤醒和提升教师的"绝对他者"意识。只有教师意识到学生是相异于自己并具有自身独特价值的独立存在,才能避免以外在统一的尺度去"框定"儿童的发展方向,抹杀与"我"相异的思想;也才能避免教师以个人权威和情感偏好去"规定"每个儿童品质和能力的价值及与价值相称的应得标准和对象。教师只有具备了"绝对他者"的教学意识,珍视学生的差异性,才能成为一名好老师,因为"如果教师

---

[1] 沃尔泽.正义诸领域:为多元主义与平等一辩[M].褚松燕,译.南京:译林出版社,2009:241.
[2] 孙向晨.面对他者——莱维纳斯哲学思想研究[M].上海:上海三联书店,2008:2.

能使学生与他的差异比他们刚接触时的差异更显著而不是更接近的话,那么他就是一位好教师"①。教师不仅要意识到学生"绝对他者"面孔对其要求的差异对待的道德责任,还要进一步破除功利化教学的价值取向,避免将成绩或者与学生完整性品质无关的标准作为衡量其人格价值并赋予其相称重视的理由,确立多元能力发展观,包容和肯定每个儿童的个性特征和人格尊严。正如霍耐特所强调的,社会重视的形成"一方面取决于社会规定的视域的多元性,另一方面取决于个人所选择的理想的个体特征。伦理构想越是向不同的价值敞开,它们之间的等级配置越是让位于水平竞争,社会重视也就可能越清楚地获得个体的品质"②。同理,在教学交往活动中,"唯学业成绩"的单一价值标准必然导致儿童独特个性的湮灭及学生成绩等级排列和能力排斥,只有教学共同体确立"多元""开放"和"弹性"的能力价值标准以取代"单一""封闭"和"僵化"的能力价值标准,每个儿童的多元能力价值才能都得到肯定。同时,只有教师教学包容和肯定每个儿童所选择的理想和发展目标及儿童为之所付出的能力和取得的点滴进步,每个儿童才能感受到自己受到重视和赏识。

最后,差异原则所包含的"道德应得"和"教学重视"存在互补性关系。一方面,只有师生间建立起"教学重视"承认关系,依循"道德应得"原则的教学善物分配活动,才能避免落入等级划分和区别对待的窠臼中。"教学重视"承认关系本质上体现的是教育教学对儿童特殊性的重视,而非承认程度的等级性。非等级性承认意味着无论学生的能力和道德品质表现差异有多大,只要不违背正义的价值标准,其能力和道德品质都是有价值的。以此为支撑,教师才能尊重学生与自我间存在的差异性特征,避免以外在教学规范和个人权威作为道德应得的依据;教师才能尊重和包容不同学生间的差异性特征,并建立多元评价标准和包容,避免在分层教学和分类指导中,只看到学生的成绩而忽视不同学生所具备的不同才能和同一学生身上多元才能的价值;教师才能破除对学生的偏见,避免只对优等生抱有教育期待,贬低学困生的人格价值和发展潜能,使其一

---

① 陆有铨. 躁动的百年——20世纪的教育历程[M]. 济南:山东教育出版社,1997:134.
② 霍耐特. 为承认而斗争[M]. 胡继华,译. 上海:上海人民出版社,2021:170.

直被"困"在更低组,丧失向上流动的机会。另一方面,教师只有在分配教学善物的活动中让每个儿童得其应得,师生间才能真正建立"教学重视"承认关系。质言之,学生只有实质性地获得了与其品质和能力相称的教学利益和善物,他们才会真正感受到自身的独特性得到了重视和赞许。

第二节 "一元三维"教师教学正义原则的证成逻辑

"一元三维"教师教学正义原则的具体内涵和优先序列的提出不是随意的,而是有着理论逻辑和实践逻辑。首先,"一元三维"教师教学正义原则的提出基于对教育人学使命的自觉追问,它的内涵不仅源于正义理论的启示,更源于对"无人"的教学实践的反思,同时它在对教育人学使命的自觉追问中也更清楚自身的价值。其次,"一元三维"教师教学正义原则内容基于对"公平分配"和"道德应得"关系的理论挖掘,并通过深挖理论从平等主义视野中寻找了"道德应得"存在的必要性和正当方式,这为差异原则中"品质应得"和"能力应得"内容的合理性做了有效辩护。最后,"一元三维"教师教学正义原则的优先序列基于对受教育者"人格权利"与"个性禀赋"的深度认可。从"平等尊重人"这一视角看,不把人当"人",不承认每个人在人格上的平等,就没有所谓的尊严和尊重。因此,不羞辱原则是教学正义的首要原则;同时,由于基于人格和权利的"普遍性尊重"优先于基于主体个性禀赋的"特殊性尊重",因此教学正义原则中平等原则相较于差异原则具有优先性。

一、基于对教育人学使命的自觉追问

从本质上来看,教育是一项基于人、面向人与发展人的事业,"人"是一切教育实践活动的出发点与归宿。诚如鲁洁先生所指出的,"教育的存在依据和基本使命就是要使人生成为人"[1]。王坤庆教授也曾强调,"教育的问题,说到底就

---

[1] 鲁洁.教育的原点:育人[J].华东师范大学学报(教育科学版),2008,26(4):15-22.

是人的问题"①。因此,唯有在教育中"看见人",并使教育事业直面人本身,才能接近教育的本质,这也决定了一切研究教育活动的学问需要具备充分的人学自觉和人学意识,教育人学就是一门以教育中的整体人作为研究对象,探讨整体人与教育之间的关系及其规律的学科。② 作为一种学科构建和设想,它回应了强调"育人为本"的新时代教育目的,其理论旨趣在于通过规范性研究使"真实的人,大写的人凸显于教育教学活动中"。具体而言,教育人学从两方面关注和考察教育教学活动中"人"的价值的确立。一方面,它关注对作为终极价值的人的尊重,强调教育教学活动要正视和尊重人的生命、人性、人的需要、人的可能性等;另一方面,它关注作为抽象的人是如何成为现实社会历史活动主体的,即关注人是如何成为一个人的,强调教育教学活动应当引导人"做人"。③

"一元三维"教师教学正义原则的提出基于对教育人学使命的自觉追问,把"每个儿童的个性化发展"作为衡量教学正义化实现程度的根本价值标准体现了人学追求;同时,不羞辱原则、平等原则和差异原则的提出不仅基于对正义理论的反思,也基于对现实教学活动中"无人"现状的反思。立足于公平分配、道德应得和价值承认正义理论审思当下的教学实践,我们可以发现不正义的教学实践活动的共同特质是"无人"。"无人"的教育由教学活动中教师主观上的个人权威及客观存在的功利主义和工具主义思想所导致,继而在教学利益分配和师生主体间交往活动中,儿童变成了"知识的容器""随意拿捏的蜡",变成了在学校考试中获得高分和在社会竞争中赚取利益的"工具",外在的教师权威、教学规范和社会发展目的替代了"人"的自我实现和人格完善。而对"无人"的教育现状的反思,也是教育人学的起点,因为"教育是一个现实的问题,是一个实践问题……我们对教育的理解、对人的理解,不能走抽象的路子"④。质言之,"一元三维"教学正义原则无论是从"价值规范"上,还是从"事实层面"上,都反

---

① 王坤庆,岳伟.教育哲学简明教程[M].武汉:华中师范大学出版社,2011:7.
② 冯建军.关于建构教育人学的几点设想[J].华东师范大学学报(教育科学版),2017,35(2):57-67,120.
③ 扈中平,蔡春.教育人学论纲[J].华东师范大学学报(教育科学版),2003(3):1-9.
④ 鲁洁,冯建军.让道德教育成为最具有魅力的教育——鲁洁专访[J].苏州大学学报(教育科学版),2020,8(2):84-92.

映出了对教育人学使命的自觉追问,且这一自觉追问具有重要意义和价值。

"一元三维"教学正义原则通过彰显教育人学理念和价值追求,更为清晰地反映了教学正义的价值:正义的教学活动不仅尊重人,而且引导儿童"做人"。鲁洁先生强调"实践性是人的本性,因此,人是在'做'中成为人的"[1]。而教学利益分配活动和师生主体间交往活动作为一个个具体而生动的"事件",构成了最生动的境遇,为教育教学活动中儿童意识到自己"生而为人"及努力做"事"成为一个"人"提供了契机。第一,正义的教学活动使儿童意识到自己是个"人"。儿童通过平等获得教学基本善物及感受到教师和同伴的平等尊重,意识到自己是个应当被平等尊重且应当平等尊重他人的"人"。第二,正义的教学活动激发和培养儿童做"事"的意志力,进而学会做"人"。"人"是通过学习做"事"而成为"人"的。在教学场域,儿童依凭道德行为和能力表现而获得与之相称的教学善物,这一过程会坚定其自我选择的理想和目标,激发其自身内在的道德责任感,儿童会付出努力,克服重重困难尽力去"做"事,进而发展个体的特殊价值。同时,儿童通过"做"事进而得其应得的过程,也是帮助构建其个体意义世界、丰满其人性和促进其自我实现的过程。人不是自然就能成"人"的,他只有通过不断学习,按照他所认同的应有存在方式才能真正创造、构建个体的意义世界[2],进而完成自我实现。个人意义世界是个体自己创造和构建而来的,这就决定了教育帮助儿童学会做事和做人的过程不是以一种预设的模型去塑造人,而是引导和唤醒儿童的自我意识和内在力量。正如扈中平教授所指出的,"教育对人的最根本的援助就是对觉醒的援助……引导人在一系列的境遇中自我设计、自我规划与自我选择"[3]。义务教育阶段的儿童由于受到其自身年龄、理解能力、生活范围和人生阅历与经验等因素的影响,在选择自己人生目标和理想及为自己选择负责的能力上存在局限性;同时,由于每个儿童的自然禀赋存在差异,因而儿童自我设计和选择人生目标并付诸实践的能力也千差万别,每个儿童所能达

---

[1] 鲁洁.做成一个人——道德教育的根本指向[J].教育研究,2007(11):11-15.
[2] 鲁洁.教育的返本归真——德育之根基所在[J].华东师范大学学报(教育科学版),2001(4):1-6,65.
[3] 扈中平,蔡春.教育人学论纲[J].华东师范大学学报(教育科学版),2003(3):1-9.

到的自我实现程度也不尽相同。但是,这并不意味着教师教学可以随意剥夺(部分)儿童自我设计和选择人生理想的机会。因为每个人人格的发展都是积累渐进的过程,成"人"是一辈子的事情,"从某种意义来说,人只能是永远走在成人的路上,是一种永无终极的追求"①。义务阶段教育教学作为一项为儿童生长与发展"奠基"的事业,要创造条件使每个儿童都尽可能获得发展。而教师只有依据教学正义原则的指引,尊重和肯定每个儿童人格的价值,为其人格发展提供平等的外在条件,保障其获得应得的教学善物,每个儿童才能利用外在善物、运用内在力量去构建个人意义世界,最大限度地发挥个人潜能以完成自我实现。

二、基于对"公平分配"与"道德应得"关系的理论挖掘

正如本书导论所言,在教育学研究领域,大部分学者对"道德应得"持反对态度。他们借助罗尔斯的观点,强调"正义准则所导致的分配份额和道德价值无关"②,因而教师按照儿童的道德品质和能力表现分配教学基本善物的应得模式得不到辩护;相反,它会生产出另一种类型的教学不平等。其具体表现为教师按儿童的不同品质和能力表现将其人格价值安置于不同的等级之上,人为地将儿童划分为三六九等,进而剥夺部分学生平等获得发展条件的权利,更给他们贴上了"不良""劣等"的身份标签,削弱了其追求卓越的意愿和动力。同时,以道德为基础来分配教育资源、机会和条件等外在利益的模式,是一种外在利益的道德应得,③它还将儿童道德行为动机引向外在利益的获得而非内在德性的卓越发展。

然而,教育教学具有鼓励和激发每个儿童充分发展自我潜能和追求卓越的使命,因此道德应得在教学中有一定的存在必要,且其必要性的发挥有严格的界限规定。对此,金生鈜教授强调道德应得要符合教育正义鼓励个人付出道德努力的方式,"道德应得的只是学校和教师对道德行动内在价值的象征性奖励,

---

① 鲁洁.做成一个人——道德教育的根本指向[J].教育研究,2007(11):11-15.
② 罗尔斯.正义论[M].何怀宏,等译.北京:中国社会科学出版社,1988:312.
③ 金生鈜.道德应得在教育中的界限——基于"五道杠少年事件"的追问[J].探索与争鸣,2011(7):63-65.

即鼓励和赞赏"[1]。由此可见,金生鈜教授强调符合教育正义要求的"道德应得"遵循"儿童依据其道德努力应得象征性奖励"的逻辑命题,这一命题将道德应得的界限规定在"免除以道德为基础而分配外在的实质性教育利益"范围之内,这有助于教师教学避免依据儿童的道德行为而分配教学基本善物。本书关于道德应得的内涵阐释与金生鈜教授的观点存在一定的一致性,并以此为基础,通过深度挖掘罗尔斯关于"道德应得"和"公平分配"关系的理论阐释,进一步确证道德应得存在的必要性及其正当存在方式。

"道德应得"为"公平分配"提供道德理由,即人们不因外在的任意性因素继而受到不应得的不平等对待。罗尔斯从"反道德应得"的视角出发,为公平分配正义理论找到了根本的道德理由。具体而言,正义原则的达成源于具有一定理性能力的人们对某些应得和不应得具备一定的判断能力,"正义的原则将是那些关心自己利益的有理性的人们,在作为谁也不知道自己在社会和自然的偶然因素方面的利害情形的平等者的状况下都会同意的原则"[2]。换言之,处在"无知之幕"下的个体为了最大限度地保障自身作为道德主体被平等对待的权利,他们会自然反对因天赋或者社会背景等偶然性因素带来的不平等地位和对待,并通过思考和判断偶然性因素带来的不应得,最终选择和达成了公平的社会契约,保障了自身平等地位。由此可见,应得为平等提供了强有力的道德理由:人们不应得自然天赋和社会背景的任意性影响继而不应得它带来的不平等社会地位。

同样的,教师教学只有从道德应得的角度思考,才能判断出哪些差异化对待是道德的,而哪些差异化对待是不道德的。在班级授课制下,教师教学面对的是学生集体,这些学生能力各异,家庭背景也各不相同,这就使教师教学如何正当对待学生间的差异性因素成为一个重要研究问题。教学正义要求教师做到对平等者相同对待,对不平等者不同对待。因此,教师在应当差异性对待学生时,选择忽视差异进行平等对待就是不正义的;而应当同等对待学生时,教师

---

[1] 金生鈜.道德应得在教育中的界限——基于"五道杠少年事件"的追问[J].探索与争鸣,2011(7):63-65.
[2] 罗尔斯.正义论[M].何怀宏,等译.北京:中国社会科学出版社,1988:19.

选择差异性对待学生也是不正义的。这也就决定了,教师教学需要思考"学生哪些差异性因素需要进行差异性对待""学生哪些差异性因素需要忽略,以防扩大学生发展差距造成不平等对待""教师依据什么样的标准判定相关差异"等问题。这里,教师只有从"道德应得"的角度才能确立差异对待的依据和内容。从"道德应得"的视角出发,依据儿童性别、种族、家庭背景、社会阶层等因素进行教学善物分配的应得观应首先被舍弃。因为儿童的性别、种族、家庭背景和所处的社会阶层是其自身所无法选择的偶然性因素,儿童也不能为这些自身不能选择的既成性自然事实负责,因此这些因素不能成为其应得的基础;同时,依据儿童自然禀赋的道德应得观,则需要在平等原则的视野中找到自身存在的正当方式。虽然教育要重视儿童的自然禀赋,但自然禀赋自身并不能成为道德应得的基础。因为自然禀赋对个人来说具有先在的客观性,即个人对自然禀赋的拥有或缺少都无法体现其个人意志,因此单纯依据"自然禀赋"进行分配所造成的份额多余或缺乏在道德结果上都属于个人的"不应得"。虽然依赖自然禀赋的应得是不道德的,但教师分配教学善物时无法回避儿童的自然禀赋,且自然禀赋对儿童能力发展的影响也是巨大的,因此教师在分配教学善物时,不能一味从"反道德应得"的视角出发,无视儿童间存在的自然禀赋差异,这反而会扼杀部分儿童的禀赋和发展潜能进而造成集体的平庸。那么,教师教学如何平衡"道德应得"和"公平分配"之间的关系,即教学既能保障儿童依凭其自然天赋获得与其能力相称的教学善物,同时又不至于造成不同能力儿童间的两极分化和精英主义取向的教学呢?这时,"道德应得"的正当存在方式需要从"公平分配"这里得到启示和澄清。

差别原则平衡了"道德应得"和"公平分配"之间的关系,使"道德应得"在平等主义的视野中寻得了正当存在方式。虽然罗尔斯反对"道德应得",但只是反对狭义概念上的"道德应得",即"以个体品质和具体行为的道德价值分配社会利益"的严格意义上的道德应得,而赞同广义上的"道德应得",即依附于制度的、以实现制度为目标的应得。为此,罗尔斯在《正义论》中严格区分了"合法期望"和"道德应得"两个概念,所谓合法期望就是个人或团体做出了符合现存制度所鼓励的事情,那么他们就获得了公认规则所规定的某些权利,正义的分配

第六章　教师教学正义化的理论原则和实践路径

份额也应当尊重这些权利。① 在这里,罗尔斯就对"道德应得"和"合法期望的应有资格"做了重要区分,即"与一种应得的主张不同,只有当已经有了某种游戏规则时,才能产生一种资格,它并不能事先告诉我们如何去确立各种规则"②。换言之,"合法期望"强调个体需要先做出符合制度(或者说公正原则)所要求的行为,然后才有资格从中获取获益;而"道德应得"却是"前制度"性的,它更强调的是个体内在的道德动机,而不仅仅只是外在的制度规范要求。

在其晚近著作《作为公平的正义》中,罗尔斯更为明确地划分了三种道德应得的观念:一是严格意义上的道德应得观念;二是合法期望的观念(以及伴随它的资格观念);三是由公共规则体制所规定的应得观念。③ 同时,他还强调"道德应得"概念只有在后两种应得观念下使用才是合理的。由于强调基于制度的道德应得,因此在罗尔斯的分配正义原则体系中,道德应得从属于正义原则,具体而言"只有在两个正义原则和自然义务和责任的原则得到承认之后,道德价值的概念才能被采用"④。正义原则尤其是差别原则对于道德应得的优先性进一步规定了,拥有较高自然天赋的人们只有利用自己的才能帮助天赋较差的人,他们依凭个人自然禀赋去获得更多的利益,从道德上讲才是应得的;这时,他们应得的基础并非来源于先于制度存在的优势地位,而是在于他们做出了社会制度所鼓励的合作行为,即这些在自然禀赋上占据优势的个体或团体在社会合作行为中,不仅"培养和锻炼了自己的天赋,并使这些天赋发挥作用,以便既为其他人的善也为自己的善做出贡献"⑤。基于此,只有把那些个人所无法选择和控制的自然禀赋上的偶然优势置于互惠的合作共同体中加以考量,确立领先者有帮助落后者的义务,那么,应得才能获得其正当存在地位。这一发现为教师教学平衡"道德应得"和"公平分配"关系提供了可行方案。

首先,两个正义原则相较于"道德应得"的优先性决定了教师在分配学习自

---

① 罗尔斯.正义论[M].何怀宏,等译.北京:中国社会科学出版社,1988:311.
② 桑德尔.公正:该如何做是好?[M].朱慧玲,译.北京:中信出版社,2012:181.
③ 罗尔斯.作为公平的正义——正义新论[M].姚大志,译.北京:中国社会科学出版社,2011:91.
④ 罗尔斯.正义论[M].何怀宏,等译.北京:中国社会科学出版社,1988:312.
⑤ 罗尔斯.作为公平的正义——正义新论[M].姚大志,译.北京:中国社会科学出版社,2011:93-94.

由、学习机会等教学基本善物时,应当依据的是平等自由原则和公平机会原则,以确保所有儿童都能平等享有,避免教师依凭每个儿童的道德价值分配学习权利和学习机会的不正义现象。其次,从差别原则角度来看,"品质应得"的合理性在于教师通过嘉奖儿童的善行也能促进其他同学向善。具体而言,教师通过奖励那些道德行为和道德品质良好的儿童,不仅能够使这些儿童得到与其道德品质和行为相称的回报,还能借助奖励个人的方式起到教化集体的作用,鼓励和激发每个儿童提高自身道德品质和行为,以增加自身卓越发展的动力和勇气。再次,教学中"能力应得"强调"儿童依据能力和努力应得相应的分层教学和分类指导",但在教学实践中"分层教学"和"分类指导"常常造成学生学习能力(成绩)的两极分化。如果教师能把儿童自然禀赋的分配当作班集体的共同资产,从合作互惠的视角出发,鼓励能力更强的儿童帮助能力较弱的儿童,那么这一措施不仅能确立"能力应得"的正当性,避免两极分化的出现,还帮助教师缓解了因课外时间不足而难以补差的时间困境,更能增进同学之间的友情,培养学生的恻隐之心,弱化功利取向教学造成的同学间相互嫉妒、贬低和恶性竞争。强调强者帮扶弱者的理由还在于,即使能力较强者的学业成功是依凭自身的能力和努力,他们也需要出于同情(并非仅仅出于外在规范和教师的要求)而帮助那些处在弱势地位的学生,因为他们是我们的同学、同伴和同胞。正如何怀宏教授所指出的:"我们尤其有必要同情那些弱者、老人、病人、残疾人、畸零人、边缘人、失败者,当我们品尝了人生的五味,我们就会知道,他们的这种处境常常并不是由于他们自己的原因所造成的,而我们的成功却常常只是由于我们先天或后天的幸运,而即便都是出自我们的努力,我们也需要同情和帮助他们,因为他们是我们的同类,是我们的同胞,我们所有人都生活在同一个世界上,我们必须和衷共济。"[①]最后,学生互助不仅对弱势群体大有裨益,也促进了学习能力较强学生的发展与人格完善。这部分学生不仅在"教"的过程中加深了对知识的理解,促进了自身学习能力提升,而且能意识到自身不仅有获得优待的权利,还有助人的义务,进而避免因自身的优越感而歧视同伴甚至日后成为"精致

---

① 何怀宏.伦理学是什么[M].北京:北京大学出版社,2002:167.

的利己主义者"。

三、基于对受教育者"人格权利"与"个性禀赋"的深度肯定

班级授课制下教师教学面对的是存在巨大差异的学生群体,这就决定了正义的教学应当尊重所有学生的人格和权利并促进每个学生特质的充分发展,且教师对受教育者人格及权利的承认和尊重是普遍性的,即不以儿童差异性特质为转移;此外,教师教学还要以"促进每个受教育者个性禀赋充分发展"的方式体现对每个儿童独特品质和能力的差异性尊重。教学只有做到同时兼顾普遍性尊重和差异性尊重,才能真正保障每个受教育者都能享有平等的道德地位,在日常学习活动中享有尊严。

尊严是基于人格和权利的产物,只有承认每个人的人格和权利是平等的,普遍化的尊重才能实现。尊严平等的根本来源为人格平等,每个人作为"人"享有的"人格"是平等的。换言之,人与人之间可以有各种各样的差别和不平等,但在人格上没有差别和高低贵贱之分。"人格"以自我意识和自我意志为规定,黑格尔强调"人格是具有自我意识的单一意志"[1],因此没有自我意识和自我意志也就没有人格,同时也就没有了尊严;人的"自我意识"只有在其被当作"人"而非"物"或者"手段"来对待的时候才会产生,用康德的话来说,人是意志自由的,人是目的而不是作为纯粹的手段而存在。如果不把"人"当人,而当作获取某种利益的"手段"或"物",就不会有所谓的人格平等和平等尊严,因此对他人人格的贬低和羞辱是对其尊严的彻底蔑视和否定。由于尊严作为人对自身存在目的和实存状态的自觉意识,那么如果一个人在日常生活中时刻处在被支配、贬低、歧视之下,他对自身人格尊严被伤害的感受就越深刻和痛苦。也正因如此,本书所构建的教学正义原则体系的首要原则是不羞辱原则。

尊严平等体现为权利平等。权利平等是近代的产物,在古代封建等级制度下,只有部分人享有权利,而很大一部分人并没有被当作"人"来看待,因而也就

---

[1] 黑格尔.法哲学原理[M].范扬,张企泰,译.北京:商务印书馆,2005:101.

丧失了权利。在近代启蒙运动提出"天赋人权"口号之后，才真正唤醒了人的自我意识，并发现了每个人的尊严和权利。只有制度赋予每个社会成员同等的基本权利，并保障每个人在日常生活中能够平等行使这些权利，其作为人的尊严才得以真正显现，这样的社会也才是正义的。也正因如此，罗尔斯强调"正义的主题是社会主要制度分配基本权利和义务"①，并通过设置"无知之幕"以保障所有社会成员都能被作为人而被平等地对待，强调"平等自由原则"在分配正义体系中的优先性，而这些设计都指向"保障每个社会成员均享有平等的基本权利"。如果说，罗尔斯是通过设计正义的社会制度来平等分配权利等基本善物，以体现对"人"尊严的维护，那么，霍耐特则是通过提出"权利平等"的主体间承认关系，通过采用"普遍化他者"的道德立场以实现对"人"尊严的肯定。"权利平等"反映出主体间的尊重是一种普遍性尊重，它的逻辑前提是由于每个人都是平等的法权享有者，因此所有人都应当是尊重的对象和主体。基于"权利平等"的普遍性尊重类似于达沃尔（Darwall）提出的"承认尊重"（recognition respect）这一概念，"承认尊重"是一种普遍性尊重，即"对所有人都应当给予这种尊重，说这样的人有权受到尊重就意味着他们有权让其他人认真对待并适当权衡他们是人这一事实"②。换言之，作为人就应当享有和得到符合人性的对待，承认人的尊严就是把人作为目的本身来对待。由此可见，无论是罗尔斯的分配正义原则体系设计，还是霍耐特提出的权利平等原则，都包含了对"人"权利的重视，都体现了对"人"尊严的普遍性尊重。而本书基于这两者提出的教学正义平等原则，就旨在通过教师平等分配学习权利和学习机会，以及构建权利平等的师生主体间承认关系，以维护师生作为"人""教师"和"学生"的基本权利，进而共享有尊严的教学生活。

尊严的实现还需要考虑主体的个性禀赋，并通过给予与主体品质和能力特征相称的重视体现尊重。尊严不仅是普遍的也是特殊的，"事实上，当我们能够说尊严时总是离不开一个个具体主体，任何一个人或群体的尊严都不可能为任

---

① 罗尔斯.正义论[M].何怀宏，等译.北京：中国社会科学出版社，1988：7.
② Darwall, S. L. Two kinds of respect[J]. Ethics, 1977, 88(1):36-49.

何其他人或群体所代替。离开了具体主体,尊严就是空泛虚无"①。因此,个人尊严感的获得不仅来源于制度所赋予的平等权利,也源于对其作为一个具体主体所具备的差异性特质的重视。霍耐特的"成就赏识"原则反映出主体间的尊重是一种差异性尊重,它的逻辑前提是由于每个人都是具有独特品质和能力的个体,其应得与其能力和品质相称的赞许。基于个人独特差异性的"成就赏识"也类似于达沃尔提出的"评价尊重"(appraisal respect)这一概念,"评价尊重"是一种差异性尊重,"是对一个人或其品质(character)相关特征的积极评价"②。同时,差异性尊重不仅体现在主体间要建立成就赏识关系,同时还体现在个体能依凭自身独特品质和能力得其应得。由此可见,"道德应得"理论和"成就赏识"原则都体现了对个性和禀赋的差异性尊重。而本书基于这两者提出的教学正义差异原则,就旨在通过保障学生依据其品质和能力得其应得及师生间建立"教学赏识"的承认关系,以最终确保差异性尊重的实现。

教师教学只有兼顾基于受教育者人格权利的"普遍性尊重"和基于能力与品质的"获得性尊重",才能真正保障每个儿童都享有作为道德人的平等地位,在充分发展个人独特品质和能力并获得相应的教学善物时,体验个人的独特价值感。同时,在这两种类型的尊重形式中,普遍性尊重是根本性的,离开了普遍性尊重,差异性尊重就会异变为等级划分和区别对待,这也就决定了教学正义原则中平等原则相较于差异原则的优先性。但在普遍性尊重的基础上,对每一个人的尊重也应当是独特的。"获得性尊重"是个人依靠道德品质和能力(努力)所应得的,是"我之为我"的特殊标志;如果只有普遍性尊重,而没有个人的获得性尊重,这是对个人品质、能力和努力的贬低和藐视,显然也是不正义的。

---

① 高兆明. 论尊严:基于权利维度[J]. 桂海论丛,2016,32(3):2,32-40.
② Darwall, S. L. Two kinds of respect[J]. Ethics, 1977,88(1):36-49.

第三节　教师教学正义化的实践路径

为实现正义的教学，不仅要在理论层面提出"一元三维"教学正义原则，以规约教师行为；也需要在实践层面为教师践行和落实教学正义原则提供有效的路径指导。本书主要面向教师提出相应的教学正义实践策略背后有一定的考量。一方面，从微观教学层面上看，教学活动中教师的主导地位和作用不容忽视，教师在教学资源利用、创设和分配及与学生人际交往中发挥着重要作用；另一方面，从宏观教育层面上看，所有可利用的教育资源也都需经过教师的加工，才能转化为能够促进学生发展的学习资源。正如石中英教授所指出的："在教育公平的实现上，离开了教师的积极作用，再公平的教育资源配置也无济于事。""教师在促进教育公平问题上，起决定性、根本性作用。"[①]同时，在本书中，实践路径的提出不仅基于前文所发现和讨论的教师教学实践中存在的正义困境和问题，同时也结合了访谈和观察中教师自身提出和践行的优秀教学经验，从而增强实践路径的针对性、有效性和可操作性。

一、塑造教师正义观和正义德性

教师访谈发现，在日常教学实践中，部分义务教育阶段教师一般依凭道德直觉、教学经验及外在的教师职业道德规范处理利益分配和师生交往问题。这一发现跟以往的研究结果相符合。有研究者通过更广泛的问卷调查后发现，大部分教师缺乏相关的公平理论知识和实践经验的培训，因而在教学过程中遇到公平难题时都会倾向于利用个人经验进行处理。[②]虽然根据这些因素教师也能做出正确的判断，例如，教师依凭道德直觉和经验也会认为"品质和能力卓越的

[①] 石中英,霍少波.教育公平话语中的教育假设及其反思[J].国家教育行政学院学报,2018(6):10-15.

[②] 吴洁.从分配到承认：教师视角下的教育公平研究[D].上海：华东师范大学,2021:211.

第六章 教师教学正义化的理论原则和实践路径

学生应得某些好东西"是合理的也是正当的;又例如,根据教师职业道德规范,教师也知道和了解不得做出讽刺、挖苦、歧视及体罚和变相体罚等羞辱学生人格和尊严的行为,教学要公正地对待每一个学生。但显然,在复杂的教学情境下,教师仅仅依凭道德直觉、经验和教师职业道德规范是不充分的。如果教师缺乏建立在相关教学正义观基础上的正义德性,就会出现将学习权利和机会当作应得物奖赏给学生的不正义结果;同时,也不利于教师在教学实践中快速应对涉及"一视同仁"和"差异对待"的两难问题(如何兼顾不同能力学生学习需要),还会导致教师仅仅是出于恐惧违反师德规范要求而受到相关惩罚的目的而不羞辱学生。为此,教学正义化的有效实现离不开对教师正义观和正义德性的塑造和养成。教师只有具备正义观念和正义德性,才能克服思维的懒惰,积极运用自身理性去为教学行为寻找更广泛的正义观念及其背景知识,进而修正或重塑自身的道德信念和经验;才能将外在师德规范和准则内化为自身的道德动机,促使自己真正从促进所有儿童福祉的角度做出正义分配和互动行为。

教师的教学正义观和正义德性可以借助反思平衡这一途径加以培养。教师教学正义观是教师通过理性思考和判断进而在"自身道德直觉和道德信念""教学正义原则及其背后更广泛的理论知识"和"可能的行为结果判断"三者之间达成一致和平衡的过程中逐渐确立的。具体而言,正义观是人们进行正义评价所依据的尺度、标准和原则。[1] 当个体选择不同的立场、标准和尺度对正义进行评价时,就会产生不同的正义观。本书认为,教师应当站在"教学应平等尊重每个儿童道德地位并在此基础上促进所有儿童的人格完善和精神提升"的立场上选择不羞辱原则、平等原则和差异原则作为评价教学正义的标准和尺度。但教师的"一元三维"正义观不是自然而然形成的,教师需要经历一个反思平衡的过程,从而获得"普遍信念、首要原则和特殊判断之间的一致性"[2]。具体而言,

---

[1] 胡海波.正义与正义观的哲学理解[J].教学与研究,1997(8):53-57.
[2] 罗尔斯.作为公平的正义[M].姚大志,译.北京:中国社会科学出版社,2011:42.

在一种狭义的反思平衡(narrow reflective equilibrium)[①]路径下,教师可以通过增强对"一元三维"教学正义观及背景知识的理解,并借助想象、权衡和判断不同教学情境与教学原则之间的适用性、不同教学原则之间的优先性,以及可能带来的行为后果,实现道德直觉与经验、教学正义原则及可能的行为后果三者之间的平衡和一致性。在另一种广义的反思平衡(wide reflective equilibrium)[②]路径下,教师不仅要增强对"一元三维"教学正义观及背景知识的理解,还要更广泛地了解其他正义观念(如功利主义的正义观念),通过更广泛的反思从而达成道德直觉、"一元三维"教学正义原则和行为判断之间的一致性。通过广泛的反思也更利于培养教师稳定的教学正义观,避免当一种看似更有力的正义观出现时就放弃对"一元三维"教学正义观的坚持,如教师为了"最大多数学生的最大利益"放弃"同等尊重人"的要求,忽视最少受惠者的学习权利和需要。但无论是狭义的反思平衡还是广义的反思平衡路径,均可帮助教师形成"道德直觉与经验""'一元三维'教学正义原则"及可能行为结果之间的一致性,一致性的达成意味着教师运用"一元三维"教学正义原则修正或重塑了自身的道德直觉与经验,并形成了稳定的正义观念,因而"它培育的正义感和它鼓励的目标必然在正常情况下能够战胜非正义倾向"[③]。反思平衡路径不仅能帮助教师形成稳定的教学正义观,同时,教师正义感的形成也有赖于反思平衡过程。依据亚里士多德的理解,正义作为一种个人德性,并非自然而然就拥有的,它是在个人不断实践正义的行为过程中获得的,具体体现为在实践情境中的审慎判断和权衡。[④] 由此可见,教师正义德性的形成也离不开教师对不同教学正义原则的审慎判断和权衡,而反思平衡的过程就是在判断和权衡。且教师在判断、

---

① 狭义的反思平衡强调一种特定的教学正义观念与道德直觉、道德判断之间的一致性,在这里其他正义观念将不被纳入考虑,即"我们所寻求的只是这种正义观念,即它为了达到一致仅需要最小的修正,而其他的正义观念以及与这些正义观念相关的各种论证力量都不为这里提到的这个人所加以考虑"。参见:罗尔斯.作为公平的正义[M].姚大志,译.北京:中国社会科学出版社,2011:42.

② 相较于狭义的反思平衡,广义的反思平衡强调个体在"更广泛地考量其他正义观念以及与这些观念相关的各种论证力量时达成的反思平衡"。参见:罗尔斯.作为公平的正义[M].姚大志,译.北京:中国社会科学出版社,2011:42.

③ 罗尔斯.正义论[M].何怀宏,等译.北京:中国社会科学出版社,1988:456.

④ 亚里士多德.尼各马可伦理学[M].廖申白,译.北京:商务印书馆,2003:39.

权衡和践行教学正义原则时,这些原则也为教师所"内化"和"享用",即教师意识到掌握与遵循教学正义原则对自身来说不是一种约束、限制、风险甚至牺牲,而是可以得到愉快、幸福与满足。因此,正义德性的形成不仅意味着教师可以持续地做出正义行为以促进每个儿童的福祉,还意味着教师在促进他人福祉的过程中获得个人德性的提升及教学生活的成就感、满足感和幸福感。

二、发挥教师教学的专业自主性

与其他教师职业道德规范和准则类似,教师在实践教学正义原则时也会面临"知"而"难用"的困境。"难用"教学正义原则的原因有二:第一,因教师自身专业能力不足而造成的困难;第二,因外在利益诱惑、威胁及制度干扰甚至腐蚀所造成的困难。通过上述论述可以发现,反思平衡过程可以帮助教师提升专业能力,塑造正义观和正义德性;同时,教师在具备一定的践行教学正义原则能力的基础上,还应当在面临外在诱惑、威胁和干扰时发挥教师的专业自主性。所谓教师专业自主性,就是"教师个体在专业领域/活动中进行自我决定、自我行动并自我负责的状态或特征。即教师能在多大程度上,排除所处环境的不合理影响,根据自身对教育环境的判断对专业工作做出决策"[1]。一般而言,教师可能遭遇的干扰主要来源于学生家长、同事及学校本身的制度,因此,教学正义化强调教师教学时能积极排除来源于家长、同事和学校制度对其专业判断和行动的不利影响,以教学正义原则为自主决策和行动的标准,提升自我决策能力。

首先,教师要对学生的家庭背景差异和家长的要求保持一定的警惕,且教师在面对家长的质疑和威胁时可以借助过往教学经历中重要他者对自身的积极影响,进而排除消极道德体验对专业判断的干扰。随着家校合作的日益推进,家长在学校教育中的参与度越来越高,并拥有越来越大的话语权。家长对子女的利益及其最大化的实现也有着更为多样和紧迫的要求,这种紧迫的诉求表现为家长总是期望教师能对自己的子女有更多的关爱甚至偏爱。从家长方

---

[1] 刘素玲.初任教师的专业自主研究[D].上海:华东师范大学,2019:32.

面考虑,家长的诉求在一定程度上是自然的,其根源于亲子间基于血缘关系的爱,而基于本能的爱会造成父母总是偏爱自家的孩子。但师生之间的爱与亲子之间的爱有本质的不同,非血缘关系的班级成员之间不能轻易容许和容纳偏爱和不公正,"对于班级共同体这个公共生活领域来说,公正是其基本原则"①。即使教师出于某种目的偏爱某个学生,但"这种偏爱也是以不伤害自身在学生群体中的公正想象为前提或边界"②。为此,教师应当对学生的家庭背景和家长要求保持一定的敏感度和警惕性,既要避免学生依赖某些有利的家庭背景在教学善物分配和师生交往过程中获取更多的利益,也要避免学生因家庭背景上的劣势而处在不利的地位。教师在面对家长的要求时,也要保持公正的态度,即当保护学生免遭伤害的原则与其他职业道德原则(如尊重家长,诚实对待家长)发生冲突时,前者应当是教师最基本的价值观。③ 虽然教师职业道德规范要求教师同等关爱每个学生,但毋庸置疑的是,家长对待教师的态度会影响教师对待其子女的态度。如果教师的教学工作总是遭受家长的埋怨、质疑甚至威胁,教师必然会逐渐丧失对教育工作的信赖感和安全感,积极的自我关系也会遭到破坏,并丧失为每一个学生提供情感满足的能力。在此背景下,教师除了尝试跟家长积极沟通以争取其对自身工作和努力的认可外,还可以借助过往教学经历中重要他者的积极影响以增强教学自信,进而排除消极道德体验对公正判断和行为的影响。具体而言,教师的教学自信是关于自身能持续地获得他者的情感满足,并满足他人情感需要的自我信赖,且教师自信的建立和获得依赖于他者所给予的情感认可与承认,尤其是重要他者更会对教师自我关系的构建和自我形象的认知产生深远影响,因为"重要他者对自我的贡献,即使是在学前教育、儿童期的教育中被给予,也依然会无限期地持续下去"④。因此,教师在以往求学和教学中遇到的重要他者(自己的老师、所教的学生、同事、领导和学生家长)

---

① 余维武.爱抑或公正——论班级共同体经营的两种路向[J].教育理论与实践,2018,38(7):26-30.
② 程亮.何种正义?谁之责任?——现代学校过程的正当性探寻[J].教育发展研究,2015,33(2):6-13.
③ Colnerud, G. Ethical conflicts in teaching[J]. Teaching & Teacher Education, 1997,13(6):627-635.
④ 王晖,陈燕谷.文化与公共性[M].北京:生活·读书·新知三联书店,2005:297.

第六章 教师教学正义化的理论原则和实践路径

提供的情感支持和信赖会持续影响他当下对自我形象的认知,并有利于增强教师的自信。访谈中也有教师提及这一点:"每次感到比较失落的时候,就想想自己以前遇到的好老师,还有一些学生带给我的积极情绪,这样一想就会觉得'教师'这份职业还是很值得你去为之奋斗的,孩子也是有可爱之处的。如果真把'教育'当个普通职业,有时是真的不想干了。"为此,当教师教学中遭受情感冷漠体验时,可以通过回忆过往学习和教学中的积极情感体验以增强对自身情感独特价值的认可,这一措施可以帮助教师缓解职业倦怠,并减少表演性的师爱行为发生。

其次,教师需要对"对同事保持忠诚和合作"的观念保持一定的警惕,排除同事忠诚和合作要求对自身正义判断和行为的消极影响。教师间良好的同事关系"以教师间彼此的忠诚、信任、平和以及促使一个紧密结合的社会群体发展的各种因素为主要特征"[①],它有助于教师在教学中获得广泛的专业支持和情感支持,但容易对教师正义判断产生消极影响。为此,一方面,教师要警惕"同事忠诚"(the loyalty to colleagues)对正义判断的消极影响。坎普贝尔(Campbell)指出,同事忠诚意味着教师个人要服从群体,但这种与群体保持一致性的忠诚态度也会削弱教师去做自己认为正确的事情的动机。为了与教师群体保持一致,他们会在同事做出不正确的事的时候不去揭穿和直接出面制止[②],坎普贝尔将这一现象称为"同事间的暴政"(collegial tyranny)[③]。这一现象在国内教学中也是存在的。研究者通过教师职业道德调查发现,教师在面对其他教师惩罚学生(把学生关在教室门外)时常常是最不知所措的。[④] 有些教师即使知道"把学生关在教室门外"这一惩罚方式是不正当的,但如果教师一味追求同事间的忠诚,那么在这种情境下教师就会放弃自身的正义判断,选择对儿童所受的不正义对待视而不见。另一方面,教师还要警惕"同伴合作"对自身正

---

① 萨乔万尼.道德领导:抵及学校改善的核心[M].冯大鸣,译.上海:上海教育出版社,2002:106.
② 坎普贝尔.伦理型教师[M].王凯,杜芳芳,译.上海:华东师范大学出版社,2011:99-110.
③ Campbell,E. Ethical implications of collegial loyalty as one view of teacher professionalism[J]. Teachers and Teaching: Theory and Practice,1996,2(2):191-208.
④ 钱晓敏,刘次林,鞠玉翠.基于ICM中层概念测评法的教师职业道德调查[J].教育发展研究,2020,40(2):69-76.

义判断和行为的消极影响。为了促进自身教学专业能力和教学质量的提升,教师间需要建立合作关系。尤其是在一个班级中,各科教师之间的合作和交流对全面提升班级整体教学质量有重要作用和影响。但同时,教师(尤其是音乐、体育、美术等教师)要警惕为了最大限度地提高班级学生成绩而允许同事随意占课的行为。允许其他教师随意占课不仅意味着教师主动放弃了自身的教学权利,也意味着教师无视学生的学习权利和全面而个性化发展的需要,它的本质是"合作育分",而不是"育人"。因此,教师在面对同事随意占课的情况时要坚持教学正义的立场,坚决拒绝同事的不正当要求。

最后,教师要对源于学校内部制度的不合理要求保持警惕和反思。教师的专业判断一方面需要得到学校制度的支持,但另一方面也容易受到其干扰和困扰,因为"规制性的角色经常导致个人声音的压制,剥夺个人界定情境的权力,况且,由一个权力来源所赋予的专业角色经常与教师的认同不一致"[①]。在这种不一致情况下,教师可以选择放弃自身的专业判断以顺从外在既定规则的要求,也可以选择坚持自身的专业判断,坚持以"教育善"来衡量自身教学行为的价值。例如,有调查显示,教师普遍反映在学校领导重视升学率的背景下,他们不得已要逼着孩子学习、拿成绩,但当他们看到学生因学习压力大而影响正常发育,甚至造成终身的成长遗憾时,又感觉"良心不安"[②]。教师还会"良心不安"就意味着他们依然对外在权力和制度安排的正当性有一定的反思,内心深处不认可教学为了"升学率"而牺牲学生身心健康的行为。同时,"良心不安"也会促使教师从学生的立场进行教学,而不是一味地追求分数。总之,教师始终要以"人"的立场、正义的立场对制度保持一定的反思,即使迫于行政和制度的压力需要对制度做出一定的妥协,也不能全然放弃对制度持有一定正当性和合理性的追问而全盘接受。质言之,"即便教师迫于行政或制度的压力需要戴着镣铐跳舞,但是一个专业自主的教师也必然会对'镣铐'及其自身'戴着镣铐跳舞'这

---

① 张军凤. 教师的专业身份认同[J]. 教育发展研究,2007(7):39-41,46.
② 蔡辰梅,刘刚. "教师是一种良心活"——对教师职业认同方式的分析与反思[J]. 教师教育研究,2010,22(1):6-11.

件事的合理性和正当性有敏感、有追问、有反思,而不至于将'镣铐'视为当然之物,把'戴着镣铐跳舞'视作当然之事"[1]。

三、增强课堂教学设计的有效性

"教学的正义性常常依据它们的有效性(effective):教学在多大程度上加强了学生动机、学习参与、学术成功和个人发展"[2]。换言之,教师通过有效的教学设计,可以调动学生学习动机和学习参与,进而学生才能真正把握和发挥学习权利和学习机会的价值;相反,如果教师随意设计教学目标、缺乏教学重难点,不能根据学生反馈及时调整学习任务和教学方式,不能提出有价值的问题和有效的问题反馈等,那么这样的教学不仅是混乱的,而且学生能同等享有的学习自由和学习机会也是有限的,且由于缺乏明确的学习任务和目标,学生也无法通过课程学习形成更清晰的知识网络,更无法促进个人的认知发展。同时,有效的教学设计不仅能够激发学生的学习动机和学习参与度,使学生能够充分发挥学习权利和学习机会的价值,还能够进一步创造出更多的学习机会。具体而言,微观教学领域内的学习机会不同于一般社会领域的机会,它具有无限可再生性和共享性。作为社会基本善物的机会,它是稀缺和有限的,这也决定了社会制度的正义性体现在机会分配的公平性上,避免有些成员占有较多机会而有些成员占有较少机会的不平等问题。教育领域中也同样如此,教育机会(尤其是获得优质教育资源的机会)的稀缺性和有限性也使受教育者不得不面临着竞争和分配不公的风险。但在更微观的教学活动场域,教学领域中学习机会的分配问题则可以通过教师合理和有效的教学设计和组织得以解决,即每个学生都能得到参与课堂活动、自由表达自我观点、接触不同难度学习内容和学习材料等机会。当课堂教学能创造出足够多的学习机会时,就不会出现因学生背景差异而

---

[1] 程亮.何种正义?谁之责任?——现代学校过程的正当性探寻[J].教育发展研究,2015,33(2):6-13.
[2] Resh, N., Sabbagh, C. Justice in Teaching[A]//Saha L. J., Dworkin A. G. (Eds.). International Handbook of Research on Teachers and Teaching. Springer Ebooks,2009:669-682.

导致的学习机会分配不公的问题。① 换言之,在课堂教学过程中,教师不仅要做到公平地分配学习机会,更应通过有效的教学设计为学生学习创设更多的学习机会。为此,教师教学需要在教学目标设计、教学内容安排、教学方法选择等方面下功夫。

首先,教学目标的有效性在于引导儿童理解、欣赏和应用知识。当前,"知识与能力""过程与方法""情感态度与价值观"的三维目标为课堂教学目标设计提供了基本框架,但部分教师在具体实施教学时依然只重视知识维度,强调知识本位;设计三维目标时缺乏三者之间的关联性,知识目标没有关联能力、方法、情感、价值观等目标,抑或是情感目标没有联系知识和能力目标,使情感、态度、价值观的目标沦为假大空或者无病呻吟的口号。② 这样的教学目标必然会限制学生自由思想的空间,使学生表达要么变成"以本为本",要么变成"无病呻吟"。为此,教师教学更需要引导学生对知识进行自我理解和感悟,这样才能激发学生感情、培养学生能力。一言以蔽之,教师教学需要基于知识,但教学目标不能仅仅停留在知识的简单获取和记忆上,教学最终是为了让学生理解、欣赏并在日常生活中应用这些知识。也只有基于这样的教学目标设定,教学过程中学生才有自由思想的空间,教师才会有意识地创设师生、生生互动和交流的机会。在此次研究过程中,研究者在B小学进行课堂观察时就曾遇到过这样的课堂场景:

W老师在分析课文《鸟的天堂》中"……树上变得热闹了,到处是鸟声,到处是鸟影……"这一句话时,让每个学生自由模仿自己日常听到的熟悉的鸟叫声。此时,课堂中学生们都欢快地发出了各种鸟叫声,顿时"咕咕……""吱吱……""喳喳……""布谷……布谷……"等声音充满了课堂,这时儿童切身体验到了"到处是鸟叫声"的那种热闹。教师在分析鸟儿与其生活乐园——榕树的关系时,借助角色扮演,教师扮演"榕树",学生扮演"鸟儿",借助师生间温情脉脉的对话,让学生仿佛看到和真正感受到了鸟

---

① Boykin, A. W., Noguera P. Creating the Opportunity to Learn: Moving from Research to Practice to Close the Achievement Gap[M]. Virginia: ASCD, 2011:182-183.
② 赵蒙成,汪澄.课堂教学目标设计的迷思与出路[J].湖南师范大学教育科学学报,2016,15(6):51-57,64.

儿和榕树之间幸福相依的动人画面。

在对W老师的相关访谈中,她也提到了,这样教学设计的目的就是激发学生自身的思考和感悟:

> 其实在教学中,我还可以通过播放一个各种鸟叫的视频让学生来感受,但是我觉得这样就缺少了孩子的切身体会,孩子只有通过具身活动,才能有更深刻的理解。就像杜威所说的,所有的情境都需要有孩子的思维参与才能算是成功的。同时,我觉得师生之间的关系就像是榕树和鸟儿的关系,孩子们以鸟儿的口吻表达对榕树的感谢,而我以榕树的口吻表达对鸟儿们的喜爱和无私奉献,因为能为鸟儿提供舒适的住所是榕树爷爷最大的快乐。这样我和孩子们之间流动的爱意,就让他们真正感受到鸟儿和榕树之间的深厚关系。(T-BWC-15)

通过这个案例,我们可以发现,这位教师在课堂教学中尤其强调学生的具身认知、真实情感体验、自由表达等,她有意识地借助了情境教学的方式,使学生对有关知识和情感有了进一步的认知和体验。这时,知识与目标、过程与方法和情感、态度、价值观三维目标融合为一体,学生在其中获得了人格完善与发展。

其次,教学内容的有效性在于"紧扣重点知识"。王策三曾强调:"教学目标实施精神的实质乃是实现知识的教育价值。在教学条件下,知识它一身而二任焉:既是目的,又是手段……教学中知识的这种性质决定了教学目标的实施——实现知识教育价值的基本工作,就是将知识展开的活动:打开,解读,掌握。"[①]但回想一下我们曾经亲身经历的或者看到过的课堂,大多数教学呈现出的是这样的图像和场景:教师匆匆忙忙想要完成如此多的内容,学生想方设法地尽可能多地记住这些内容,内容之繁多导致师生无法将更多的时间花在围绕重点内容进行深入的讨论和对话上,更谈不上将这些内容应用于真实活动。如果课堂教学中教师想要表达的内容太多,没有主次之分,必然导致填鸭式、灌输式的教学,课堂教学中的自由思想和表达就无从谈起。为了在有限的教学时间

---

① 王策三."三维目标"的教学论探索[J].教育研究与实验,2015(1):1-11.

内让学生有效和系统地掌握重点知识内容,避免无意义的背诵,教师需要:重新筛选教学内容和排列教学活动的先后顺序,保障在有限的教学时间内深度挖掘最重要的内容。教师教学的重点知识首先是课程标准涉及的知识内容,这些内容决定了教师教学内容在"广度"方面的控制底线,因而,课堂教学中学生自由思想和表达的空间应先从这里"打开",而非游离于这部分内容进行无目的的"空谈"和"闲谈"。此外,基础性知识的讲授需要依赖广泛的拓展性知识建立起来的结构严谨的知识网络系统。古德(Good)强调,虽然教学要深度挖掘强有力的知识点,但有时也意味着需要提供广泛的知识或额外的实践和应用机会。[①] 由此可见,虽然教学需要紧扣教学重难点"打开"学生的思维,但这并不意味着教学需要以本为本,就知识点讲知识点;相反,为了帮助学生加深对重点知识的理解,教师需要引入相关的更广泛的拓展性知识供学生阅读、思考和讨论。总之,教学总是存在"一英里宽度和一英寸深度"与"一英里深度与一英寸宽度"之间的矛盾,但教师无论是选择提供更广泛的知识以激发学生自由思想和表达,还是选择引导学生就某个知识点进行充分的讨论,紧扣重点知识总是必要的。

最后,教学方法的有效性在于"灵活性"和"弹性化"。当教师明确了教学目标后,教师需要选择相应的教学方法以达成教学目标。教学正义的实现要求教师避免教学方法不正义,有学者指出,"教学方法不公正表现在问题、表达、解释方面的不公正,考试、诊断、评估方面的不公正,话语、解释理解方面的不公正。其核心是话语生态、行为操作等形成的方法固习,诸如反复强化、题海战术、多做多练等"[②]。毋庸置疑,这些方法必然导致学生思维的僵化。此外,教学方法的正当性还应当体现在教师应用教学方法的灵活性上,即教师能够及时根据学生反应灵活调整自己的教学方法。如果教师缺乏方法运用的灵活性,教学就会陷入停滞,学生无法理解教学内容,教学又会变成教师的"一言堂"。强调教师灵活调整教学方法对实现教学正义的必要性,也来源于研究者在课堂观察和教师访谈后的所思和所感。

---

① 古德,布罗菲. 透视课堂[M]. 陶志琼,译. 北京:中国轻工业出版社,2009:210.
② 张定强. 论教学公正及其实现策略[J]. 课程·教材·教法,2018,38(2):24,51-55.

第六章 教师教学正义化的理论原则和实践路径

研究者在 A 小学观察一堂六年级数学课堂教学[①]时发现，Z 教师首先引导学生通过画一画、数一数等方法自学完成导学案上"1 至 10 个点能连成几条线段"的表格，去发现规律和尝试推演"1 至 N 个点能连成几条线段"的公式，但教师提问时发现，很多学生无法通过自学完成学习任务。一时间，教学陷入了僵局。随后这位教师立即让学生停下自学活动，带领学生一起通过画一画、数一数的方法共同探索"1 至 10 个点能连成几条线段"这一问题。其间，老师不断地通过提问的方式，引导学生们去逐步找寻点、线之间的关系，如"学生们你们看一看，加一个点之后，多几条线段""通过计算 1 到 10 个点之间线段的条数，我们可以发现点和线段之间有什么关系""从不同点出发的线段有什么特点或者问题"。同时，教师在由浅入深地逐步讲解问题时，还不断提示同学要"知难而退，退到问题最简单处，仔细观察和发现规律"。跟随老师的引领，同学们很快又重新"进入"了课堂，打破了原来的僵化局面。

课后，我进一步询问 Z 教师为何能顺利且快速地处理此次教学中遭遇的停滞和僵持问题，教师如是说：

> 我在下面观察学生们导学案的完成情况时，就发现大部分学生单纯就是靠画一画、数一数的方法得出问题答案，但没有仔细思考点、线之间的关系规律，所以到了第 9、10 个点时大家再通过数一数的方式作答就很慢了。而且我还发现，除了几个数学底子还不错的学生外，大部分学生都没推导出公式，我知道如果我下面（上课）上来就快速地点出点、线之间的关系，并直接利用点、线之间的关系进行公式推导，大部分学生的思维可能就跟不上了。因此，我没让他们继续做导学案，而是由我带着他们一起重新探索最基础的"1 到 10 个点之间线段的条数"关系问题，再一步步地引导他们发现规律。而且，我在教学中也反复跟同学们强调要"知难而退"，退到最简单处思考问题，这就是做题的基本方式，我要把这个方法教给他们。（T-AZM-32）

我们发现，这节数学课上 Z 教师能够及时发现学生学习存在的问题并及时调整教学方法，将原计划"学生自学初步发现规律"改为"师生对话互动共同探

---

① 这是一节思维拓展课，主要讲授"N 个点能连多少条线段"的公式推导。

索和发现规律",这样的调整充分利用了课堂时间,避免时间的停滞和浪费;同时,Z教师能够紧扣教学重点设计难度层次递进的问题,并不断强调"知难而退",退到最简单处(其实也是问题的最关键处)思考问题,给予学生充分的示范指导。最终,Z老师通过对教学方法的重新安排和有效提问,再次"打开"学生的思维,活跃了课堂氛围。灵活和弹性的教学方法运用背后突出的是课堂教学的生成性,正如叶澜先生所强调的,一堂好课的基本要求就是要体现"生成性",只有课堂不完全是预设的,在这个过程中才能生成资源,这样的课才可称为丰实的课。[1] 也只有在这样的课堂教学中,才会有师生真实的情感的、思维的、能力的投入,有充分的互动过程和活跃的课堂氛围,学生才能享有更多思维的空间,获得更多参与课堂互动的机会。

四、强化教师的差异化教学能力

正义的教学是促进儿童个性化发展的实践活动,但正如研究所发现的,当前义务教育阶段教师教学最大的问题就是整齐划一。其中,小学教师为了避免家长和社会对其差异化教学的质疑,面对所有学生时只能按照同一进度、同样的方法和相同的教学内容进行教学,且为了达到教学结果平等,无视优秀者的学习需要,让他们在课堂中只能"坐等"学习能力不足者。同时,初中教师虽然采取了科目分层的教学组织形式,但由于分层过程中存在失误和错误,因而降低了分层的正当性,使学习能力不足者被"困"在了低能力组,丧失了向上流动的机会和动力。基于此,义务教育阶段教师教学要走向正义,亟须提升和强化自身差异化教学能力。

首先,教师在意识上要把儿童当作一个正处于成长变化过程中的人来关爱、尊重和赏识,唯有如此,教师教学才能做到以尊重和发展儿童的自我人格和个性为前提,才能避免外在的价值标准和教师权威对不同儿童特质的压制和羞辱。关注学生的发展和变化不仅仅是关注学生未来会成为谁的问题,作为教

---

[1] 叶澜.好课,有五项基本要求[J].教育导刊,2014(6):56.

师,我们无法预知面对的这群孩子未来会成为什么样子,我们无法预知未来。因此,教师教学首先要珍惜孩子的现在。正如范梅南所强调的:"孩子对我,作为父母或教师而言,他的意义就在现在……令我们非常着迷的是我们不断地看到他们自我成长着。我注意到了新的成熟的迹象:一种个性化的谈话方式,一种新的令人愉快的自信或腼腆的消失,令人惊讶的批评性评论,通过艰苦奋斗获得的能力,一种明显的才干,某种走路、举手投足的方式——就在许许多多的小事情中我们看到了孩子在学习和成长。"[1]教师教学只有珍惜学生的现在和当下,才能避免以外在统一标准、自身教学权威或无关儿童个性的价值标准牵制、压制儿童当下的成长和变化,人为地将学生按学业能力表现和道德行为划分为三六九等;才能关注每个儿童自我人格和个性的差异性发展,进而为他们朝着独立承担责任的方向发展提供差异化的教学善物,并建立教学赏识关系。

其次,教师要认识到分层教学本身的正当性,并做好家长的宣传工作。如果教师都能真正确立"每个学生都是处在成长和变化的独特个体"的意识,那么就应当认识到分类指导、分层教学在本质上是正义的。现代教育中的分层教学思想体现了尊重人和人的个性,重视发掘人的个性潜能优势,以及重视特色化教育三方面内容[2];同时,教师关于分层教学正义性的认识也符合他们的道德直觉。在真实的教学实践中,教师在面对学习态度和习惯、学习动机、学习方法、学习偏好及思维发展等方面存在不同程度差异的学生时,也会不自觉地就将其按差异归类,如学习态度和习惯比较差的、学习动机比较弱的、学习动机较强但欠缺有效学习方法的、偏科严重的等不同类别。正义的教学要求教师把不同类别的学生都照顾好,使所有学生都能取得进步,获得发展。同时,教师和教育研究者也需要承认照顾差异比较大的学生费时费力,尤其是到了初中阶段,随着知识难度和深度的不断提高,学生之间的学习能力差异也在逐渐扩大,这时教师安排让在某个科目上学习能力相当的学生聚在一起学习,即采取学科分组等

---

[1] 范梅南.教学机智:教育智慧的意蕴[M].李树英,译.北京:教育科学出版社,2001:90.
[2] 孟祥林.分层教学与教学过程最优化:从中日美对比论我国的策略选择[J].湖南师范大学教育科学学报,2008(4):60-66.

教学组织方式，也许比传统班级授课制更有针对性，教学效果会更好。但在现实教学活动中，教师的专业性判断和分层教学实践往往会遭到家长所持有的非专业认识的质疑和阻碍。家长对分层教学的质疑往往来源于对教学资源分配公平的焦虑。在激烈的教育竞争面前，每个家长都希望自己的孩子能够在学校中享有更优质的资源，得到教师更多的关注。同时，由于现实中确实存在部分学校通过分班方式"隐蔽"地放弃了部分升学无望的学生，家长出于对子女未来发展前景的关心和现实中不公平对待的担忧，因而对"分层"极为敏感。在有些家长看来，分层就是把学生分为三六九等，进而进行不公平的教学资源分配，因而只有少部分"尖子生"才能获益，在此背景下，多数成绩一般的家长都会坚决反对一切形式的分层教学。当教师的专业判断遭遇社会中流行的非专业认识时，教育工作者不能一味迁就家长的意见而忽视教育教学自身的规律。为此，教师需要向家长澄清"分层教学"的实质要义及其与分"重点班"进行差别对待的本质区别。"分层教学"强调给予适合学生认知特点和能力发展的教育，其目标是保障所有学生的能力都能获得增值发展；而分"重点班"则只看学生"分数"，其目标仅仅关注"升学率"和"最高分"。通过概念澄清取得家长对学校和教师分层教学实践的信任是有效实施差异化教学的第一步，它能保障分层教学实践在学校得到持续、高效的运行。

最后，教师教学需要真正落实"分层教学"的本质要求，并确立科学的分层标准、建立透明的分层程序，在行为实践上真正落实分层教学和分类指导的要求，并通过教学鼓励学生间的合作。一般而言，家长反对的不是分层教学，而是分层标准不科学、分层程序不透明及不公正的分层所导致的优质教育资源向少部分学生和班级聚集的不公平现象。[1]但这种不公平现象却在教学实践中大量存在。正如本书调查所发现的，在分层教学实践中，不同能力层次的学生所获得的教学质量存在差异，且这里教学内容和学习质量上的差异并不与学生能力，尤其是不与学习困难生的能力相称。具体而言，在高能力学习组（层）的教学中，学生可以通过教师更高阶的思维引导，更有机会深刻理解教学内容，进而

---

[1] 孙祁岗.真正的"分层教学"更符合教育公平原则[J].人民教育，2021(23):6-7.

获得批判性、创造性思维的发展；但在低能力学习组（层）的教学中，教师则一直把重点放在学习纪律和学习习惯养成等方面，教学内容只限定在低水准的基本技能训练和熟练掌握上，教学质量的落差进一步扩大高能力组和低能力组学生学力的差距，将低能力组学生"困"在了下位组。针对现实存在的问题，义务教育阶段教师需要进一步改进分层教学行为实践。对于小学教师教学而言，教师更适宜采取"隐性分层教学"的行为。所谓"隐性分层教学"，是班级内部分层的一种教学形式，且"分层结果是保密的，而非公开的，这有利于实现班内不同特质学生之间的互助与合作，保护学困生的自尊心"①。隐形的分层虽然更能保护学生的自尊心，但由于分层标准是非公开的，只能由教师掌握和调控，因而这对教师专业能力提出了更高的要求。教师需要十分清晰地了解和熟悉每个学生的认知特点、学习风格和能力水平，并在教学过程中有意识地为这些学生提供不同难易程度的问题设计和方法指导，并提供给学生不同类型的作业，即作业的任务难度、抽象程度、认知程度、趣味性及长度要根据不同学生的能力水平进行高低要求上的区分；对于初中学段教学而言，学校和教师需要依据学生客观的学业成绩和综合素质进行学科分组教学，保障分层标准的科学性和分层过程的透明性。同时，分层教学实践的前提是教师要鼓励优等生帮助学困生，且义务教育阶段任何形式的分层教学、分类指导实践过程都应当是以鼓励学生合作的形式完成的，这样分层教学实践才不会造成区别对待和歧视等问题。为此，义务教育阶段教学过程中教师要鼓励异质分组合作的学习方式，所谓异质分组，强调教师教学将不同学习能力水平的学生安排在一个小组内，小组成员通过共同目标和任务达成、资源分配和奖励等方面的相互依赖，以及教师给予的人际交往和小组合作方面的技巧指导，进而实现每个小组成员都能积极参与并被公正对待，形成了合作关系，最终都能从小组合作中获得能力提升和发展。当学习任务和问题变得较为复杂时，教师可以采取埃利奥特·阿伦森（Elliot

---

① 赵茜，马力，范彦，等.以教学组织形式的变革实现因材施教：校内公平的可能路径[J].中小学管理，2020(12)：28-31.

Aronson)的"拆拼法"或称"拼图法"(the jigsaw method)。① "拆拼法"这种课堂教学组织形式的要领在于:(1)将学生异质分组,每个小组包含3~6名学生;(2)向每个学习小组布置同一项可以拆分的复杂学习任务,时间压力迫使学习小组采取分工合作策略,每个组员各自独立完成一部分学习任务,为互教互学做准备;(3)各学习小组内承担相同学习任务的学生组成专家小组,通过合作学习,共同完成学习任务;(4)专家小组成员在完成自己负责的那部分学习任务后回到各自的学习小组,将自己掌握的学习内容传授给其他组员,也向其他组员学习他们掌握的学习内容;(5)每个学生以独立身份参加课堂测试。② "拆拼法"通过异质能力分组、任务分配、专家讨论、相互指导等分分合合的步骤,最终促成小组成员通过积极的个人参与和相互配合完成任务。"拆拼法"中每个学生的学习成果有赖于学习小组全体成员的学习成果,只有同伴学得越扎实,教得越充分,自己才能从中学得越多,进而在课堂测试中取得优秀成绩。因此,每个学生不仅会自己积极学习,而且他们也不愿意同伴学习失败,反而会期待、鼓励和帮助同伴学得越来越好,以便同伴将自己所学内容充分地传授给全组同学。在此背景下,学生间会自然地形成互帮互助、共同进步的友爱关系氛围,这也就大大降低了学生间恶性竞争、歧视和贬低等不正义现象的发生概率。而阿伦森提出"拆拼法"的原初目的就是试图通过安排合作学习的方式来消除不同种族学生间的敌意和仇恨,减少课堂学习中的竞争,引导学生学会相互信任、欣赏和合作,而非打败对方。③ 总之,分层教学、分类指导正当性的实现应当是以科学的分类标准、透明的分层程序,以及鼓励同学间互相帮助和合作为前提的,为此,教师教学可以采取异质分组合作学习的方式,如拆拼法等教学方法。

---

① "拆拼制"(jigsaw)这个词来源于美国一种人尽皆知的拆拼玩具,它是由许多切成不同形状的纸板或木头部件组成的,而当游戏者将这些部件正确地组装在一起时,任务就完成了。当"拆拼制"运用于教学时,学生们都似乎拿着一个不同形状的"部件"(即部分任务要求),通过积极的个人参与和小组合作完成一项任务时,就拼成了一件作品或美丽的图画。参考:黄向阳,阿伦森. 不让一个孩子受伤害——校园欺凌与暴力的根源干预[J]. 教育研究,2019,40(12):145-151.

② 黄向阳. 杜威难题及其破解——从间接德育论到课堂拆拼制[EB/OL]. (2021-06-30)[2021-12-10]https://mp.weixin.qq.com/s/ZdpcaXsOEguTk9nk1ulxNA.

③ 黄向阳,阿伦森. 不让一个孩子受伤害——校园欺凌与暴力的根源干预[J]. 教育研究,2019,40(12):145-151.

参考文献

一、中文文献

（一）著作类

[1]阿德勒.六大观念[M].陈珠泉,杨建国,译.北京:团结出版社,1989.

[2]奥尔森.伤害+侮辱:争论中的再分配承认和代表权[M].高静宇,译.上海：上海人民出版社,2009.

[3]奥肯.平等与效率[M].王奔洲,等译.北京:华夏出版社,1987.

[4]巴里.正义诸理论（上）[M].孙晓春,曹海军,译.长春:吉林人民出版社,2004.

[5]柏拉图.柏拉图全集(6)[M].王晓朝,译.北京:中国人民出版社,2015.

[6]柏拉图.理想国[M].郭斌和,张竹明,译.北京:商务印书馆,2012.

[7]彼得斯.伦理学与教育[M].朱镜人,译.北京:商务印书馆,2019.

[8]柴楠.面向他者的教学交往[M].北京:人民出版社,2017.

[9]慈继伟.正义的两面[M].北京:生活·读书·新知三联书店,2001.

[10]戴维斯.列维纳斯[M].李瑞华,译.南京:江苏人民出版社,2006.

[11]单中惠,杨汉麟.西方教育学名著提要[M].北京:中国人民大学出版社,2016.

[12]德沃金.认真对待权利[M].信春鹰,吴玉章,译.北京:中国大百科全书出版社,1998.

[13]杜威.杜威全集.中期著作(第4卷:1907—1909)[C].陈亚军,姬志闯,译.

上海:华东师范大学出版社,2010.

[14]杜威.杜威全集.中期著作(第 7 卷:1912—1914)[C].刘娟,译.上海:华东师范大学出版社,2012.

[15]杜威.民主主义与教育[M].王承绪,译.北京:人民教育出版社,2001.

[16]杜威.学校与社会·明日之学校[M].赵祥麟,等译.北京:人民教育出版社,2005.

[17]范梅南.教学机智:教育智慧的意蕴[M].李树英,译.北京:教育科学出版社,2001.

[18]冯建军.教育公正——政治哲学的视角[M].福州:福建教育出版社,2008.

[19]冯建军.教育与生命[M].北京:教育科学出版社,2004.

[20]冯婉桢.教师专业伦理的边界:以权利为基础[M].北京:教育科学出版社,2012.

[21]弗莱雷.被压迫者教育学[M].顾建新,译.上海:华东师范大学出版社,2001.

[22]弗莱什哈克尔.分配正义简史[M].吴万伟,译.南京:译林出版社,2010.

[23]弗雷泽,霍耐特.再分配,还是承认?——一个政治哲学对话[M].周穗明,译.上海:上海人民出版社,2009.

[24]福柯.规训与惩罚[M].刘北成,杨远婴,译.北京:生活·读书·新知三联书店,1999.

[25]古德,布罗菲.透视课堂[M].陶志琼,译.北京:中国轻工业出版社,2009.

[26]何怀宏.公平的正义:解读罗尔斯《正义论》[M].济南:山东人民出版社,2002.

[27]何怀宏.伦理学是什么[M].北京:北京大学出版社,2002.

[28]黑格尔.法哲学原理[M].范扬,张企泰,译,北京:商务印书馆,2005.

[29]胡云峰.规范的重建:关于霍耐特的承认论[M].上海:上海人民出版社,2015.

[30]黄显中.公正德性论——亚里士多德公正思想研究[M].北京:商务印书馆.2009.

[31]霍耐特.为承认而斗争[M].胡继华,译.上海:上海人民出版社,2005.

[32]金生鈜.教育与正义:教育正义的哲学想象[M].福州:福建教育出版社,2012.

[33]鞠玉翠.学校道德氛围建设:学习共同生活[M].北京:北京大学出版社,2016.

[34]凯克斯.反对自由主义[M].应奇,译.南京:江苏人民出版社,2003.

[35]坎普贝尔.伦理型教师[M].王凯,杜芳芳,译.上海:华东师范大学出版社,2011.

[36]李和佳.承认的哲学:霍耐特承认理论研究[M].合肥:安徽人民出版社,2011.

[37]李政涛.教育学智慧[M].合肥:安徽教育出版社,2008.

[38]联合国教科文组织国际教育发展委员会.学会生存:教育世界的今天和明天[M].北京:教育科学出版社,1996.

[39]刘万海.教学的意味[M].广州:世界图书出版公司,2013.

[40]陆有铨.躁动的百年——20世纪的教育历程[M].济南:山东教育出版社,1997.

[41]罗尔斯.正义论[M].何怀宏,等译.北京:中国社会科学出版社,1988.

[42]罗尔斯.作为公平的正义——正义新论[M].姚大志,译.北京:中国社会科学出版社,2011.

[43]罗素.自由之路(上)[M].李国山,等译.北京:文化艺术出版社,1998.

[44]马加利特.体面社会[M].黄胜强,许铭原,译.北京:中国社会科学出版社,2015.

[45]麦金太尔.谁之正义?何种合理性?[M].万俊人,等译.北京:当代中国出版社,1996.

[46]麦金泰尔.德性之后[M].龚群,译.北京:中国社会科学出版社,1995.

[47]米勒.社会正义原则[M].应奇,译.南京:江苏人民出版社,2001.

[48]诺丁斯.教育哲学[M].许立新,译.北京:北京师范大学出版社,2008.

[49]诺齐克.无政府、国家和乌托邦[M].姚大志,译.北京:中国社会科学出版

社,2008.

[50]帕尔默.教学勇气:漫步教师心灵[M].吴国珍,等译.上海:华东师范大学出版社,2014.

[51]皮亚杰.儿童的道德判断[M].傅统先,陆有铨,译.济南:山东教育出版社,1984.

[52]萨乔万尼.道德领导:抵及学校改善的核心[M].冯大鸣,译.上海:上海教育出版社,2002.

[53]桑德尔.公正:该如何做是好?[M].朱慧玲,译.北京:中信出版社,2012.

[54]桑新民,陈健翔.教育哲学对话[M].石家庄:河北教育出版社,1996.

[55]色诺芬.回忆苏格拉底[M].吴永泉,译.北京:商务印书馆,1984.

[56]森.以自由看待发展[M].任赜,于真,译.北京:中国人民大学出版社,2002.

[57]施惠玲.制度伦理研究论纲[M].北京:北京师范大学出版社,2003.

[58]石中英.知识转型与教育改革[M].北京:教育科学出版社,2001.

[59]舒志定.人的存在与教育[M].上海:学林出版社,2004.

[60]斯特赖克,索尔蒂斯.教学伦理[M].黄向阳,王丽佳,译.上海:华东师范大学出版社,2017.

[61]苏君阳.公正与教育[M].北京:北京师范大学出版社,2008.

[62]孙向晨.面对他者——列维纳斯哲学思想研究[M].上海:上海三联书店,2008.

[63]檀传宝.教师职业道德[M].北京:北京师范大学出版社,2015:45.

[64]万俊人.义利之间——现代经济伦理十一讲[M].北京:团结出版社.2003.

[65]王海明.公正·平等·人道——社会治理的道德原则体系[M].北京:北京大学出版社,2000.

[66]王晖,陈燕谷.文化与公共性[M].北京:生活·读书·新知三联书店,2005.

[67]王坤庆,岳伟.教育哲学简明教程[M].武汉:华中师范大学出版社,2011.

[68]王立.正义与应得[M].北京:中国社会科学出版社,2019.

[69]沃尔泽.正义诸领域:为多元主义与平等一辩[M].褚松燕,译.南京:译林出版社,2009.

[70]熊和平.学生身体与教育真相[M].杭州:浙江大学出版社,2014.

[71]亚里士多德.尼各马可伦理学[M].廖申白,译.北京:商务印书馆,2003.

[72]亚里士多德.尼各马可伦理学[M].苗立田,译.北京:中国人民出版社,2003.

[73]亚里士多德.亚里士多德全集(第8卷)[M].北京:中国人民大学出版社,1992.

[74]亚里士多德.政治学[M].吴寿彭,译.北京:商务印书馆,1965.

[75]杨.正义与差异政治[M].李诚予,刘靖子,译.北京:中国政法大学出版社,2017.

[76]杨钦芬.教学的超越:教学意义的深度达成[M].福州:福建教育出版社,2019.

[77]俞可平.社群主义[M].北京:中国社会科学出版社,1998.

[78]赵敦华.现代西方哲学新编[M].北京:北京大学出版社,2001.

[79]赵汀阳.论可能生活[M].北京:中国人民大学出版社,2010.

[80]甄树青.论表达自由[M].北京:社会科学文献出版社,2000.

[81]郑太年.学习:为人的发展[M].上海:上海教育出版社,2008.

[82]周兴国.教育与强制——教育自由的界限[M].福州:福建教育出版社,2012.

(二)期刊类

[1]本纳,彭韬.论教育语境中的正义[J].全球教育展望,2021,50(1):34-44.

[2]蔡辰梅,刘刚."教师是一种良心活"——对教师职业认同方式的分析与反思[J].教师教育研究,2010,22(1):6-11.

[3]蔡辰梅,刘娜.论教师公正及其实现[J].教师教育研究,2017,29(4):1-6,12.

[4]蔡春.分配正义与教育公正[J].教育研究,2010,31(10):17-23.

[5]陈桂生.从"上课不举手就发言"谈起——关于学生"自由"与"纪律"的思考[J].河南教育,2000(8):6-7.

[6]程亮.何种正义？谁之责任？——现代学校过程的正当性探寻[J].教育发展研究,2015,33(2):6-13.

[7]褚宏启.学生易受侵犯的十种权利[J].山东教育科研,2000(3):31-33.

[8]崔振成.当前中小学教育中"承认意识"的缺失与重构[J].教育理论与实践,2010,30(19):47-49.

[9]杜爱慧.学生有效提问的特征及策略分析——以物理课堂教学为例[J].中国教育学刊,2013(10):69-71.

[10]冯建军,刘霞."适合的教育":内涵、困境与路径选择[J].南京社会科学,2017(11):141-149.

[11]冯建军.承认正义:正派社会教育制度的价值基础[J].南京社会科学,2015(11):132-138.

[12]冯建军.从主体间性、他者性到公共性——兼论教育中的主体间关系[J].南京社会科学,2016(9):123-130.

[13]冯建军.当代自由平等主义与教育公正[J].清华大学教育研究,2007(5):8-14.

[14]冯建军.关于建构教育人学的几点设想[J].华东师范大学学报(教育科学版),2017,35(2):57-67,120.

[15]冯建军.后均衡化时代的教育正义:从关注"分配"到关注"承认"[J].教育研究,2016,37(4):41-47.

[16]冯建军.基于个体发展差异的教育公正原则[J].教育研究与实验,2008(4):7-10,65.

[17]冯建军.教育公正的人性假设——兼论主体间性视野下的教育公正理念[J].社会科学战线,2008(7):194-200.

[18]冯建军.教育公正需要什么样的教育平等[J].教育研究,2008(9):34-39.

[19]冯建军.课堂公平的教育学视角[J].教育发展研究,2017,37(10):63-69.

[20]冯建军.论教育公正的基本原则[J].社会科学战线,2007(4):221-226.

[21]冯建军.主体间性与公民主体间性教育[J].高等教育研究,2020,41(6):7-15.

参考文献

[22]冯颜利.公正(正义)研究述评[J].哲学动态,2004(4):14-17.

[23]傅淳华,杜时忠.教师教学行动的公正性反思:"道德应得"的视角[J].教育发展研究,2013,33(8):30-33.

[24]傅彤方,岳卫忠,李志尚.善待学生差异,实施分层教学[J].中国教育学刊,2016(S1):40-41.

[25]高德胜.竞争的德性及其在教育中的扩张[J].华东师范大学学报(教育科学版),2016,34(1):14-23,110.

[26]高德胜.快慢分班与教育伦理[J].江苏教育,2009(29):36-37.

[27]高德胜.论标准化对教育公平的伤害[J].教育科学研究,2019(2):5-12.

[28]高德胜.论学习与道德的关系[J].山西大学学报(哲学社会科学版),2020,43(2):92-98.

[29]高清海,胡海波.人类发展的正义追寻[J].社会科学战线,1998(1):54-64.

[30]高小兵.分层教学分类指导的层次目标和教学过程[J].教育理论与实践,2000(1):58.

[31]高兆明.论尊严:基于权利维度[J].桂海论丛,2016,32(3):2,32-40.

[32]郝文武.主体间师生关系及其教师责任[J].教育发展研究,2019,38(10):11-16.

[33]何菊玲.教育正义:对教育合法性的价值判断[J].教育研究,2020,41(11):36-45.

[34]何菊玲.因材施教原则的教育正义之意蕴[J].华东师范大学学报(教育科学版),2018,36(2):110-116,157.

[35]胡锋吉.教师的教育责任界限[J].教育科学研究,2008(1):57-60.

[36]胡海波.正义与正义观的哲学理解[J].教学与研究,1997(8):53-57.

[37]胡友志,冯建军.不羞辱与正派教育制度[J].教育学报,2017,13(5):12-19.

[38]胡友志,冯建军.教育何以关涉人的尊严[J].教育研究,2017,38(9):12-22.

[39]胡友志.实现有尊严的教育生活:一种教育正义论框架[J].苏州大学学报(教育科学版),2019,7(2):46-54.

[40]扈中平,蔡春.教育人学论纲[J].华东师范大学学报(教育科学版),2003

(3):1-9.

[41]桓占伟.从宗教神性到政治理性——殷周时期义观念生成的历史考察[J].中国史研究,2014(4):45-70.

[42]霍耐特,胡大平,陈良斌.承认与正义——多元正义理论纲要[J].学海,2009(3):79-87.

[43]焦德宇,郑东辉.学生课堂提问困境的新制度主义分析[J].全球教育展望,2017,46(3):67-74.

[44]金生鈜.承认的形式以及教育意义[J].教育研究,2007(9):9-15.

[45]金生鈜.道德应得在教育中的界限——基于"五道杠少年事件"的追问[J].探索与争鸣,2011(7):63-65.

[46]金生鈜.教育正义:教育制度建构的奠基性价值[J].陕西师范大学学报(哲学社会科学版),2011(2):157-164.

[47]金生鈜.什么是正义而又正派的教育——我国教育改革的症结[J].教育研究与实验,2006(3):1-7.

[48]鞠玉翠,吴怡然.学校民主氛围营造——在平等理智参与中学习联合生活[J].教育发展研究,2016,36(Z2):81-88.

[49]鞠玉翠.教育场景中尊重意涵的审思[J].南京社会科学,2012(9):116-121,143.

[50]李定仁,张广君.教学本质问题的比较研究[J].华东师范大学学报(教育科学版),1997(3):12-21.

[51]李树培.教学道德性:学科德育的重要视角[J].教育发展研究,2019,39(18):64-70.

[52]廖申白.论西方主流正义概念发展中的嬗变与综合(上)[J].伦理学研究,2002(2):55-60,110.

[53]廖申白.论西方主流正义概念发展中的嬗变与综合(下)[J].伦理学研究,2003(1):69-74.

[54]凌海衡.走向承认斗争的批判理论——法兰克福学派第三代领导人阿克塞尔·霍内特理论解析[J].国外理论动态,2004(5):40-45.

[55]刘次林,钱晓敏.领域理论与学校德育文化的改造[J].教育研究与实验,2018(3):23-28.

[56]刘健儿.教育公正刍议[J].北京大学教育评论,2005(1):102-106.

[57]刘同舫.罗尔斯教育公正理论情结及方法论原则批判[J].教育研究,2012,33(1):40-45.

[58]卢丽洁.唯成绩论的公正性检视:"道德应得"的视角[J].教育科学研究,2015(8):70-72,80.

[59]卢正芝,洪松舟.教师有效课堂提问:价值取向与标准建构[J].教育研究,2010(4):65-70.

[60]鲁洁,冯建军.让道德教育成为最具有魅力的教育——鲁洁专访[J].苏州大学学报(教育科学版),2020,8(2):84-92.

[61]鲁洁.教育的返本归真——德育之根基所在[J].华东师范大学学报(教育科学版),2001(4):1-6,65.

[62]鲁洁.教育的原点:育人[J].华东师范大学学报(教育科学版),2008,26(4):15-22.

[63]鲁洁.做成一个人——道德教育的根本指向[J].教育研究,2007(11):11-15.

[64]吕寿伟.论教育排斥的道德伤害[J].教育理论与实践,2014,34(22):46-49.

[65]吕寿伟.在形式与实质之间的教育伦理生活——论承认伦理学对教育排斥的解构[J].湖南师范大学教育科学学报,2016,15(2):18-24,102.

[66]孟祥林.分层教学与教学过程最优化:从中日美对比论我国的策略选择[J].湖南师范大学教育科学学报,2008(4):60-66.

[67]糜海波.论教育伦理视域下的教育公正[J].高等教育研究,2017,38(2):20-24.

[68]钱晓敏,刘次林,鞠玉翠.基于ICM中层概念测评法的教师职业道德调查[J].教育发展研究,2020,40(2):69-76.

[69]钱晓敏.教育制度伦理学视域下的班规制定与执行[J].现代基础教育研究,2017,25(1):74-78.

[70]邱微,张捷.课堂教学师生言语行为的实证研究[J].东北师大学报(哲学社会科学版),2006(5):133-138.

[71]冉亚辉.成绩好的学生才是好学生:审视基础教育的基本假设[J].当代教育与文化,2014,6(2):14-18.

[72]茹荻."乖孩子"的标准[J].瞭望周刊,1991(35):35.

[73]石中英,霍少波.教育公平话语中的教育假设及其反思[J].国家教育行政学院学报,2018(6):10-15.

[74]石中英.个性发展能否作为教育的目的?[J].北京教育(普教版),2017(3):22-23.

[75]石中英.论学生的学习自由[J].教育研究与实验,2002(4):6-9.

[76]石中英.作为一种教育哲学研究方法的"论辩"[J].清华大学教育研究,2017,38(5):1-7.

[77]舒志定.马克思正义批判语境中的教育正义[J].教育研究,2015,36(7):4-10,63.

[78]苏君阳.论教育公正的本质[J].复旦教育论坛,2004(5):33-36.

[79]孙祁岗.真正的"分层教学"更符合教育公平原则[J].人民教育,2021(23):6-7.

[80]泰勒,弗朗西斯,霍根,等.学校中的成绩分组:对于公平的启示[J].北京大学教育评论,2021,19(2):2-18,188.

[81]檀传宝.回望"打他,就是看得起我!"——师生关系的中华文化坚守[J].北京教育(普教版),2020(8):26-29.

[82]唐晋.打开"无知之幕"促进教学公正[J].教育发展研究,2009,28(Z2):107-110.

[83]陶志琼.学生的限制及自由[J].华东师范大学学报(教育科学版),2009,27(4):1-7.

[84]王策三."三维目标"的教学论探索[J].教育研究与实验,2015(1):1-11.

[85]王凤才.论霍耐特的承认关系结构说[J].哲学研究,2008(3):41-50.

[86]王立.应得正义观之道德考察[J].浙江社会科学,2015(6):36-44,156.

[87]王彦明.教学正义:义务教育均衡发展内蕴价值[J].中国教育学刊,2011(9):12-15.

[88]王占魁."爱智"抑或"爱人"——论中国儿童哲学课程的价值与未来[J].教育发展研究,2020,40(22):11-20.

[89]王正平.论教育公正[G]//教育伦理研究.上海:华东师范大学出版社,2017:85-98.

[90]吴煌.教育正义:走向多元综合的范式[J].湖南师范大学教育科学学报,2017(2):83-88.

[91]吴忠民.关于公正、公平、平等的差异之辨析[J].中共中央党校学报,2003(4):17-22.

[92]肖磊.关于我国中考改革的几个基本问题——基于改革开放40年的经验反思[J].西南大学学报(社会科学版),2018,44(5):67-76,190.

[93]肖绍明,扈中平.教育人性化的承认正义原则[J].教育理论与实践,2014,34(1):14-17.

[94]徐洁.教师教学行为的公正困境及其超越[J].中国教育学刊,2021(4):85-88,92.

[95]许超.正义与公正、公平、平等之关系辨析[J].社会科学战线,2010(2):189-194.

[96]杨建朝,樊洁.教师课堂教学行为公正:缺失与应对[J].现代教育管理,2011(1):66-68.

[97]杨建朝.关系正义视域下教育优质均衡的发展图景[J].教育发展研究,2011(12):36-40.

[98]杨建朝.教育公平如何可能:从配置正义到多元正义[J].教育发展研究,2013,33(Z2):22-25.

[99]叶澜.好课,有五项基本要求[J].教育导刊,2014(6):56.

[100]叶澜.教育创新呼唤"具体个人"意识[J].素质教育大参考,2003(4):6-7.

[101]叶澜.为"生命·实践教育学派"的创建而努力[J].教育研究,2004(2):33.

[102]易小明.对等:正义的内在生成原则[J].社会科学,2006(11):147-152.

[103]易小明.论差异性正义与同一性正义[J].哲学研究,2006(8):115-119.

[104]殷玉新.优秀教师课堂教学公平策略研究——以美国68名"年度教师"为例[J].比较教育研究,2019,41(1):39-44.

[105]于伟."率性教育":建构与探索[J].教育研究,2017,38(5):23-32.

[106]余清臣.师生岂能止于平等——我国当代师生交往制度的价值分析[J].教育理论与实践,2010,30(4):36-39.

[107]余维武.爱抑或公正——论班级共同体经营的两种路向[J].教育理论与实践,2018(7):26-30.

[108]余维武.论教师公正[J].教师教育研究,2013,25(6):1-5.

[109]岳伟,涂艳国.我国主体性教育研究30年回顾与展望[J].中国教育学刊,2009(6):20-23,41.

[110]张定强.论教学公正及其实现策略[J].课程.教材.教法,2018,38(2):24,51-55.

[111]张军凤.教师的专业身份认同[J].教育发展研究,2007(7):39-41,46.

[112]张贤明,杨博.应得的基础:分配正义视角的理论分析[J].学习与探索,2011(6):62-66.

[113]赵茜,马力,范彦,等.以教学组织形式的变革实现因材施教:校内公平的可能路径[J].中小学管理,2020(12):28-31.

[114]郑金洲."上课插嘴"引起的思考[J].河北师范大学学报(教育科学版),2001(3):19-22.

[115]钟景迅,曾荣光.从分配正义到关系正义——西方教育公平探讨的新视角[J].清华大学教育研究,2009,30(5):14-21.

[116]钟启泉.深度学习:课堂转型的标识[J].全球教育展望,2021,50(1):14-33.

[117]周杰.论教师的"他者"意识及其提升[J].全球教育展望,2012,41(3):63-67.

[118]周少青.西方权利正义理念的发展演变述评[J].民族研究,2015(1):101-

113,126.

[119]宗锦莲.正义的课堂与教师的转型——基于罗尔斯的正义原则[J].教育发展研究,2013,33(Z2):101-105.

[120]佐藤学,钟启泉."分层教学"有效吗[J].全球教育展望,2010,39(5):3-7.

(三)学位论文

[1]郭聪慧.新中国语文高考作文的城乡文化倾向研究[D].重庆:西南大学,2008.

[2]胡斌武.课堂教学伦理问题研究[D].兰州:西北师范大学,2003.

[3]胡友志.有尊严的教育生活及其制度建构[D].南京:南京师范大学,2017.

[4]刘素玲.初任教师的专业自主研究[D].上海:华东师范大学,2019.

[5]柳谦.教育承认与自我认同[D].南京:南京师范大学,2008.

[6]吕寿伟.从排斥到承认[D].南京:南京师范大学,2012.

[7]邱德峰.学生作为学习者的身份建构研究[D].重庆:西南大学,2018.

[8]任彩红.霍耐特承认伦理研究[D].武汉:华中科技大学,2009.

[9]王丽琴.为了学生的精神自由[D].上海:华东师范大学,2008.

[10]吴洁.从分配到承认:教师视角下的教育公平研究[D].上海:华东师范大学,2021.

[11]邵江波.以公正审视学校教育[D].上海:华东师范大学,2008.

[12]杨放.关系、意义与利益:多元正义模式[D].长春:吉林大学,2016.

[13]易小明.正义新论[D].长沙:湖南师范大学,2003.

[14]张丹.教师性别差异与学生发展[D].上海:华东师范大学,2009.

[15]周宏芬.教育正义论[D].南京:南京师范大学,2006.

二、外文文献

[1] Margalit, A. The Decent Society[M]. Cambridge, MA: Harvard University Press, 1996:89.

[2] Boaler, J. & Wiliam, D. Setting, Streaming and Mixed-ability Teaching[M]. Maidenhead: Open University Press, 2001:179.

[3] Connelly, F. M. & Clandinin, D. J. The Cyclic Temporal Structure of Schooling[A]//Ben-Peretz, M., Bromme, R. The Nature of Time in Schools: Theoretical Concepts, Practitioner Perceptions. New York: Teachers College Press, 1990:36-63.

[4] Cambone, J. Time for teachers in school restructuring[J]. Teachers College Record, 1995,96(3):512-543.

[5] Campbell, E. Ethical implications of collegial loyalty as one view of teacher professionalism[J]. Teachers and Teaching: Theory and Practice,1996,2(2):191-208.

[6] Colnerud, G. Ethical conflicts in teaching[J]. Teaching & Teacher Education, 1997,13(6):627-635.

[7] Darwall, S. L. Two kinds of respect[J]. Ethics, 1977,88(1):36-49.

[8] Deutsch, M. Education and distributive justice: Some reflections on grading systems[J]. American Psychologist, 1979,34(5):301-401.

[9] Dalbert, C. & Maes, J. Belief in a Just World as a Personal Resource in School[M]. Cambridge, UK: Cambridge University Press, 2002:370.

[10] Feinberg, J. Doing and Deserving[M]. Princeton: Princeton University Press,1970:58.

[11] Francis, B., Connolly, P., Archer, L. et al. Attainment grouping as self-fulfilling prophecy: A mixed methods exploration of selfconfidence and set level among Year 7 students[J]. International Journal of Educational Research, 2017(86):96-108.

[12] Francis, B., Craig, N., Hodgen, J. et al. The impact of tracking by attainment on pupil self-confidence over time: Demonstrating the accumulative impact of self-fulfilling prophecy[J]. British Journal of Sociology of Education,2020,41(5):626-642.

[13] Goodlad, J. I.. A Place Called School: Prospects for the Future[M]. New York: McGraw-Hill Book Company, 1984.

参考文献

[14] Huttunen, R. Critical adult education and the political-philosophical debate between Nancy Fraser and Axel Honneth[J]. Educational Theory, 2007,57(4):423-433.

[15] Hansen, D. T. Teaching and the sense of vocation[J]. Educational Theory, 2010,44(3):259-275.

[16] Ingersol, R. M. The problem of underqualified teachers: A sociological perspective[J]. Sociology of Education, 2005,78(2):175-178.

[17] Jasso, G. A new theory of distributive justice[J]. American Sociological Review, 1980,45(1):3-32.

[18] Murphy, J. Equity as student opportunity to learn[J]. Theory into Practice, 1988,27(2):145-151.

[19] Murphy, J, Hallinger, P. Equity as access to learning: Curricular and instructional treatment differences[J]. Journal of Curriculum Studies, 1989,21(2):129-149.

[20] Macmillan, P. & Garrison, J. W. An erotetic concept of teaching[J]. Educational Theory, 2010,33(3-4):157-166.

[21] Rawls, J. A Theory of Justice[M]. Cambridge: The Belknap Press of Harvard University Press, 1999:266.

[22] Resh, N. & Sabbagh, C. Justice in Teaching [A]//Saha, L. J. & Dworkin, A. G. (Eds.). International Handbook of Research on Teachers and Teaching. Springer Ebooks,2009:669-682.

[23] Rowe. M. B. Using Wait Time to Stimulate Inquiry[A]//Wilen,William W. (Ed.). Question, Questioning Techniques, and Effective Teaching. Washington, D. C.: National Education Association,1987:95-106.

[24] Sabbagh C., Resh N., Mor M. et al. Spheres of justice within schools: Reflections and evidence on the distribution of educational goods[J]. Social Psychology of Education, 2009,9(2):97-118.

[25] Thorkildsen, T. A. Justice in the classroom: The student's view[J].

Child Development, 1989(60):323-334.

[26] Thorkildsen, T. A. Those who can, tutor: High-ability students' conceptions of fair ways to organize learning[J]. Journal of Educational Psychology, 1993,85(1):182-190.

[27] Taylor, B. et al. "Why is it difficult for schools to establish equitable practices in allocating students to attainment 'sets'?"[J]. British Journal of Educational Studies, 2017,67(1):5-24.

[28] Young, I. M. Justice and the Politics of Difference[M]. New Jersey: Princeton University Press,1990.

后　记

　　后记的写作相较于正文的写作应该来说是比较轻松的,因为可以写一些不那么晦涩的理论,转而分享一些有趣的写作经历和思考,但其实不然。于我个人而言,我拿到一本新书后,很喜欢先阅读后记,这种习惯貌似很多读者都有。我曾在我非常敬仰的一位学者——高德胜教授《道德冷漠的教育省思》一书的后记中看到这样一段话:"有朋友告诉我,每次拿到我的新书,最先读也最喜欢读的是后记。我问为什么,他们一致的回答是后记里有我的清晰性情。"虽然身为读者我很喜欢读后记,但作为作者的我反而很忐忑地写后记,因为担心写不好后记而影响读者对整本书的兴趣。因此,我在这里只能说,正文比后记写得更精彩。

　　这本书是在我的博士论文《义务教育阶段教师教学正义研究》的基础上完善而成的。在我博士毕业后进入浙江师范大学教育学院工作的一年多时间里,我一直不断地对这一议题作思考和补充,由此形成了最终的书稿《走向正义:教师教学价值论》。

　　我对"教学正义"这一议题的思考是一个不断深入的过程。在跟随我的学术领路人——硕士生导师刘次林教授学习时,我的毕业论文主要涉及的是教师职业道德认知研究。在这一过程中,我发现教师能够做出正当职业道德判断,源于他们在面对和处理各类纷繁复杂的教学问题后,逐渐形成了一套中庸思维、实践智慧,即知道了何种道德原则是与这类情景是恰当、和谐、相称的,其实这反映的就是亚里士多德所讲的"完全正义"。

　　虽然我对"教学正义"的研究从硕士期间就已开始,算起来也有一些研究基础,但读博期间真正要对其作体系化的深入思考和论述,是十分不易的。曾在华东师范大学图书馆里的三层楼道里默默叹息和流泪的岁月,到现在令我记忆犹新。对此,刘老师曾勉励(或许是打趣)我这个学术新人:"论文选择正义这个'难'概念,体现了作者良好的学术勇气。"博士生导师鞠玉翠也时常勉励我、鼓励我,与我探讨正义话题。读博期间,我感觉与鞠老师是有距离的,因为害怕与她交流而暴露自己的无知,所以选择能不交流就不交流。但鞠老师总会在关键时候给予我极大的帮助。临近毕业,每个月的师门读书会,鞠老师总会带着师妹们仔细阅读我的论文,帮我思考如何攻克当下遇到的难点。虽然有时候因沉浸写作太久看不出自己论文的缺点,而被老师会开玩笑说"晓敏不敏了",但正因为导师的帮助,我才能尽可能想清楚和讲明白"教学正义是什么"及"如何实现"这些问题。

我深知,教学正义是不容易讲清楚的。正如我在正文中所言:"正义有着一张普罗透斯的脸,变幻无穷,随时可呈不同的形状,并且有张不相同的面貌。当我们仔细查看这张脸并试图解开隐藏其表面之后的秘密时,我们往往深感迷惑。同时,教学实践本身的复杂性使得教学中'普罗透斯的脸'显得更为复杂和莫测。"

虽然关于"教学正义"的研究很难,但我一直认为做这份研究十分的必要和重要。一方面,在重视立德树人的当下,教学正义的重要性被强调多少遍都不为过,因为不公正的对待对学生的成长影响极为恶劣和深远。小学四年级时,因为不小心忘带作业而被语文老师用厚木板抽手心的经历,让我现在回想起来手心都会感觉火辣辣地疼。另一方面,养成教学正义这一美德,教师需要相关正义原则的指引。因为,正义作为一种获得性实践品质,它的形成不是自然而然的,教师教学正义德性是在不断践行正义行为的过程中形成的,教师需要相应教学原则的指引,以避免陷入"直觉主义"的泥淖。因此,试图澄清和建构教学正义原则,以为一线教师教学提供一定的指引和指导,也是本书的重要旨趣。

能坚持完成这份书稿,我想更多是我要画出我心中的那个"教育圆圈",呈现我脑海中的正义教学样态。我十分赞同罗翔老师在其所著《圆圈正义》一书中的这样一段话:"大家能画出一个圆吗?你能用圆规画出一个圆吗?你画的那个圆真正圆吗?其实是不圆的,人类用任何仪器所画的圆,大家觉得是不是

后　记

真正意义上的圆呢？不是的。但是圆这个概念客观上存不存在？存在。如果不存在的话，为什么人类要不断地设计仪器去画出一个完美的圆。正是因为存在这个客观的圆，所以我们不断去追求。同样在法律中我坚信客观的公平和正义是存在的，但是人类现实中一切的法律都距离客观的公平存在一定的差距。但这就是我们永恒前进的方向，虽不能至，心向往之。"我想，这段话放在教育教学正义研究领域也依然适用。

2024 年 3 月 6 日
于浙江师范大学田家炳楼